"基于独立学习与合作学习相结合的教与学方式研究"丛书之四

基于独立学习与合作学习相结合的教与学方式研究
案 例 选

杨 龙 曹 明 杨 蕾 主编

·上海·

内 容 提 要

本书是浦东新区2017年区级课题"基于独立学习与合作学习相结合(简称"独合结合")的教与学方式研究"成果之四——案例类研究成果。课题主要从"独合结合"的内涵、文献现状、学生素养现状调查、师生素养的发展目标、培养内容、适合初中生的教与学的"十四种方式"、评价体系等七个方面，开展了研究。本成果选录了上海市进才实验中学及其支教单位相关个案跟踪研究案例、主题式案例和研究体会案例。

本书对基础教育学校，尤其是城区初级中学的班主任和学科教师如何根据学生实际，基于独立学习与小组合作学习，探索相关教与学的方式具有较好的参考价值。

图书在版编目(CIP)数据

基于独立学习与合作学习相结合的教与学方式研究案例选 / 杨龙，曹明，杨蕾主编. —上海：同济大学出版社，2022.7

(基于独立学习与合作学习相结合的教与学方式研究/曹明主编)

ISBN 978-7-5765-0267-1

Ⅰ.①基… Ⅱ.①杨… ②曹… ③杨… Ⅲ.①中学—教学研究 Ⅳ.①G632.0

中国版本图书馆 CIP 数据核字(2022)第 113029 号

基于独立学习与合作学习相结合的教与学方式研究案例选
杨 龙 曹 明 杨 蕾 主编
责任编辑 姚烨铭　　**责任校对** 徐春莲　　**封面设计** 张　微

出版发行	同济大学出版社　　www.tongjipress.com.cn	
	(地址：上海市四平路1239号　邮编：200092　电话：021-65985622)	
经　销	全国各地新华书店	
排版制作	南京文脉图文设计制作有限公司	
印　刷	常熟市华顺印刷有限公司	
开　本	787 mm×1092 mm　1/16	
印　张	13.5	
字　数	337 000	
版　次	2022年7月第1版	
印　次	2022年7月第1次印刷	
书　号	ISBN 978-7-5765-0267-1	
定　价	76.00元	

本书若有印装质量问题，请向本社发行部调换　　版权所有　侵权必究

编委会

主　编：

　　杨　龙　曹　明　杨　蕾

编　委（按姓氏笔画排列）：

　　寸双凤　王伟红　王晓娴　师　伟　江　娜
　　李文君　李廷婕　张　玲　张　晔　张　蕾
　　张振宇　陈　琦　陈伶俐　周　瑜　高　红
　　唐　敏　黄黎黎　蔡希萌

浦东新区区级课题"基于独立学习与合作学习相结合的教与学方式研究"包括七项研究内容：课题内涵，文献研究，学生素养现状调查，师生素养的发展目标、培养内容，基于独立学习与合作学习相结合的（简称"独合结合"）教与学之"十四种方式"（体验式、任务驱动式、典礼式、服务式、实作式、思维导图应用式、实验式、探究式、调查式、阅读式、对话式、沉浸式、创客式、综合实践式）及评价体系。目的是增强学生独立学习与合作学习相结合的意识，提高独立学习与合作学习相结合的能力，逐步养成独立学习与合作学习相结合的良好行为习惯（简称"三素养"），进而提升学生的整体学习素养，促进可持续发展；提高教师"独合结合"的研究素养和其他专业素养；更好地落实上海市进才实验中学（以下简称"进实中"）"为每个学生的卓越发展服务"的办学理念，促进学校内涵发展。

开展"基于独立学习与合作学习相结合的教与学方式研究"的课题研究，是落实国家基础教育课程深化改革精神、中国学生发展核心素养要求、上海市中小学生学业质量绿色指标，改进师生教与学方式和促进学生提升"独合结合""三素养"，进而提升整体学习素养，促进可持续发展的需要。

"进实中"有较好的教育科研基础，曾获得"浦东新区第七届教育科研工作先进集体"称号。近年来，先后完成了区级课题"基于办学特色的综合实践课程的开发与研究""学生校外社会实践基地的建设"以及区教育内涵项目"新教师规范化校本培训课程的构建与实施"，积累了一定的经验。学校有较完备的教育教学设施，专项教育科研经费得到落实，学术氛围浓厚，学校领导和教师的科研意识较强，因此有利于本课题的顺利开展。本课题组核心成员既有区、校学科带头人，也有骨干教师，负责学校科研、教学管理工作或担任学科组长，具备一定的研究能力和实践经验；此外还有优秀中青年教师，也能积极参加多样化的实践研究。涉及的学科门类有语文、数学、英语、物理、化学、生命科学、历史、地理、心理、信息技术、思品、音乐、美术、体育等，学科基本达到了全覆盖，研究面广、样本完整。学校与静安区教育学院附属学校结为联谊校已有多年，就"后茶馆式教学"研究，双方展开互动，多次交流、学习。"进实中"以"基于独立学习与合作学习相结合的教与学方式研究"作为校本研修的主题，组织教师开展研讨，积累了一定的经验。因此，学校也想在原上海市浦东教育发展研究院（以下简称"浦东教发院")资深科研专家曹明老师的指导下,开展一项覆盖学校全学段、全学科和教育教学整体工作的区级课题研究。在曹明老师的建议下,学校对"独合结合的教与学方式"的内涵、师生素养发展目标、师生素养发展培养内容、"十四种方式"之系列举措的课例实践和评价体系,进行了规范、系统的研究,构建了完整的总体研究框架,系统总结了研究经验,对丰富初中学校"基于独立学习与合作学习相结合的教与学方式"的理论具有一定的创新。

2017年9月,该课题被正式批准立项为区级课题,学校聘请曹明老师来校蹲点指导。此后,尤其是2018年9月后,一系列研究围绕课题的七项研究内容开展起来。两年多的实施阶段共开设41节课题研究课,包含了语文、数学、英语、美术、音乐、地理、心理、思品、化学、生命科学、物理、历史12门学科,累计开展各类课题研究集体辅导活动260余次,个别辅导多达2600人次。每学年开展课题研究征文活动、论坛交流活动,并邀请专家对参与活动的教师进行集体培训、开展个别辅导。

通过研究,揭示了课题的内涵,了解了国内外已有的"独合结合"研究文献方面的现状,揭示了"独合结合"师生素养的发展目标、培养内容,探索了"独合结合"之"十四式"的课例实践研究系列举措和评价体系之评价标准和方法的行动研究,构建了本课题的操作框架,总结了实施经验,丰富了初中"基于独立学习与合作学习相结合的教与学方式"的理论。通过四年多的实践与研究,增强了学生独立学习与合作学习相结合的与"十四式"学习有关的意识,提升了相应的能力,逐步养成了相应的良好的学习行为习惯,进而培养了学生的整体学习素养,尤其是学科核心素养,促进了可持续发展。

独立学习与合作学习相结合的教与学方式的实施,提高了教师的研究素养和其他专业素养。首先,提高了教师的课题研究素养——参与研究的教师们,在研究意识方面、研究能力方面(包括选题、设计、实践、总结和反思能力等)、良好的研究行为习惯方面,都有了一定的提升,研究成果丰富多彩。其次,提高了教师的其他专业素养——参与研究的教师们,在教研意识、教研知识、教研能力、教研良好行为习惯和教研质量方面,都有了相应的提升。

本课题的研究,得到了学校校长兼党支部书记杨龙、副校长张文慧、副书记张益芳的有力支持。本课题顺利开展,也是前期陈琦主任、中后期陈伟主任和后期杨蕾副主任一起精心组织协调的结果;是曹明老师全程精心、静心、诚心、贴心、细心和慧心指导的结果;是学校广大干部和教师积极参与、激发潜能、付出辛勤和智慧的结果。正是由于大家的共同努力,才有了这本"案例选"。本书内容,包括个案跟踪研究案例4篇、主题式案例13篇、研究体会案例2篇。

书中如存在不足之处,敬请读者指正。

编 者
2022年2月

第一部分 个案跟踪研究案例

"独合结合"探秘体验式学习提升生涯发展素养
　　——小H个案跟踪研究 ……………………………………李文君/3
"独合结合"探秘体验式学习提升英语口头表达素养
　　——3名学生个案跟踪研究 ………………………………张　玲/18
"独合结合"阅读式学习提升语文素养
　　——小Z个案跟踪研究 ……………………………………张　晔/31
"独合结合"对话式学习提升语文口语交际素养
　　——小Q个案跟踪研究 ……………………………………江　娜/41

第二部分 主题式案例

区级课题课例研究:从2 000字到20 000字,再到参赛稿
　8 000字是怎样来的?
　　——以《我(我们)眼中的徽州》"独合结合"行走式学习
　　　综合实践为例　………………………………………唐　敏/59
问题转化式学习素养:在"独合结合"学习中逐步提升
　　——以"无限循环小数化为分数"一课教学片段实践
　　　与分析为例 ……………………………………………张振宇/63
实施"独合结合"任务驱动式学习提高学生英语深度阅读实效
　　——以牛津英语"8AUnit7 Nobody Wins"教学实践与分析
　　　为例 ……………………………………………………王晓娴/70
"独合结合"实施"三程·十七步"提升学生英语原声电影
　欣赏海报制作实践式素养的探索
　　——以"I Love Films"(我喜爱电影)探究课教学实践与
　　　分析为例 ………………………………………………张　玲/77

初中生英语单词复习素养:在"独合结合"PBL探索中提升 ……………高　红/93

一道实验小题的测试结果引发的优化实验过程探索

  ——以"验证阿基米德原理"实验教学实践与分析为例 …………张　蕾/106

"独合结合"实施实验式教学"四变"提升学生化学核心素养 …………陈伶俐/116

拼图式学习素养:在独立学习与合作学习中有机提升 ………………杨　蕾/124

生命科学概念学习的"三高"是这样实现的

  ——以生命科学"独合结合"三节课任务驱动式学习

  教学片段实践与分析为例 ………………………………………蔡希萌/135

"独合结合"事迹为基体验学写历史人物小传提升学生

 历史解释素养

  ——以学写《拿破仑小传》的教学实践与分析为例 ……………师　伟/144

初三学生体育中考项目理想成绩和健体兴趣:

 在"独合结合"多元实践体验式学习中提升 ………………………周　瑜/154

"独合结合"劳技实作式学习实施"三程·十七步"提升

 学生木艺制作素养

  ——以"木艺笔筒制作"单元教学实践与分析为例 ……………黄黎黎/162

沪滇合作共探讨　服务·研究素养同提升

  ——以"德育服务式"课题研究、课程建设和联合教研

  为例 ……………………………………………………………………寸双凤/176

第三部分　研究体会案例

英语沉浸式学习探索:让"不可能"成为"可能" …………………………李廷婕/189

课题研究素养:在个人区级规划课题与学校区级课题结合

 实施中快速提升 …………………………………………………………王伟红/194

第一部分

个案跟踪研究案例

"独合结合"探秘体验式学习提升生涯发展素养

——小 H 个案跟踪研究

◎ 上海市进才实验中学　李文君

一、课题提出

(一) 研究背景

上海市教育委员会制定的《上海市学生职业(生涯)发展教育"十二五"行动计划》指出：以为了每一个学生的职业生涯发展的理念为指导，建设有利于促进全社会对学生职业(生涯)发展教育理解的制度文化，构建从幼儿园到高等院校的学生职业(生涯)发展教育体系。对于初中学生而言，除了接受以知识传授为核心的传统学校教育外，还要了解当今职业世界发展的多样性与复杂性，明白当下的学习是自己生涯发展的基础。将生涯教育的理念引入学校教育中，也有助于学生重新认识和评价自己，选择适合自己的职业和生活，发现和发挥自己的专长，愉快而有价值地度过自己的一生。生涯教育在学校的实施可以分为两个方面：一是通过课程让学生了解"生涯"的相关概念并参与实践活动进行体验，二是通过咨询与辅导对学生个性化的生涯发展指导。

"基于独立学习与合作学习相结合的教与学方式研究"的区级课题研究方案指出，基于"独立学习"与"合作学习"相结合的教与学方式是由教师在教学过程中指导学生将个体学习与群体学习相结合的方式组成的、教与学相互作用的活动方式的总称。对于初中学生而言，教师可以引导他们开展初步生涯发展的自我探索，学习生涯发展知识，增进生涯发展意识，从而提升基于独立学习与合作学习相结合的(简称"独合结合")心理健康发展探秘式学习素养。

(二) 研究依据

1. 符合生涯发展和自我概念发展理论

根据舒伯提出的生涯理论，生涯发展在个体早期生活中就已经开始，并且随着年龄的增长而不断前进，他将人的生涯发展分为五个阶段。初中生正处于成长阶段的兴趣期和能力期以及探索阶段的试探期，他们将在各种学习和生活经验中，进行角色试探及职业探索。遵循初中生生涯发展阶段的规律性，协助初中生探索自己的需求、能力与兴趣，以适应社会所需，除了有助于学生建立生涯蓝图，还能对生涯发展奠定稳固的基础。

一个人的生涯发展是个人因素和环境因素交互作用的结果。初中生心理发展的速度远落后于生理发展的速度,造成身心发展的不平衡。随着年龄的增长,初中学生的自我意识觉醒,职业意识也开始萌动,并且引发思索。他们希望很多事情自己能独立决定,然而因为缺乏相关知识与经验,在面临选择时,会感到彷徨无措。根据埃里克森的人格发展理论,初中阶段的学生正处于自我意识确定和自我角色形成的关键期。自我发展的过程中,常常会遭遇"我是一个什么样的人?我将来要走向何方?"等问题,也容易因为挫折而退缩。初中生涯发展的关键是解决初中生自我意识与身心限制的矛盾,从而实现自我的发展。因此,学校有必要依据初中生身心特点开展辅导与教育活动。

2. 符合上海市教育委员会《关于加强中小学生涯教育的指导意见》要求

上海市教委《关于加强中小学生涯教育的指导意见》(2018)(以下简称《指导意见》)对于"分学段实施重点"指出,初中阶段的生涯教育侧重于生涯探索:要促进学生拓展自我认识,培养合作能力、学习能力和生活适应能力;通过学校的活动与指导,拓展学生对社会分工、职业角色的体验与认识,初步形成生涯规划的意识与能力。同时,开展生涯辅导已经成为初中生心理健康教育的一个重要内容。要引导学生把握升学选择的方向,培养职业规划意识,树立早期职业发展目标,逐步适应生活和社会的各种变化。

3. 符合推进学校区级课题研究和提升学生学习素养的需要

通过区级课题研究,增进学生"独合结合"学习方式的相应意识,提高相应能力,逐步形成相应的良好学习习惯,从而落实学校"为每个学生的卓越发展服务"的办学理念。以"独合结合"探索体验式个案跟踪的方式对培养学生相关生涯发展素养的过程开展研究,是对课题的有益补充和完善,可以丰富课题的成果,为印证研究实效提供基于个案跟踪研究的实例。

(三) 概念界定

1. "独合结合"探秘体验式学习

所谓"'独合结合'的探秘体验式学习",是指教师指导学生将独立学习和合作学习相结合,通过亲历多样化的实践操作,以体悟式的方式来探秘新知,从而提升相关素养的学习方式。本研究通过指导小H学习,在创设情境,发现问题,调查、收集与处理信息,表达与交流等探秘体验学习的过程中,拓展和提升"独合结合"生涯发展探秘体验式学习的相关素养。

2. 生涯辅导

所谓"生涯发展素养",是指通过教师辅导,提升学生在生涯发展相关和生涯行为方面的成熟度。一个人对生涯的概念越清晰,在将来的生涯发展过程中也会越成熟。初中生的生涯成熟度,会从其"生涯态度"和"生涯行为"两个维度表现出来。其中"生涯态度"包括"生涯感受"和"生涯信念"两个方面,"生涯行为"包括"生涯行动"和"生涯计划"两个方面。本研究中的"生涯辅导",指的是提升小H生涯成熟度的两个维度中的四个方面,让他对自己的生涯发展有想法、觉察和期待,对自己感兴趣的职业进行探索,对职业发展道路进行初步规划。

3. 个案跟踪研究

所谓"个案跟踪研究",指的是通过个案访谈、测评等方式,了解所关注的个案的发展。在本个案研究中,通过对小H的学习素养与生涯发展素养的干预指导,帮助小H提升"独合结合"探秘体验式学习能力及其生涯成熟度,也对其提升学业自信起到积极影响。

4. "独合结合"探秘体验式生涯辅导小 H 个案跟踪研究

在本研究中,运用问卷形式,通过预备年级的群测、筛选及访谈,选定所要进行个案跟踪的学生小 H。小 H 在"独合结合探秘体验式"方面的学习素养相对薄弱,"生涯成熟度"的各个维度都比较低,在学业成绩方面缺乏自信,对自己的未来感到迷茫。教师通过设计七种方法(访谈法、情境创设法、自我评价法、兴趣引导法、成长发展法、激励法和榜样示范法等),实施定期为主、随机为辅的干预,旨在引导小 H 将独立学习与合作学习相结合,通过利用周围的老师、同学、家人、媒体等资源加强多样化的亲历实践操作为主的学习过程,进行对生涯方面知识的探索。研究者希望,通过个案辅导,引导小 H 关注、觉察自己的生涯发展任务,对自身的未来生涯形态有想法有期待,能够开展对自己感兴趣工作的探索,初步确定生涯发展方向和行动计划及备用方案等(简称生涯感受、信念、行动、计划),并引导其关注与调节自己当下的学习状态,提升自己学业方面的自信;通过家校合作,促进家长关注生涯教育对孩子学业成长的意义,改变教育观念与育子行为,促进孩子健康成长;通过研究设计、实施和报告撰写,提升教师的研究素养与其他专业素养。

二、研究目标

(一) 理论目标

通过研究,揭示基于独立学习与合作学习相结合、运用探秘体验方式开展的生涯辅导的发展目标、培养内容和研究对象的原状,设计干预措施,实施预设与机动干预,对比干预结果,得出相关结论,从而构建课题研究的操作框架,总结研究经验,丰富基于独立学习与合作学习相结合的教与学方式之个案生涯辅导探秘体验式学习方面的相关理论。

(二) 实践目标

本研究拟对小 H 做不少于 6 次的定期干预及机动干预的个案跟踪研究,帮助小 H 提升"独合结合"探秘体验式学习素养和四个方面的生涯成熟度,增进学业自信;促进家长改变教育观念和育子行为;提升教师的个案研究素养和其他专业素养。

三、干预设计

(一) 确定研究对象

1. 进行问卷群测

苏钰婷(2002)编制的"青少年生涯发展量表"内容包括生涯感受、生涯信念、生涯探索和生涯计划四个维度,每个维度 10 题,量表分四阶评分,每个维度总分 40 分。以量表得分作为初中生生涯成熟度的依据,取得学生的同意和配合后,在预备年级进行群测。

2. 问卷筛选并访谈

对筛选出的生涯成熟度得分较低的学生进行简单面谈,告知访谈目的,并综合学生在

"'独合结合'探秘体验"方面的学习素养,筛选出被干预学生。在取得学生及家长知情同意后,对小 H 进行个案干预。

(二) 简析个案原状

1. 个案原状

1) 小 H 的"独合结合"探秘体验式学习素养方面

小 H 在心理活动课中,对生涯探索单元的课堂参与程度不高,对课堂中所开展的探究活动缺少热情;独立学习或合作学习方面的能力也较为薄弱。通过与家长的沟通得知:小 H 在日常生活中,沉迷电子游戏,缺乏学习动机和学业自信。

2) 小 H 生涯发展素养方面

2020 年 9 月开学初,借助青少年生涯发展量表进行测评后得出,小 H 在生涯感受、生涯信念、生涯探索和生涯计划四个方面的得分(表1),均显著低于年级均分。

表 1 小 H 生涯发展量表得分情况

生涯发展量表维度	小 H 得分(分)	年级均分(分)
生涯感受	22	26.57
生涯信念	25	30.37
生涯探索	21	27.81
生涯计划	19	24.19

2. 原状简析

通过对小 H 的问卷分析与个别访谈,并与家长沟通,归纳小 H 之所以会有以上状况的原因。

1) 自我评价方面

(1) 生涯计划性方面。①从问卷反馈来看,小 H 在生涯感受和生涯信念方面的概念,都比较薄弱,对于自己在生涯发展方面没有什么想法;从生涯探索和生涯计划方面来看,小 H 在自我探索方面的主动性低。②通过访谈得知:小 H 觉得自己的学业基础比较差,受到的挫折较多,因此对学习不太感兴趣。③在人际交往方面,除了与共同玩手机游戏的同学有交流,与其他同学互动比较少;在课堂活动时,在乎他人对自己的评价,因此也不敢表达自己的想法。

(2) 社会实践方面。小 H 除了参与学校组织的社会实践活动外,其他的社会实践经历较少,因此,也没有兴趣爱好方面的培养。但其对手机游戏很感兴趣,小 H 认为自己在手机游戏中,可以获得成就感和乐趣。

2) 家庭教养方面

(1) 小学阶段。通过访谈了解到小 H 的家庭为单亲家庭,与父亲和奶奶一起生活,主要由奶奶承担教养任务。而奶奶对于小 H 比较宠爱,对孩子的学习素养关注度不高,导致小 H 的学习习惯养成能力较差。

(2) 初中阶段。母亲接手对小 H 的教养,才开始管理孩子使用电子产品,但现阶段孩子的变化尚不明显。母亲对于本次的个案跟踪辅导意愿强烈。

(三) 设计干预措施

确定对该生教育发展的目标;借助查阅文献、对专家的访谈、与同行及同事的商讨、团队心理老师的工作经验等,设计干预措施与观察记录表。

1. 周期间隔

由于受到新冠疫情影响,对小 H 的个案辅导从 2021 年 6 月开始,每周实施定期干预一次,共计 3 次;暑假每月干预一次,根据样本学生的实际需要,实施机动干预,暑期干预共计 3 次;9 月对个案进行总结性辅导 1 次。

2. 干预方式

借助约见、电话、微信、书信、推荐图书讲座资料、同学或亲子间互动等方式,对样本学生实施干预。

3. 记录手段

对干预措施进行追踪观察,悉心观察干预前后孩子状况的改变和家庭教育的改变。通过表格记录每次的干预情况,包括干预措施的实施与被研究者的变化。

4. 干预目标

1) 小 H 的"独合结合"探秘体验式学习素养方面

鼓励小 H 参与小组合作、与家长互动,引导其思考合作学习给自己带来的帮助;运用在个别辅导中的创设情境,引导小 H 感受探秘体验学习的乐趣,提升其探秘体验学习方面的素养。

2) 小 H 生涯发展素养方面

帮助小 H 了解生涯发展对一个人成长的重要意义,提升小 H 在"生涯感受"和"生涯信念"两个方面的认识,以及"生涯探索"和"生涯计划"两个方面的行动力。引导小 H 学习将自己的兴趣与生涯发展进行结合,从而关注自己当下的学习状态。通过"量表"的后测,比较小 H 在生涯成熟度四个方面的变化。

5. 干预方法

1) "独合结合"探秘体验式学习素养方面的干预方法

(1) 访谈法。是指通过指导小 H 学习一些沟通与访谈的技巧,鼓励其对家庭成员、身边的朋友就职业及学业方面的相关问题进行访谈(表 2),对生涯发展进行初步探秘,了解并整理相关信息,学习提出自己的观点。

表 2 职业访谈记录表

访谈对象基本信息			
职务与职位		工作年限	
所学专业		所属行业	
单位所属性质			

(续表)

访谈记录	
问题1	这份工作每天需要做些什么？工作职责是什么
问题2	这份工作需要什么样的人去从事
问题3	这份工作需要有特别的知识、技能和经验吗
问题4	学校中的哪些课程，对这个行业比较有帮助

实施方法：第一，和小H一起罗列对于家庭成员生涯发展的访谈提纲；第二，和小H模拟访谈情境，鼓励其向教师进行访谈提问；第三，引导小H整理在访谈中获得的信息，梳理观点并提出自己的想法。

(2) 情境创设法。是指在相关干预辅导的过程中，通过创设不同的情境，引导小H思考如何处理情境中的问题。

实施方法：第一，根据舒伯提出的"生涯彩虹图"理论，利用联想卡片，通过卡片中设有的生活场景，请小H展开关于自己未来的生涯角色联想，了解其对自己发展的想法；第二，创设远期、中期和近期的相关生活场景，小H可以对自己的生涯发展进行探秘体验。

2) 生涯成熟度素养方面的干预方法

(1) 评价法。是指引导小H分析现实自我、概念自我与理想自我，来形成对自己的看法，并且在三个"自我"与外在环境交互作用的过程中，形成自我觉察。分别在个案跟踪的早期、中期与后期，比较小H的评价变化，包括小H的自我评价和他人评价。

实施方法：第一，运用面谈与书面作业，引导小H分析自己的个性、兴趣、能力等；第二，通过访谈身边的朋友和家人，形成对自身正确、客观的评价；第三，比较现实自我与理想自我的差异，思考如何向理想自我发展；第四，教师在辅导过程中，及时给予小H反馈性的评价，帮助其更好地了解自我。

(2) 兴趣引导法。是指从小H对手机游戏的兴趣点出发，结合其当下的学业水平，引导小H查找相关职业资讯，培养职业意识，明确职业价值观。

实施方法：第一，引导小H从自己的兴趣出发，查找当今社会与自己兴趣相关的职业类型、入职条件、职业发展情况；第二，查找这些职业所需要的知识与基础能力。通过对职业资讯收集，引导小H思考未来升学时面临的境况。

(3) 成长发展法。是指通过制订"成长发展表"，综合自我评价与他人评价，了解自己的成长变化过程，对有进步的方面及时给予鼓励，对不足的方面及时改进。

实施方法：第一，对小H在进行生涯探索与实践过程中的自我表现，进行综合评估（表3）；第二，请家长就孩子在生涯探索及实践过程中的表现给予评价。

表 3　对小 H 的成长发展过程评价表

时间	内容	预期目标	评价与反馈
2020 年 6 月	对家人进行访谈,整理访谈内容,对访谈内容进行反馈	完成访谈与访谈感想	对小 H 的访谈内容进行分析
2020 年 7 月	完成对自我的评价,罗列自己的性格、能力、兴趣等方面的状况	完成自我评价表	与小 H 共同寻找他的长处和发展优势
2020 年 8 月	查阅相关资料,查找自己所感兴趣的职业及相关专业方向	将收集的资料进行分类整理	分析小 H 所查找的资料和自身匹配度
2020 年 9 月	对自己在个案追踪期间的表现进行总体评价	后测青少年生涯发展量表,并说说自己的感想	对小 H 在个案跟踪过程中的表现进行回顾并给予积极反馈

3) 学业自信方面的干预方法

(1) 激励法。是指把总体目标根据难度分解为具体的小目标,从自我激励、教师激励和家长激励等多方面激励,用目标激励自己树立信心和勇气,克服困难,从不同方面提升小 H 的自信。可适当增加激励频次,注意在公众场合加强激励,注意结合兴趣发展和学科进步进行激励。

实施方法:第一,在访谈过程中,引导小 H 根据实际情况,确定明确、适当的发展总目标;第二,将总目标分解成中期、短期目标;第三,指导小 H 写下目标,并且设置在达成目标后对自己的奖励;第四,与小 H 一起预期在达成目标过程中可能遭遇的挫折,思考应对方式,并进行归因,注意在公开场合加强激励;第五,采用兴趣激励,鼓励小 H 将原有兴趣与学科兴趣相结合,探究直接兴趣与间接兴趣的关系。

(2) 榜样示范法。是指寻找家长或同伴的模范行为。榜样来源,可以是本班学生、选修社团课中有共同兴趣的同伴,或者是由学生自主查找,或由教师收集提供的职业榜样。

实施方法:第一,通过与家长沟通,向家长提出给孩子树立榜样,给予孩子积极的影响及反馈,通过家庭环境的塑造,给予小 H 正向引导;第二,引导孩子向周围的同学、老师或亲朋学习,通过榜样的示例,提升自我发展的动机。

6. 观察记录表

围绕干预措施,以定期干预为主,融合机动干预,借助总课题组指导专家所研制的个案跟踪研究记录表,进行干预和观察记录。

四、实施干预(7 次)

对小 H 实施的干预总计 7 次:6 次定期干预观察(表 4～表 7、表 9 和表 10)与 1 次机动干预观察(表 8)。

表 4　基于"独合结合"的探秘体验式生涯辅导个案(小 H)跟踪研究干预记录表(第 1 次)

干预项目	干预内容
干预时间	2020 年 6 月 5 日
干预类型	(√)定期干预,( )机动干预
干预方式	(√)面谈,( )家访,( )通话(电话、手机等),( )网络,( )提供资料,( )建议查阅相关网上资源,( )建议听取相关人员意见,( )其他(自填内容:＿＿＿＿＿)
针对问题	"独合结合"探秘体验式生涯意识方面:了解小 H 对于自身发展的思考;增强小 H 的生涯感受
干预目标	引导小 H 思考对自己的生涯有何想法和期待; 了解访谈法,学习设计访谈提纲
干预措施	运用"评价法"与"访谈法"开展本次干预 1. 与小 H 进行自身当下状态与兴趣发展的探讨 2. 教授小 H 访谈法,设计罗列访谈提纲;在辅导过程中,师生进行模拟访谈,引导小 H 学习收集访谈资料;建议小 H 开展对家人的访谈
干预结果	1. 小 H 结合自身兴趣与学习状况,对自己当下的状态进行了一定的思考。 由于小 H 对电子游戏比较感兴趣,在本次辅导中,探讨与电子游戏相关的职业与专业、对兴趣与学业间的时间分配等问题 2. 教师与小 H 共同罗列了关于生涯访谈的问题,制订《职业访谈记录表》(表 2),鼓励小 H 对教师进行模拟访谈;确定了小 H 对家人访谈的对象(小 H 的母亲)
反思与调整	小 H 可罗列对于电子游戏感兴趣的职业与专业的内容,帮助其在之后去查阅资料。 建议小 H 将对兴趣与学习的时间分配进行简单记录,将交谈内容可视化

表 5　基于"独合结合"的探秘体验式生涯辅导个案(小 H)跟踪研究干预记录表(第 2 次)

干预项目	干预内容
干预时间	2020 年 6 月 12 日
干预类型	(√)定期干预,( )机动干预
干预方式	(√)面谈,( )家访,( )通话(电话、手机等),( )网络,( )提供资料,( )建议查阅相关网上资源,(√)建议听取相关人员意见,( )其他(自填内容:＿＿＿＿＿)
针对问题	"独合结合"探秘体验式生涯意识方面:引导小 H 对"生涯发展"产生思考,初步建立生涯信念
干预目标	结合小 H 对母亲的访谈结果与情境联想卡片活动,引导小 H 思考自己的生涯发展,初步形成生涯信念
干预措施	1. 回顾"访谈法"的运用,了解小 H 对其母亲进行访谈后的感想。与小 H 母亲沟通,了解访谈活动的情况,以及小 H 的近期表现 2. 运用"情境创设法"开展本次干预。使用情境联想卡片,请小 H 选择能够联想到自己生涯发展的卡片,并说明原因。和小 H 共同分析创设的近期、远期的生涯发展情境。通过分析之前的访谈内容,思考家人的生涯发展对自己的影响

(续表)

干预项目	干预内容
干预结果	1. 通过和小H与其母亲的沟通,了解到访谈情况;小H通过对母亲的生涯访谈,对个人生涯发展进行了一定的思考 2. 通过情境联想卡片的活动,小H选取了自己感兴趣的生涯场景,对学生、工作者、持家者、休闲者、子女、公民等角色进行阐述,思考自己在人生不同阶段扮演的角色,以及自己所期待的场景
反思与调整	小H对母亲的访谈,主要按照之前个案辅导中师生共同罗列的访谈提纲进行,小H认为与母亲的访谈对自己生涯发展的启发不大,母亲在访谈中更多谈到了对小H的期待。建议母亲在访谈过程中,可以增加积极的亲子互动,减少对孩子的说教,多分享自己的故事,鼓励小H在访谈中表现优秀的地方

表6 基于"独合结合"的探秘体验式生涯辅导个案(小H)跟踪研究干预记录表(第3次)

干预项目	干预内容
干预时间	2020年6月19日
干预类型	(√)定期干预,( )机动干预
干预方式	(√)面谈,( )家访,( )通话(电话、手机等),( )网络,(√)提供资料,( )建议查阅相关网上资源,( )建议听取相关人员意见,( )其他(自填内容:_____)
针对问题	"独合结合"探秘体验式生涯学习能力方面:引导小H开展对自我的评价,结合自我评价中的内容,与小H进一步探讨对自我的认识,提升小H的生涯感受,助其进一步建立生涯信念
干预目标	结合之前两次的个案辅导内容,引导小H开展对自我的评价,罗列自己的性格、能力、兴趣等方面的状况,思考自己的优势与劣势
干预措施	1. 评价法 回顾之前两次的个案辅导内容,引导小H结合两次访谈内容,运用自由联想的方式,用关键词来进行自我描述,从性格、能力、兴趣等不同方面进行归类;鼓励小H不断地进行联想,加深对自我的了解 2. 成长发展法 (1) 通过写"现实我"和"理想我"的活动,小H可以思考两者之间的差异;教师引导小H了解从"现实我"到"理想我"的过程是自我实现的过程,并探讨从"现实我"到"理想我"的途径 (2) 学习制作成长发展表格;教师和小H共同观察进行个案干预以来所发生的变化
干预结果	1. 小H在教师的鼓励下,可以从不同角度开展对自我的评价,并且能够从不同角度思考自己的性格、能力和兴趣对自己所产生的影响,可以发展的优势,以及需要避免的劣势 2. 通过罗列"现实我"与"理想我"活动,会发现小H一开始在罗列"理想我"时有较大的困难,通过教师的启发,小H会从"现实我"的角度,从自由联想中对自我的评价中,衍生出对"理想我"的描述 3. 小H学习罗列"成长发展表",根据表格内容,对前三次接受个案辅导后自己的变化做出简单小结

(续表)

干预项目	干预内容
反思与调整	在本次个案辅导中,可以发现:小 H 的"生涯感受"与"生涯信念"较前两次有所提升,学生在自我评价的过程中,会有意识地结合自己的生涯发展进行一些思考,但思考如何从"现实我"发展到"理想我"的途径时遭遇到了困难,教师需要在之后的辅导中,继续启发小 H 展开相关的思考

表 7　基于"独合结合"的探秘体验式生涯辅导个案(小 H)跟踪研究干预记录表(第 4 次)

干预项目	干预内容
干预时间	2020 年 7 月 14 日
干预类型	(√)定期干预,(　)机动干预
干预方式	(　)面谈,(　)家访,(　)通话(电话、手机等),(√)网络,(　)提供资料,(√)建议查阅相关网上资源,(　)建议听取相关人员意见,(　)其他(自填内容:　　　　　)
针对问题	"独合结合"探秘体验式生涯学习能力方面:通过引导小 H 思考自己的兴趣与生涯发展的关系,鼓励其采取生涯行动,查找相关资料
干预目标	结合小 H 之前在"自我评价"方面所讨论的内容,师生共同查找相关资料,引导学生思考与自己的兴趣相关的各种专业与职业
干预措施	运用"兴趣引导法"开展本次干预: 1. 根据之前个案辅导的内容,罗列小 H 感兴趣的职业与专业;运用网络查找小 H 所罗列的感兴趣职业的入职标准,以及与其相关的专业 2. 选择一个职业重点讨论,探讨该职业所需要的能力、性格与兴趣,以及该职业的发展前景等
干预结果	1. 通过查阅资料,小 H 发现自己感兴趣的职业有电竞选手、电竞主播、游戏开发师、游戏美工师、网络测评员;并且简单罗列了要从事这些职业所需的相关专业与入职标准 2. 小 H 选择了电竞选手这个职业进行重点探讨。通过网络资料查找,了解到了电竞选手职业化的过程
反思与调整	小 H 在查找相关资料的过程中有较高的热情,但教师在个案辅导的过程中发现,小 H 比较容易脱离现实状况,展开天马行空的想象。由于本次辅导通过网络方式进行沟通,小 H 查阅资料的时间比较长,因此,可以考虑邀请家长共同参与

表 8　基于"独合结合"的探秘体验式生涯辅导个案(小 H)跟踪研究干预记录表(第 5 次)

干预项目	干预内容
干预时间	2020 年 7 月 27 日
干预类型	(　)定期干预,(√)机动干预
干预方式	(　)面谈,(　)家访,(　)通话(电话、手机等),(√)网络,(　)提供资料,(√)建议查阅相关网上资源,(√)建议听取相关人员意见,(　)其他(自填内容:　　　　　)

(续表)

干预项目	干预内容
针对问题	"独合结合"探秘体验式生涯学习能力方面:通过引导小H思考自己的兴趣与生涯发展的关系,鼓励其采取生涯行动措施,查找相关资料
干预目标	结合小H之前所罗列的感兴趣的职业查找相关资料,引导他进一步思考与自己的兴趣相关的各种专业与职业
干预措施	1. 小H利用假期时间,查阅了有关电竞主播、游戏开发师、游戏美工师和网络测评员的职业要求,结合之前其对自我的评价,判断这些职业与自己学业状况的相关匹配度 2. 运用"激励法",教师对学生在假期中所进行的职业探索给予肯定与激励;并在此基础上,共同探讨如何结合当下的学业状况,制订短期目标、中期目标与长期目标
干预结果	1. 小H对于其感兴趣职业的资料查找具有较高的积极性;小H的家长也愿意与孩子一起搜索相关的资料,并展开探讨 2. 小H能够结合自己当下的学业水平,对自己的生涯发展做简单的规划与思考,并且制订长期目标以提升自己的学业成绩;制订的短期目标,是在暑假期间认真完成暑期作业,并在家长监督下,对学业成绩进行一次自测
反思与调整	在本次个案辅导的过程中,小H的母亲共同参与,在探讨过程中,母亲对小H所查找的资料有一些消极反馈;在目标激励的过程中,母亲会表现出更高的期待。因此,在个案辅导过程中,需要适当对其家长进行一定的辅导

表9 基于"独合结合"的探秘体验式生涯辅导个案(小H)跟踪研究干预记录表(第6次)

干预项目	干预内容
干预时间	2020年8月20日
干预类型	(√)定期干预,( )机动干预
干预方式	( )面谈,( )家访,( )通话(电话、手机等),(√)网络,( )提供资料,(√)建议查阅相关网上资源,( )建议听取相关人员意见,( )其他(自填内容:_____)
针对问题	"独合结合"探秘体验式生涯学习能力方面:引导小H查找生涯发展榜样
干预目标	结合查找相关资料,引导学生树立榜样,从榜样中寻找积极力量
干预措施	运用"榜样示范法"开展本次干预: 1. 由教师引导小H思考家长或同伴的模范行为对自己的积极影响 2. 榜样来源,可以是本班学生、选修社团课中有共同兴趣的同伴等;或者查阅网络资料,查找相关的职业榜样,了解这些职业榜样的生涯发展相关能力、性格与优秀品质
干预结果	1. 在本次个案辅导中,小H认识到家长及身边同伴的一些积极品质,思考哪些积极品质是自己愿意效仿的 2. 小H对身边的榜样对象进行了罗列,包括班级中的同学、拥有共同兴趣的同伴,以及查找相关资料之后了解到的职业榜样
反思与调整	由于本次访谈在假期进行,因此对于同伴榜样的探讨相对比较薄弱。在之后的辅导中,可以进一步鼓励小H从学习和生活中,寻找榜样进行效仿

表 10　基于"独合结合"的探秘体验式生涯辅导个案(小 H)跟踪研究干预记录表(第 7 次)

干预项目	干预内容
干预时间	2020 年 9 月 17 日
干预类型	(√)定期干预,( )机动干预
干预方式	(√)面谈,( )家访,( )通话(电话、手机等),( )网络,( )提供资料,(√)建议查阅相关网上资源,( )建议听取相关人员意见,( )其他(自填内容:_____)
针对问题	"独合结合"探秘体验式生涯学习良好行为习惯方面:回顾前几次个案辅导过程,巩固提升小 H 的"生涯计划"能力
干预目标	引导小 H 对自己在个案跟踪辅导中的表现进行后测与自主总结,明确四大生涯能力和学业自信方面的进步与不足之处,分析原因,并明确改进方向
干预措施	1. 成长发展法 　完成青少年生涯发展量表的后测,引导小 H 从量表反馈中了解自己在个案跟踪辅导过程中的变化 2. 评价法 　(1) 小 H 的自评:引导对全程各次个案辅导进行回忆与总结,小 H 对在个案辅导后的所得与辅导前的原状进行对比,并分享辅导心得 　(2) 教师评:对小 H 在全程个案辅导中的表现进行总评,对于实践中进步的地方,给予积极肯定,并指出尚有的不足 　(3) 家长评:对比孩子在本次辅导前后的变化,注意给予积极评价
干预结果	1. 生涯能力方面 　通过本次的个案辅导,小 H 通过"独合结合"的方式参加了一系列的生涯体验性的实践活动,从生涯发展量表的前后测对比来看,小 H 的四大生涯能力均有所进步,其中,在生涯探索方面的变化最大 2. 学业自信方面 　结合本次生涯辅导的内容,小 H 能够对自己的学业状况进行一定的分析 3. 生涯期待方面 　在对本次个案辅导的总结回顾中,小 H 提出了困扰,认为自己的想法与妈妈对自己的期待有比较大的差距。对于自己的生涯期待,还需要做进一步的思考与调整
反思与调整	在本次辅导中,小 H 能够看到自己在本次个案辅导中的变化,但是由于他之前的学习基础较为薄弱,要通过本次生涯辅导来增强小 H 的学习动机,还需要进一步探讨,并且制定相应的方案进行定期的巩固

五、成效与反思

(一)研究效果

1. 样本学生的变化

根据"生涯发展量表"的测定内容,对小 H 的生涯成熟度进行了后测,并将前、后测数据进行对比得到的结果(表 11)。

表 11　小 H 生涯发展量表前后测对比

生涯发展量表维度	前测得分(分)	后测得分(分)
生涯感受	22	26
生涯信念	25	27
生涯探索	21	27
生涯计划	19	23

通过生涯辅导小 H 在"独合结合"探秘体验式学习素养方面,独立学习与合作学习能力得到一定的提升;通过老师所布置的任务,小 H 能够通过周围的老师、同学、家人、媒体等资源,进行一系列的探索活动。

1) 生涯能力方面

从表 11 中可以发现,学生在生涯探索方面进步最大。通过本次个案辅导,学生在完成生涯发展任务时,能够进行探索,通过与老师的探讨增长了对自我特质的了解。在生涯感受方面,小 H 对自己的生涯选择、个人方向有所设想,提升了对未来的期待感;在生涯探索与生涯计划方面的变化是初步明确生涯发展方向;在生涯信念方面的变化不大,这说明小 H 虽然提高了生涯觉察力,增加了对社会环境的了解,但对于形成自己的生涯信念还相对模糊,这也说明在以后的辅导中,需要对辅导内容进行适当调整,也需要进一步关注对小 H 生涯信念的指导与培养。

2) 学业自信方面

通过多次辅导,小 H 能够结合生涯辅导中的内容,来反思自己的学业状况。但是,由于小 H 本身的学业基础较差,加之疫情期间对于网络的频繁使用,疫情后状态的调整,结合暑假期间自我学习的状况,学生在学业自信方面的改变,还需要进一步追踪。

3) 生涯期待方面

在最后一次的个案辅导中,小 H 表达出在生涯期待方面自己与家长有所不同,说明他开始思考自己的生涯发展,并产生期待感。这是在个案研究的实践目标中没有预设到的,说明小 H 在辅导过程中,产生了主观能动性。

2. 样本家长的变化

1) 教育观念方面

家长在本次个案辅导的过程中,学会了"赏识"孩子,"理解"孩子,从生涯教育的角度看待孩子的发展,家庭教育观念有了一定的改善。

2) 家校合作方面

家长能够配合激励法、榜样示范法对孩子进行训练,在教育孩子出现问题时,会采取主动联系老师、翻阅相关资料、调整自己的教育方法等措施反思自己,与老师进行家校合作,共同关注孩子的成长。

3) 育子行为方面

在探索生涯发展的过程中,如在接受孩子采访时,家长能够与孩子有效地进行沟通,冷静地加以分析。

3. 教师方面

1) 个案研究能力方面

教师在对学生进行个案跟踪辅导的过程中,通过设计、实施、总结、反思、改进个案跟踪研究,逐步形成一个较为成熟的个案研究报告,提升了相应的个案研究能力,尤其是提高了自己在生涯指导方面对学生开展教育的个案跟踪研究水平。

2) 个案研究兴趣方面

在本次对小 H 的个案研究中,教师在开题报告设计、逐步修改完善、实施预设和机动干预、记录干预情况和撰写个案研究报告方面,走在了本校个案研究前列。

3) 个案研究行为方面

作为心理教师,在工作中本身需要对学生进行个别心理辅导。通过本次个案研究的过程,激发了后续运用本次个案研究中积累的相关知识与技能对心理方面的个案进行跟踪研究的热情。

4) 其他专业素养方面

在个案辅导的过程中,教师通过分析与辅导学生,提升了个别辅导的素养、评价的素养、与家长沟通与合作的素养等。这为不断提升自己在教育教学管理工作方面的素养奠定了良好基础。

(二) 反思

1. 研究设计有待进一步完善

本次研究的访谈设计为定期干预 6 次,机动干预 1 次,其中机动干预是对前一次干预的补充。但从学生的反馈来看,学生在生涯计划方面并没有形成一个比较完善的规划,因此学习动机与生涯能力的增强有限。由于干预时期恰逢暑假,因此学生在学业自信方面的改变也不是非常明显。本研究的后测,是一个即时测量,即个案辅导结束后观察学生改变的立即效果。但要说明是否产生了持续的影响,还需要有延时测量,即在个案辅导结束一段时间之后,再进一步了解辅导的效果。

2. 教师和家长需要共同关注学生的生涯教育

家庭是学生的第一所学校,家长是学生的第一任老师,在家庭教育中,家长要让学生了解自己、欣赏自己、接纳自己、反省自己,从而不断自我完善。作为家长,首先要正确认识孩子的成长轨迹,学会科学地教育子女,及时鼓励孩子健康成长,全面了解孩子,及时调整教育方法,正确把握孩子生涯发展的现状,满足其生涯发展的需要,以便制定科学、合理的生涯规划和措施。教师要与家长及时沟通观念、取得合作,以有效地推进生涯辅导方案的实施。

参考文献

[1] 沈之菲.生涯心理辅导[M].上海:上海教育出版社,2018:263-266.
[2] 郑溪璐.初中生涯发展课程的实验研究[D].重庆:重庆师范大学,2010.
[3] 王亚歌.初中阶段生涯发展教育初探[D].上海:上海师范大学,2008.

[4] 孙瑞琛,刘文婧.初中生涯教育之必要性和实践路径[J].教育科学论坛,2017(9):79-80.
[5] 杨曦.对中学生涯教育的再认识[J].中国教育学刊,2007(9):26-29.
[6] 孙微."独二代"家庭教育的学校个案跟踪指导支持的实践与研究[M]//金卫东,曹明."独二代"家庭教育指导新方略:论文选.上海:上海教育出版社,2017-10:171-186.
[7] 苏钰婷.在学青少年生涯发展之相关因素研究[D].台南:台湾成功大学,2002:61-68.

"独合结合"探秘体验式学习提升英语口头表达素养
——3名学生个案跟踪研究

◎ 上海市进才实验中学　张　玲

一、课题提出

（一）研究背景

初中是培养学生英语口语交际能力的基础阶段和最佳时期，英语口语交际能力是全面培养学生英语能力不可或缺的一部分。目前的新中考政策，也将英语考试的150分，变成了140＋10分，10分为听说测试分。虽然教师培养和提高学生英语口语能力的意识在逐渐增强，但是，受长期应试教育的影响，我国初中生的英语口语能力仍较为薄弱。不仅仅是英语成绩落后的学生，多数初中学生都害怕开口说英语，"重笔头轻口语"仍旧是多年来英语教学的顽疾。所以，如何提高中学生英语口语能力，是当前初中英语教学中一个值得探索研究的问题。

学校"基于独立学习与合作学习相结合的教与学方式研究"区级课题研究方案中指出：所谓独立学习与合作学习相结合的（简称"独合结合"）教与学方式"，是指教师在教学过程中指导学生将个体学习与群体学习相结合的、教与学相互作用的一整套教学活动方式的总称。

在教学班级中采用笔试和口试分卷测试的方式，选取笔试成绩ABC档，口试成绩均为C档的三个学生，征得家长的同意和支持后，采用体验式对三人的英语口头表达素养进行了为期8周的个案跟踪，以期能分析阻碍初中生英语口头交际能力发展的原因；并结合教学实践，就如何提高初中生英语口头表达素养，得到一些可操作性的建议和策略、方式方法。

（二）研究依据

1. 符合中学生认知特征和心理发展特征

第二语言习得理论认为，培养英语能力有两种途径：一种是习得，一种是学得。学得，就是在教授下通过教材有意识的学习，着重在目的语的语言形态特征上，如发音、词调、句子成分等，这种学习过程缺乏社会实用性。习得，是一种在自然环境下学生无意识的认知过程，更注重英语口语能力的运用和意义的传达，具有实效性。探秘体验式学习，就是通过家校合作在课前、课中、课后、校内、校外多维度、全方位地安排学生学习和锻炼，培养英语口头表达素养；通过真实情境的运用，提高学生的交际能力。

根据心理学对初中生认知特征的相关描述,初中生的视觉和听觉敏锐、知觉的目的性和有意性进一步提高、知觉的精确性和概括性增强;思维形式和思维内容分开,能根据假设进行各种逻辑推理,不仅从逻辑上考虑现实的情境,而且考虑可能的情境;学习的目的性日益精确,自我调节、控制的能力增强。这些初中生的认知特征,对激发学生的学习兴趣和学习动机,提高学生的英语口语水平具有重大指导意义。

2. 符合《上海市初中英语听说教学指导意见》要求

《上海市初中英语听说教学指导意见》(2018)(下简称《指导意见》)提出,要强调学习过程,重视语言学习的实践性和应用性;强调义务教育阶段英语课程的首要目的,是为学生发展综合运用能力打下基础。语言学习持续时间长,而且需要逐渐积累。英语课程,提倡采用既强调语言学习过程,又有利于提高学生效率的语言教学途径和方法,尽可能多地为学生创造在真实语境中运用语言的机会。鼓励学生通过体验、实践、参与、探究和合作等方式,发现语言规律,逐步掌握语言知识和技能,不断调整情感态度,形成有效的学习策略,发展自主学习能力。

3. 推进学校区级课题研究和提升学生学习素养的需要

学校区级课题之探秘体验式学习子课题研究方案中指出,要增进学生"独合结合"探秘体验式学习的意识,拓展相应知识,提高相应能力,促进相应良好学习行为习惯的养成,落实学校"为每个学生的卓越发展服务"的办学理念。以个案跟踪的方式开展对学生"独合结合"学习方式素养培养的探索,是对学校区级课题研究的有益补充和完善,以丰富区级总课题的成果。

二、研究目标

(一) 理论目标

通过研究,确定研究对象,揭示"独合结合"探秘体验式英语口头表达素养的发展目标,对所选个案的原状进行分析,设计干预措施,实施预设与机动干预,对比干预结果得出相关结论,从而构建课题的操作框架,总结研究经验,丰富基于独立学习与合作学习相结合的探秘体验式学习提升学生英语口头素养个案研究的相关理论。

(二) 实践目标

本研究拟对小G、小M、小F3名学生,做定期干预及随机干预的个案跟踪研究,帮助他们提升"独合结合"体验式英语口头表达方面的相关意识、知识、能力和良好行为习惯"四素养",进而增进他们的学业自信,提升教师的个案研究素养和其他专业素养。

三、干预设计

(一) 确定研究对象

1. 利用轻松说霸安排机房进行听说测试

利用"轻松说霸"口语测试软件,第一学期开学时对7年级学生针对上学期所学内容进行朗读单词、句子、段落和交际应答、看图说话训练,并进行一次听说测试,测试时间为15分钟,满分为30分。

2. 就听说测试结果结合上学期期末考试成绩进行筛选并访谈

教师对听说测试得分较低的学生进行简单面谈,告知访谈目的,并综合学生上学期期末英语成绩,筛选出被干预学生。在取得学生及家长知情同意后,对小G、小M、小F 3名学生个案进行干预。他们的期末英语成绩分好、中、差,但听说测试成绩都低于15分。

(二) 简析个案原状

1. 个案英语成绩

小G在6年级第二学期的期末考试中,英语成绩为95分,属于A档学生,但听说测试为13分,小G的父母,对口语不太重视;小M期末英语成绩为89分,属于B档学生,但听说测试成绩为14分,父母关注孩子的英语学习情况,但是因为能力有限,无法给予更多的帮助;小F期末英语成绩为78分,属于C档学生,听说测试为10分,父母学历较低,对于小F的英语学习,他们希望学校多加关注。

2. 原状简析(表1)

表1 "独合结合"探秘体验式英语口头表达素养——小G、小M、小F原状分析(第1次)

		小G	小M	小F
英语表达的兴趣		口头表达能力较笔头表达弱	没有表达锻炼的场合	英语整体弱,对英语学习没有兴趣
英语口头表达能力	大胆开口说英语	不敢	不敢	不敢
	英语语音语调	连读等不会	英语发言规则掌握不好	单词发音未掌握
	英语词汇储备量	预备水平	小学水平	启蒙水平
	英语语言组织能力	一般	一般	较弱
	英语表达流畅性	偶尔卡顿	偶尔卡顿	总是卡顿
英语口头表达良好行为习惯		开口声音轻,手足无措	容易卡顿,肢体语言不自然	容易有"嗯啊"口头禅

(三) 设计干预措施

确定3名个案跟踪的学生后,就以上的问题进行"独合结合"探秘体验式学习辅导的干预,希望帮助他们改变现状,提高英语口头表达素养。凭借查阅文献、对专家的访谈、与同行及同事的商讨等多种途径与工作的经验,设计了干预措施,借用了总课题组开发的观察记录表,做好每次干预情况的记录。

1. 周期间隔

由于受到新冠疫情影响,对3名学生的个案辅导,从2020年11月开始,每周实施定期干预1次,共计8次;2021年1月,对个案辅导进行总结性辅导1次(第9次)。

2. 干预方式

借助约见、电话、微信、同学或亲子间互动等方式,对样本学生实施干预。

3. 记录手段

对干预措施进行跟踪观察,细心对比干预前后孩子状况的改变和家长家庭教育的改变情况,用图表等方式记录干预措施的实施与被研究者的变化。

4. 干预目标(表 2)

表 2 "独合结合"探秘体验式英语口头表达素养——小 G、小 M、小 F 素养发展目标

		小 G	小 M	小 F
英语口头表达的兴趣		使其重视口头表达	提升口头表达兴趣	增进口头表达信心
英语口头表达能力	大胆开口说英语	敢于表达	主动表达	减轻畏难情绪
	英语语音语调	尽可能学会漂亮的语音语调	掌握好英语发音规则	掌握单词正确发音
	英语词汇储备量	提升词汇量	提升词汇量	补全词汇量
	英语语言组织能力	提升语言组织能力	提升语言组织能力	提升语言组织能力
	英语表达流畅性	提升到 80% 的流畅性	提升到 80% 的流畅性	尽可能不卡顿
英语口头表达习惯		能大胆表达,声音响亮	能自然表达,肢体不僵硬	去掉"嗯啊"口头禅

5. 干预措施"二十三策"和"十八法"

1) 干预策略——五类("二十三策")

在能力训练方面:①针对个案学生不敢讲——采用加强示范、由简入手、组内多说、择机展示四条策略。②针对读音不准,为帮助他们读准读顺,采用跟读——软件监控、趣味朗读、模拟对话、组内互控、亲子合作五条策略。③针对词汇单一的举措——加强多元输入,采用收集教材、课堂学习、同组交流、异组互助、择机展示五条策略。④针对语言组织句顺不顺、习惯用语未掌握,采用"四个加强"策略——加强对模板训练、加强句顺积累、加强自主操练、加强总结反思策略。⑤针对加强流畅性的举措——采用观摩、模拟、自练、互练、自评等五条策略。

2) 干预方法——四类("十八法")

① 针对激发兴趣方面——运用参与歌曲学唱法、动画配音法、积累运用法、当众交流法和多元激励法等五种方法,对被跟踪对象实施干预。②在能力训练方面——针对不敢讲采用了加强示范法、由简入手法、组内多说法、择机展示法四种方法。③针对英语表达习惯缺乏、"嗯啊"口头禅方面——有自我观察诊断法、尝试改进法、同学互助法等三种。④针对不太开口方面——增加开口机会,采用"六个坚持"法:坚持每日五说法、坚持每日同质组内互说法、坚持每日异质组内互说法、坚持每周公开一说法、坚持每周一评法、坚持每周一改法。

6. 观察记录表

借助学校总课题组开发的个案跟踪研究记录表:围绕干预措施,以定期干预为主,融合

机动干预,按序记录每次干预的结果。

四、实施干预(9次)

以下记录的,是"独合结合"实施探秘体验式提升学生英语口头表达素养的3个个案跟踪研究之9次干预的简要情况——其中,第5次和第9次干预为机动干预(表7、表11);其余7次为预设干预(表3~表6、表8~表10)。

表3 提升"独合结合"探秘体验式英语口头表达素养个案跟踪研究
——小G、小M、小F干预记录(第1次)

干预项目	干预内容
干预时间	2020年11月11日
干预类型	(√)定期干预,( )机动干预
干预方式	(√)面谈,( )家访,( )通话(电话、手机等),(√)网络,( )提供资料,(√)建议查阅相关网上资源,(√)建议听取相关人员意见,( )其他(自填内容:_____)
针对问题	缺乏英语口头表达的兴趣
干预目标	激发主动进行英语口头表达的兴趣
干预措施	1. 运用"歌曲学唱"法、"动画配音"法、"积累运用"法、"当众交流"法和"多元激励"法,开展本次干预 2. 与小G、小M、小F同学,分别就关于当下英语口头表达的状态与兴趣缺乏原因,进行探讨,提出干预目标,确定从激发和培养兴趣着手 3. 教授3名学生激发兴趣五种方法,建议家长配合,安装软件,通过微信和相关软件,进行为期一周的针对性训练。具体方法说明如下: 1) "歌曲学唱"法——在家挑选自己喜爱的英语歌曲进行学唱,借以学习读音,提高语言表达准确性 2) "动画配音"法——在家借助软件,挑选自己喜欢的动画片进行配音练习,软件上会对配音情况打分,以此激励提升口头表达能力 3) "积累运用"法——通过阅读原版书籍报纸,激励积累英语的字词和短语;并结合口头表达,加强口头运用 4) "当众交流"法——激励参与全班口头交流(口头作业交流、课堂两分钟演讲、课本剧表演) 5) "多元激励"法——鼓励3名学生多场合、多时段、多人员(尤其是家长在的时候)、多形式、多表现,老师会采用多种形式给予激励
干预结果	通过课堂观察与学生访谈得知: 1. 3名学生结合自身兴趣与学习状况,对自己当下的英语口头表达素养的现状,进行了一定的思考 2. 就老师所教的几个激发口头表达兴趣的方法,学生表达出不同的兴趣爱好。喜欢唱歌的小G,对第一种方法更感兴趣;喜欢动画片的小M和小F,则对"动画配音"法表现出更大兴趣
反思与调整	未对具体方法运用的时间和检测结果进行定量定时布置,学生听后虽然很感兴趣,但是具体落实,有待提高

表 4　提升"独合结合"探秘体验式英语口头表达素养个案跟踪研究
——小 G、小 M、小 F 干预记录(第 2 次)

干预项目	干预内容
干预时间	2020 年 11 月 18 日
干预类型	(√)定期干预,( )机动干预
干预方式	(√)面谈,( )家访,( )通话(电话、手机等),( )网络,(√)提供资料,(√)建议查阅相关网上资源,(√)建议听取相关人员意见,( )其他(自填内容:＿＿＿＿＿)
针对问题	缺乏英语口头表达的勇气——不敢讲的问题
干预目标	采用多类多条策略,解决不敢讲的问题,让他们都敢不怕犯错大胆开口用英语表达
干预措施	采用了加强示范、由简入手、组内多说、择机展示四条策略,开展本次干预。具体方法说明如下: 1. 加强示范策略——老师通过课堂、微信小群(3 名学生和老师一起建群)、中午休息时,让 3 名学生组成小组一起找老师,读或说给他们听,加强示范,让学生分别进行模拟练习 2. 由简入手策略——通过老师的示范,先做小对话,再说短文,后做话题讨论,循序渐进地增加难度,从简单入手,降低学生的畏难情绪 3. 组内多说策略——通过小组合作学习,3 名学生组内互相练,多说说,熟练掌握口头表达的一些用法,减少人前犯错的概率 4. 择机展示策略——在小组合作之后,选择机会让他们多展示,如,在英语课堂、探究课、英语学科活动展示和英语节展示等活动中,寻找适合他们的展示机会,让他们得到成功与被肯定的喜悦,从而增加敢说的勇气
干预结果	通过课堂观察与学生访谈得知: 1. 3 名学生在组内时,都因为互相熟悉不害怕犯错而变得能够大胆主动用英语交流了 2. 在人多的场合下,都还有些畏难情绪,需要持之以恒地加以培养,多机会地进行锻炼
反思与调整	固定了每天中午 3 个人组成口语专练小组,先自练 20 分钟,再用 10 分钟向老师汇报训练效果,让干预措施能落到实处

表 5　提升"独合结合"探秘体验式英语口头表达素养个案跟踪研究
——小 G、小 M、小 F 干预记录(第 3 次)

干预项目	干预内容
干预时间	2020 年 11 月 25 日
干预类型	(√)定期干预,( )机动干预
干预方式	(√)面谈,( )家访,( )通话(电话、手机等),(√)网络,(√)提供资料,(√)建议查阅相关网上资源,(√)建议听取相关人员意见,( )其他(自填内容:＿＿＿＿＿)
针对问题	缺乏英语口头表达能力——读音不准不顺的问题
干预目标	采用多种策略,解决影响口头表达流畅性的读音问题,让他们读准读顺,促进口头语言交流的流畅性

(续表)

干预项目	干预内容
干预措施	采用了加强跟读方面的软件监控、趣味朗读、模拟对话、组内互控、亲子合作五条策略,开展本次干预。具体做法说明如下: 1. 软件监控策略:在家通过所下载的软件(说霸英语)里面的音频资料进行跟读,对软件用红色标注出来表示读音出错的地方,再作改进; 2. 趣味朗读策略:在家,通过模拟不同性别、不同年龄、不同情境的人物角色(包括动物的声音),进行趣味朗读;在校,3人小组以进行PK角色的方式多读; 3. 模拟对话策略:在校,3人间多进行分角色朗读,可模拟课本和各自所选材料上的对话; 4. 组内互控策略:在校,3人间两两组合互相读、互相听评、互相督促,加强朗读训练; 5. 亲子合作策略:每天在家,找机会读给家长听,至少每天展示一个朗读训练成果;邀请家长一起合作练习情境对话,在增加朗读训练的同时,促进亲子沟通
干预结果	通过课堂观察与学生访谈得知: 在多方位多维度输入、跟读、模拟模仿之后,3名学生不同程度地提升了口语交流的流畅性,读准读顺发音已经得到了很大改善
反思与调整	软件使用会有一个监控问题,还是建议多增加亲子合作策略,让家长一起参与,更好地促进孩子去主动读准读顺字词句的发音,提高发音的流畅性

表6 提升"独合结合"探秘体验式英语口头表达素养个案跟踪研究
——小G、小M、小F干预记录(第4次)

干预项目	干预内容
干预时间	2020年12月1日
干预类型	(√)定期干预,( )机动干预
干预方式	( )面谈,( )家访,( )通话(电话、手机等),(√)网络,( )提供资料,(√)建议查阅相关网上资源,(√)建议听取相关人员意见,( )其他(自填内容:＿＿＿＿＿＿＿)
针对问题	缺乏英语口头表达能力——用词单一的问题
干预目标	采用多条策略,解决影响口头表达的用词单一问题,减少词到用时方恨少的困难,让他们能顺利表达,以期提高口语交流的顺畅性
干预措施	采用了加强多元输入方面的收集教材、课堂学习、同组交流、异组互助、择机展示五条策略,开展本次干预。具体做法说明如下: 1. 收集教材策略:在字词短语方面,在教材和原版书籍报纸上选择生字、习语进行积累,用专用本写下来; 2. 课堂学习策略:在课堂老师上课过程中,结合单元模块学习,就话题分类进行学习,积累字词表达; 3. 组内交流策略:组内(可以是3人小组,也可以是各自所在的班级小组)互相分享交流各自收集来的短语字词; 4. 组内互助策略:同质组异质组互相说一说、互相评一评、互相控一控、互相练一练,以增加字词和短语、句法表达式的积累; 5. 择机展示策略:参与探究课、年级学科活动展示和学校英语节展示交流,包括通过参与准备展示环节,来促进字词和表达式积累量的提升

(续表)

干预项目	干预内容
干预结果	通过课堂观察与学生访谈得知： 在加强多元输入后，3名学生在字词积累和口语表达的顺畅性上，都有了不小的提高；尤其是英语基础本身薄弱的小F，更是在组内交流和互助后得到了很多帮助，因而让从不敢参与公开展示的他，能够在老师推荐的探究课展示上，勇敢地迈出了公开交流的第一步
反思与调整	每个孩子的可塑性都极强，学以致用在增进学生学习动力方面确实不可缺少。所以，多择机展示真的会反过来激发他们自主加强输入与交流的动力，把多元输入落到实处

表7 提升"独合结合"探秘体验式英语口头表达素养个案跟踪研究
——小G、小M、小F干预记录（第5次）

干预项目	干预内容
干预时间	2020年12月8日
干预类型	（ ）定期干预，（√）机动干预
干预方式	（ ）面谈，（ ）家访，（ ）通话（电话、手机等），（√）网络，（ ）提供资料，（√）建议查阅相关网上资源，（√）建议听取相关人员意见，（ ）其他（自填内容：_____）
针对问题	缺乏英语口头表达能力——句顺不顺的问题
干预目标	采用多条策略解决影响口头表达句顺不顺的问题，让他们减少因中西方文化和语言习惯表达差异而带来的困难，以提高语言交流的顺畅性
干预措施	针对语言组织句顺不顺、习惯用语未掌握，采用"四个加强"策略：加强对着模板训练、加强句顺积累、加强自主操练、加强总结反思和分享策略，来开展本次干预。具体做法说明如下： 1. 加强对着模板训练策略：老师提供句顺模板，要求3人在家对照模板做情境模拟操练； 2. 加强句顺积累策略：老师给出任务单（如中英语表达式的顺序差异、名字排列差异等），要求3人通过收集相关资料，来积累句顺的材料； 3. 加强自主操练策略：老师布置任务，要求3人就所找到的句顺，加强有针对性的自主操练； 4. 加强总结反思和分享策略：老师规定每周3人一起反思总结，就句顺和习惯用语方面收集的材料分享之外，要就学习过程进行反思总结
干预结果	通过课堂观察与学生访谈得知： 通过为期一周的相关训练，尤其是对照模板训练和加强句顺积累后，3名学生在操练时，都表现出了自信和底气，口头表达的能力得到了不小的提高
反思与调整	总结反思策略方面：3名学生还不是很理解该如何操作，老师应该多些引导，让学生真正理解口头交流过程中的及时反思对提高英语口头表达素养的重要性

表8 提升"独合结合"探秘体验式英语口头表达素养个案跟踪研究
——小G、小M、小F干预记录（第6次）

干预项目	干预内容
干预时间	2020年12月15日
干预类型	（√）定期干预，（ ）机动干预

(续表)

干预项目	干预内容
干预方式	(√)面谈,( )家访,( )通话(电话、手机等),(√)网络,( )提供资料,(√)建议查阅相关网上资源,(√)建议听取相关人员意见,( )其他(自填内容:＿＿＿＿＿)
针对问题	缺乏英语口头表达能力——断断续续不流畅的问题
干预目标	采用多条策略,加强练、评,减少因卡壳断续而造成与人交流不畅的困难,提高交流的流畅性
干预措施	采用观摩、模拟、自练、互练(3人间、与家长间与教师间)、自评五条策略,开展本次干预。具体做法说明如下: 1. 观摩策略:老师建议学生看英语原版电影片段和英语演讲视频,观摩人物在各种生活场景中如何流畅地表达 2. 模拟策略:在观看之后,建议学生借助模拟情境(老师也会设定若干模拟情境)让学生思考在相应社交情境下,应该如何表达 3. 自练策略:让学生根据指定话题(说霸英语中不同单元有看图说话和话题训练),进行自练表达 4. 互练策略:让学生就自己练习的话题表达,说给家长听,与家长一起练一练;再说给老师听;再3人之间练一练 5. 自评策略:让学生请家长评一评,老师评一评,3人互相评一评后,注意根据评价意见进行改进
干预结果	通过课堂观察与学生访谈得知: 通过相关训练,增加了他们不同话题表达的积累,练习改进后,3名学生都不同程度地提高了口头表达的流畅性。
反思与调整	为增加自练互练的趣味性,可以增加抽话题环节,增多表达流畅性的锻炼机会以训练学生口头表达时的应变能力

表9 提升"独合结合"探秘体验式英语口头表达素养个案跟踪研究
——小G、小M、小F干预记录(第7次)

干预项目	干预内容
干预时间	2020年12月22日
干预类型	(√)定期干预,( )机动干预
干预方式	(√)面谈,( )家访,( )通话(电话、手机等),(√)网络,( )提供资料,(√)建议查阅相关网上资源,(√)建议听取相关人员意见,( )其他(自填内容:＿＿＿＿＿)
针对问题	针对英语表达良好行为习惯缺乏,多"嗯啊"口头禅的问题
干预目标	采用多种方法,解决一开口作口头表达时,就多"嗯啊"口头禅的问题,以促进3人主动开口、顺畅交流
干预措施	采用自我观察——诊断法、尝试改进法、同学互助法,开展本次干预。具体做法说明如下: 1. 自我观察——诊断法:请家长帮忙,让孩子在家练习口头表达时,帮助录像,然后,给3名学生自己看,进行自我观察、诊断自己口头表达习惯方面的问题,找出不必要的"嗯啊"口头禅 2. 尝试改进法:找出问题后,让学生尝试改进,就同一话题或口头表达,进行多次录视频的方式做自我对比,在不断改进中,逐渐改掉"嗯啊"等坏习惯提高交流的流畅性 3. 同学互助法:在校内,3人间、组内成员间,让他们互相观察、互相学习、互相找出问题,加以改进

(续表)

干预项目	干预内容
干预结果	通过课堂观察与学生访谈得知: 3名学生"嗯啊"类的口头禅没有了,而且在表达时,眼睛能更勇敢地看着沟通的对象,表情也放松和自然了许多
反思与调整	多开口多情境训练,能弥补学生缺失语言交流环境的不足;课堂,将多给他们提供开口说英语的机会

表10 提升"独合结合"探秘体验式英语口头表达素养个案跟踪研究
——小G、小M、小F干预记录(第8次)

干预项目	干预内容
干预时间	2020年12月29日
干预类型	(√)定期干预,( )机动干预
干预方式	(√)面谈,( )家访,( )通话(电话、手机等),(√)网络,( )提供资料,(√)建议查阅相关网上资源,(√)建议听取相关人员意见,( )其他(自填内容:_____)
针对问题	针对英语表达习惯缺乏,不太开口的问题
干预目标	采用多种方法,解决不太开口的问题,让他们通过"六个坚持"法,把说英语变成每日的必修课和加以坚持的习惯,以促进主动开口交流
干预措施	针对不太开口,增加开口机会,采用了"六个坚持"法:坚持每日五说法(晨起说一说、课前说一说、课堂说一说、课后说一说、睡前说一说)、坚持每日同质组内互说法、坚持每日异质组内互说法、坚持每周公开一说法、坚持每周一评法、坚持每周一改法来开展本次干预。具体做法说明如下: 1. 坚持每日五说法:老师每日对学生布置了"晨起说一说、课前说一说、课堂说一说、课后说一说、睡前说一说"的任务 2. 坚持每日同质组内互说法:教师对学生布置了每天要在3人之间,至少说5句英语的任务 3. 坚持每日异质组内互说法:教师对学生布置了每天要在所在小组内,至少说3句英语的任务 4. 坚持每周公开一说法:教师对学生布置了每周至少要在课堂里,举手说一说的任务 5. 坚持每周一评法:教师对学生布置了每周至少要在3人间,互相评论一次的任务 6. 坚持每周一改法:教师对学生布置了每周至少要改掉一个口头表达相关问题的任务
干预结果	通过课堂观察与学生访谈得知: 通过"六个坚持"法,3名学生对完成每日、每周要完成"六个坚持"说英语的任务,都变得积极了很多,说英语逐渐成为他们的习惯和一定优势
反思与调整	还需要及时加强与家长的沟通,以便将每日五说法更好地加以落实

表11 提升"独合结合"探秘体验式英语口头表达素养个案跟踪研究
——小G、小M、小F干预记录(第9次)

干预项目	干预内容
干预时间	2021年1月6日
干预类型	( )定期干预,(√)机动干预

（续表）

干预项目	干预内容
干预方式	（√）面谈，（　）家访，（　）通话（电话、手机等），（　）网络，（　）提供资料，（√）建议查阅相关网上资源，（√）建议听取相关人员意见，（　）其他（自填内容：　　　　　）
针对问题	基于"独合结合"提高英语口头表达素养方面：回顾前几次个案辅导过程，主要针对的是英语口头表达的兴趣、勇气、能力和习惯，进行干预研究，观察干预结果，并希望巩固干预良好的结果
干预目标	引导3名学生对自己在个案跟踪辅导中的表现，进行后测，并作自主对比与总结，明确提高口头表达素养的有效策略和方法，分析自己的不足和原因，明确改进方向
干预措施	1. 通过"说霸英语"的听说测试法，引导学生从前后的成绩反馈中，看到自己的变化 2. 通过视频比对（每次进行的话题演讲录制的视频）法，让学生看到台上自己开口说英语时的变化 3. 评价法 　1）自评：引导3名学生分别对各次个案辅导进行回忆与总结，3人对自己在个案辅导后的所得与辅导前的原状进行对比，并分享辅导心得 　2）教师评：对3名学生在全程个案辅导中的表现进行总评，对于学生在实践中进步的地方给予积极肯定，并指出尚有的不足 　3）家长评：对比3名孩子在本轮辅导中，口头交流素养所发生的变化，注意给予积极评价
干预结果	通过课堂观察与学生访谈得知： 1）小G、小M、小F"独合结合"探秘体验式英语口头交流兴趣和习惯方面 　通过本次的个案辅导，"二十三策"和"十八法"的有机整合运用，激发了他们进行口头交流的兴趣，3人在多场合、多时段、多形式下，敢于和能够开口说英语；3名学生，还都自述感受到学习英语的乐趣，提升了英语学习方面的整体素养； 2）小G、小M、小F英语口头表达素养方面 　日常的观察和访谈都表明，3人改掉了"嗯啊"等不良习惯，增加了字、词、习惯用语等的积累，提高了口语交流的流畅性；通过"轻松说霸"的每单元听说测试，客观比较也表明3名学生的口头表达能力，都有了较大提高
反思与调整	在本次辅导中，3名学生都能够谈到自己在本轮个案辅导中的变化。但是语言学习是个长久过程，需要制定相应的方案，进行定期的巩固，才能从长远提高英语口头表达素养

五、成效与反思

（一）研究效果

1. 样本学生的变化

1）口试成绩变化

通过"轻松说霸"的单元听说测试，客观比较出3名学生的口头表达能力，都有较大提高。尤其是最后一次测试得分，小G为28分，小M为26分，小F为24分——比原来的13分、14分和10分，分别提高了15分、12分和14分和53.57％、84.62％和58.33％，变化显著。

2) 口头交流勇气、兴趣和能力与习惯方面的变化

通过课堂观察与学生访谈得知,小 G 口头交际变得自然,敢于主动开口说英语,语音语调变得纯正,词汇也变得丰富,语言组织能力变强,流畅性也提高了很多。小 M 则表现出对英语口头交际的热情,主动参与课堂讨论,读音标准,选词恰当,肢体语言也变得丰富,能较自然地用英语表达自己。基础相对较弱的小 F,变化虽然没有前两者那么大,但是他在被请到回答英语问题时能大声回答,少了"嗯啊"等口头禅,不再手足无措,畏难情绪明显减少。

2. 样本家长的变化

1) 教育观念方面

在本轮个案辅导的过程中,家长开始重视对孩子口语学习的关注和指导;尤其是小 G 的家长,改变了唯分数论的观点;而小 M 和小 F 家长,也学会了"赏识"孩子,"理解"孩子。可见,家庭教育观念有了一定的改善。

2) 家校合作方面

能以激励法、榜样示范法等方法,对孩子进行口语训练;在教育孩子出现问题时,家长会主动与老师联系、翻阅相关资料,调整自己的教育方法,与老师加强合作,共同关注孩子的英语口头交流素养的发展。

3. 教师方面

1) 个案研究能力方面

教师在对学生进行个案跟踪辅导的过程中,通过设计、实施、总结、反思、改进个案跟踪研究,逐步形成一个较有质量的个案研究报告,提升了相应的个案研究能力,尤其是提高了自己提升学生口头素养指导的个案跟踪研究水平。

2) 个案研究兴趣方面

在本轮对 3 名学生同时进行的个案研究中,教师在开题报告设计、逐步修改完善、实施预设和随机干预、记录干预情况和撰写个案研究报告方面,是比较抓紧和投入精力的,所以,也能完成得比较顺利。

3) 其他专业素养方面

在个案辅导的过程中,教师通过分析与辅导学生,提升了个别辅导的素养、评价的素养、与家长的沟通与合作的素养等。

(二)反思

本轮研究的个别指导,实施定期干预为 7 次,机动干预为 2 次。但从学生的实际反馈来看,学生在英语口头表达素养方面的提升,还是有空间的。对于遇到过的话题,学生有话可说,所以敢说会说。一旦遇到陌生话题时,还是会紧张不知道要说什么,这是由于本轮干预的时间过短所致;也说明,还需要更长时间更多精力进行干预跟踪研究,以期得到更有效的研究成果。

参考文献

[1] 马海建.中学英语口语教学的问题与对策[J].新课程.2009(10):70-71.

［2］于洪滨.浅谈初中英语课堂中学生交际能力的提高与口语教学[J].外语与外语教学,2017(21):199-200.

［3］唐志华.新课标背景下初中英语口语教学的现状问题及对策[J].外语与外语教学,2018(9):204-205.

［4］孙微."独二代"家庭教育的学校个案跟踪指导支持的实践与研究[M]//金卫东,曹明."独二代"家庭教育指导新方略:论文选.上海:上海教育出版社,2017:171-186.

"独合结合"阅读式学习提升语文素养
——小 Z 个案跟踪研究

◎ 上海市进才实验中学　张　晔

一、课题提出

(一) 研究依据

1. 符合语文课程标准的要求

教育部《义务教育语文课程标准(2021 年版)》(简称《课标》)提出了"阅读是学生的个性化行为。应引导学生在主动积极的思维和情感活动中,有所感悟和思考,受到情感熏陶,享受审美乐趣"的指导性要求。

面对一个内涵丰富的文本,小 Z 同学的困难具体表现为在阅读中感受、理解、欣赏能力的薄弱,甚至产生逃避抗拒的心理。因此,要鼓励该生尝试从不同角度和不同层面个性化地解读文本,以培养该生的阅读热情和习惯为抓手,逐渐提升其阅读的广度和深度,促进思考,享受审美乐趣。

2. 符合部编版语文教材改革的要求

2019 年秋季新学期,上海开始使用教育部统编的初中语文教材。新的教材中,几乎每一课都有课外阅读延伸的设计,还安排了"名著导读""古典诗文诵读"等栏目,力图让"教读""自读",加上"课外导读",构成"三位一体"的教学体系。"部编本"语文教材总主编温儒敏坦言:"教材只能提供少量的课文,光是教课文读课文是远远不够的。"

语文学习最重要的内容是读书。要让小 Z 同学学好语文,提升学科自信心,仅仅读好课堂上用的教材,是远远不够的,还必须要大量地阅读课外书籍,读好书、读经典。娱乐化的浅层次阅读,对她而言是无效的。因此,教师应该对该生的阅读书目作筛选,进一步提升其阅读的经典性、有效性。

3. 推进学校区级课题研究和提升小 Z 语文阅读素养的需要

目前,小 Z 语文阅读素养,总体较为薄弱。因而,教师以"独合结合"语文阅读式学习的相关举措作个案跟踪研究,开展对小 Z 语文阅读素养培养的探究,既符合学校区级课题的精神,也是提升小 Z 语文阅读素养的需要。

(二) 概念界定

1. "独合结合"阅读式学习

所谓"'独合结合'阅读式学习",是指通过阅读,以读代写,让学生在具体可感的文本中总结方法,把握要求,强化学生梳理、提炼、归纳的能力。在本研究中,通过指导小 Z 的课外阅读,运用习惯强化、调查、收集与处理信息、整本书阅读、读写结合等学习过程,拓展和提升相关"独合结合"语文阅读式学习的素养。

2. 个案跟踪研究

所谓"个案跟踪研究",在本课题中指的是通过个案访谈、线上线下指导等方式,了解个案的现状,运用六种方法,通过对小 Z 的多次课外阅读指导,帮助其培养阅读兴趣、阅读能力、阅读良好行为习惯,提升语文学习自信。

3. 课题界定

在本研究中,在两个教学班中排摸、筛选及访谈后,选定个案跟踪的学生小 Z,语文基本功底不够扎实,学业成绩波动较大,有时还表现出缺乏自信的倾向。因此,教师拟通过访谈法、兴趣引导法、指导阅读法、读写结合法、激励法、榜样示范法等"六法"干预举措,引导小 Z "独合结合"开展课外经典与好书的阅读,培养阅读兴趣,提升其阅读理解和欣赏能力,促进其良好阅读行为习惯的养成,进而增进语文学业自信。

二、研究目标

(一) 理论目标

通过研究,明确如何确定研究对象,进行所选个案的原状分析,明确干预目标,设计干预措施,实施定期为主、机动为辅的干预,对比干预结果,得出相关结论,构建课题的操作框架,总结实施经验,丰富"独合结合"阅读式学习提升学生语文阅读素养个案研究方面的相关理论。

(二) 实践目标

本研究通过对小 Z 实施不少于 6 次的定期干预及机动干预的个案跟踪研究,帮助小 Z 对课外阅读产生兴趣,提升"独合结合"语文阅读式学习能力,促进良好的阅读习惯养成,增进语文学业自信。

三、干预设计

(一) 确定研究对象

通过对班中学生语文读写核心素养的多种形式调研,筛选出被干预学生小 Z。在取得学生及家长知情同意后,对小 Z 进行个案干预。

(二) 简析个案原状

1. 个案原状

1) 小 Z 的"独合结合"阅读式学习素养方面

小 Z 在语文教学的课堂中参与度不高,从课堂、作业、试卷、阅读体验等方面,反馈出其语文综合素养较为薄弱,阅读面不广,缺乏良好的阅读习惯,完成阅读任务时,往往是以被动的心态去完成。通过与家长的沟通得知,小Z在日常生活中,对家长比较依赖,学习动机低,对于提高语文学业成绩缺乏自信。

2. 原状简析

通过对小Z的语文学业分析与个别访谈,并在与家长沟通后发现,小Z之所以会有以上状况的原因。

1) 自我评价方面

(1) 阅读计划性方面。小Z的阅读信念感比较薄弱,对于自己在语文发展方面没有什么想法,自我要求的定位较低。通过访谈得知,小Z觉得自己的学业成绩没有到达心理预期,在学业方面受到的挫折较多,因此,对语文学习不太感兴趣,学业自信低。

(2) 在人际交往方面。小Z除了与个别同伴有交流之外,与阅读量较广的同伴互动比较少;在课堂活动时,因为非常在乎他人对自己的评价,不敢轻易表达自己的想法。

2) 家庭教养方面

(1) 小学阶段。通过访谈了解到,小Z的家庭比较简单,父亲对于小Z比较宠爱,对孩子的学习素养关注度和持续度不高,对孩子的阅读习惯养成方面关注比较薄弱。

(2) 初中阶段。由母亲接手对小Z的教养,母亲开始对孩子在文科学习方面有比较多的介入,小Z尚能接受,现阶段孩子的变化尚不明显。母亲对于本次的个案跟踪辅导,意愿强烈。

(三) 设计干预措施

师生、家长一起协定了小Z的语文阅读式素养发展的目标,即对课外阅读产生兴趣,提升"独合结合"阅读式学习能力,促进良好的阅读行为习惯养成,增进该生的语文学业自信。凭借查阅文献、对专家的访谈、与同事的商讨等多种途径与自己从事语文教师工作的经验,设计了访谈法、兴趣引导法、指导阅读法、读写结合法、激励法、榜样示范法等"六法"干预措施;借用学校总课题组的个案跟踪观察记录表,进行每次干预的跟踪记录。

1. 周期间隔

由于受新冠肺炎疫情影响,对小Z的个案辅导从2020年6月开始,每月实施定期干预1次,共计6次。

2. 干预方式

借助约见、谈心、推荐图书知识资料、同学互动、课堂发言等方式,对小Z实施干预。

3. 记录手段

对干预情况进行跟踪观察:悉心观察干预前后孩子语文阅读式学习素养状况的改变,每一次的干预,用跟踪记录表格的形式加以展现。

4. 干预目标

1) 小Z的"独合结合"阅读式学习素养方面

小Z能够在课外阅读好书、经典的书,掌握课外阅读好书目的知识;增进阅读的成就感和对课外阅读的兴趣;提升"独合结合"阅读式学习能力;促进良好的阅读行为习惯养成;增进语文学业自信。

2）小Z语文综合素养方面

帮助小Z了解终身阅读习惯的养成对个人成长的重要意义；提升小Z在"阅读积累"和"语文素养"两个方面的认识，以及"阅读习惯"和"读写结合"两个方面的行动力；学习将自己的兴趣与阅读体验进行结合，从而提升语文学习的自信。

5. 干预方法

1）"独合结合"阅读式学习素养方面

（1）访谈、跟随、观察及体验法。一是指教师通过与小Z沟通与访谈，鼓励其对自己的阅读现状，尤其是"独合结合"阅读式学习能力进行客观的评价，了解并整理相关信息，提出发展目标；二是指运用"访谈法"，教师指导小Z访问身边的共产党员，学习搜集访谈资料；三是指运用"跟随体验法"和"观察体验法"，教师要求小Z跟随访问对象一天，或注意观察写作对象若干天，获取细节性的资料，以锻炼访谈能力、观察细节能力和提高撰写小传的质量。

（2）指导阅读法。是指在相关干预辅导的过程中，教师通过指导小Z运用"整体阅读法""泛读法""专题阅读法""比较阅读法"等阅读方法，完成对相应的书目阅读的要求，并为指导完成相关读书笔记奠定基础。

2）语文综合学习素养方面

（1）读写结合法。在前期，通过教师阅读方法指导，在小Z初步产生阅读兴趣的条件下，指导其撰写不同类型的读书笔记或心得，从而提升语文读写素养。

（2）兴趣引导法。教师引导小Z对自己感兴趣的人物传记进行阅读，将兴趣结合其当下的阅读要求，查找相关作品作家资讯，从书到人，全方位立体地把握阅读书目的知识。

（3）学业自信方面

① 激励法。读书成就感的获得：一是教师鼓励小Z向校刊《朝花》投稿；二是让小Z在班级中面向所有同学朗读读书笔记并给予肯定；三是让家长就阅读积极性给予孩子鼓励，帮助小Z树立信心和勇气，克服学习过程中的困难，全方位提升小Z的语文学业自信。

② 榜样示范法。是指教师鼓励和帮助小Z寻找语文学习合作同伴，引导其向同伴学习，从而对小Z产生能够学好语文的积极影响，提高课外阅读的积极性和自信。

6. 观察记录表

围绕干预措施，开展定期干预（6次）——借助学校总课题组开发的个案跟踪研究记录表，作每次干预的观察记录与分析思考。

四、实施干预（6次）

本轮干预，从2020年6月20到12月20日，共实施6次定期干预（表1～表6）。

表 1　提升"独合结合"的阅读式学习素养的小 Z 个案跟踪研究干预记录表(第 1 次)

干预项目	干预内容
干预时间	2020 年 6 月 20 日
干预类型	(√)定期干预,( )机动干预
干预方式	(√)面谈,( )家访,( )通话(电话、手机等),( )网络,( )提供资料,(√)建议查阅相关网上资源,( )建议听取相关人员意见,( )其他
针对问题	1. "独合结合"阅读式语文学习意识方面:使小 Z 树立起固定时间阅读的意识 2. "独合结合"阅读式语文学习知识方面:拓展一本书中为众多人物写传记的相关知识 3. "独合结合"阅读式语文良好学习行为与习惯方面:基本养成良好的阅读习惯
干预目标	1. 小 Z 完成对《人类群星闪耀时》《俗世奇人》这两本书的阅读,了解在一本书中为众多人物写传记的特色,感知名人和草根两个阶层的人物群像 2. 使小 Z 树立固定时间阅读的意识 3. 培养小 Z 利用碎片化时间阅读的良好习惯
干预措施	1. 教师指导运用"整体阅读法",对小 Z 提出在一个月内阅读两本书的要求 2. 教师指导运用"泛读法",要求小 Z 查阅书中自己感兴趣的人物的相关资料,完善对于该人物的全面了解 3. 教师指导运用"读写结合法",小 Z 围绕六个核心问题,撰写读书笔记,尽情阐述自己相关的阅读体验
干预结果	1. 小 Z 能够在所定时限之内,完成两本书的整体阅读 2. 小 Z 能够在鼓励之下,通过网络及书本资料,对于书中自己感兴趣的人物作进一步的了解,丰富了对人物形象的感受 3. 小 Z 撰写了读书笔记两篇,质量上佳
反思与调整	整本书的阅读,只是"万里长征"的第一步,首先书目的选择很重要。这次的两本书,一本是交流时学生推荐的,一本是教师推荐的,都是能够激发起学生阅读兴趣的读物,同时兼顾一定的思维深度,需要参阅相关的历史资料和背景,才能进一步提升阅读的广度和深度。小 Z 的两篇读书笔记,完成质量上佳;同时,其养成了一段时间内限时完成阅读一本书的习惯,有助于将阅读培养成自己的爱好

表 2　提升"独合结合"的阅读式学习素养的小 Z 个案跟踪研究干预记录表(第 2 次)

干预项目	干预内容
干预时间	2020 年 8 月 20 日
干预类型	(√)定期干预,( )机动干预
干预方式	( )面谈,( )家访,( )通话(电话、手机等),(√)网络,( )提供资料,( )建议查阅相关网上资源,(√)建议听取相关人员意见,( )其他
针对问题	1. "独合结合"阅读式语文学习知识方面:学习为小人物立传的写作方法 2. "独合结合"阅读式语文学习能力方面:尝试为身边的平凡人物立传
干预目标	结合之前两本书的阅读体验,教师引导小 Z 关注身边平凡又不平凡的人物,结合假期学生处布置的德育作业《最美奋斗者——我身边的共产党员》,完成小传文章撰写

(续表)

干预项目	干预内容
干预措施	1. 教师指导运用"专题拓展阅读法",引导小Z学习简单的人物传记的写作要求和写作方法,并从网络搜集相关人物传记写作、访谈内容设计与实施等方面的知识性资料 2. 教师指导运用"访谈法",要求小Z访问身边的共产党员,学习搜集访谈资料 3. 教师指导运用"跟随体验法",要求小Z跟随访问对象一天,获取细节性的资料 4. 教师指导运用"读写结合法",要求小Z结合所学习的写作方法、网上收集及访谈所得的资料,撰写《最美奋斗者——我的……》小传一篇
干预结果	1. 小Z结合自身情感,寻找到值得讴歌的对象(她的小姨),与教师交流探讨需要访问哪些问题,设计问题并制定访谈大纲,最终在小姨家里完成采访 2. 小Z跟随访问者上班一天,从自己观察和侧面采访的角度,完善了人物资料 3. 小Z完成小传文章:《最美奋斗者——我的小姨》,教师提供修改意见,小Z进一步完善文章
反思与调整	建议小Z将文章投稿到学校《朝花》校刊发表,增加其阅读和撰写体验的兴趣,增进学业成就感

表3 提升"独合结合"的阅读式学习素养辅导个案跟踪研究干预记录表(第3次)

干预项目	干预内容
干预时间	2020年9月20日
干预类型	(√)定期干预,( )机动干预
干预方式	( )面谈,( )家访,( )通话(电话、手机等),(√)网络,( )提供资料,(√)建议查阅相关网上资源,( )建议听取相关人员意见,(√)其他:书籍
针对问题	1. "独合结合"语文阅读式学习习惯方面:要求小Z在一个月内完成阅读杨绛《我们仨》一书 2. "独合结合"语文阅读式学习知识方面:要求小Z感知散文化、生活化的文学作品中的人物形象,体会作者寄托于作品中的真实情感 3. "独合结合"语文阅读式学科学习素养方面:要求小Z提升课外阅读的兴趣,培养与他人交流的勇气,获得展示自我能力的信心
干预目标	结合之前两本书的阅读体验,教师引导小Z感悟更加生活化、散文化的文学作品中的人物形象,感受作者的真实情感,与自己的现实生活产生共情;建议通过网络、书籍等多种途径,查找作品中出现的三个人物的相关知识,深入了解人物背景和体会作者情感
干预措施	1. 运用"整体阅读法":教师指导小Z在一个月内阅读完《我们仨》一书 2. 运用"泛读法":教师指导小Z通过查找出版的书籍和相关网络资源,了解钱钟书、杨绛的文学成就和生平事迹,了解钱瑗的个人情况 3. 运用"读写结合法":教师指导小Z将阅读时的感受撰写成读书笔记 4. 教师帮助小Z修改读书笔记,并让其在语文课上向全班同学朗读,以培养该生当众朗读读书笔记的自信心和敢于发表观点的勇气
干预结果	1. 在规定时限内,小Z完成了一本书的阅读 2. 小Z在受到鼓励之下,通过网络及书本资料,对《我们仨》书中的三个人物,作了进一步的了解,更全面地把握了人物形象 3. 小Z完成撰写读书笔记一篇 4. 对在语文课上向全班同学展示自己的读书笔记,小Z感到非常自豪;而同学们的掌声和赞许,使其对完成好阅读和写作任务大大增强了信心
反思与调整	教师推荐阅读钱钟书的《围城》,但不作硬性要求,增加其阅读体验的广度,扩大阅读量

表 4　"基于'独合结合'的阅读式学习素养辅导个案小 Z 跟踪研究干预记录表(第 4 次)

干预项目	干预内容
干预时间	2020 年 10 月 20 日
干预类型	(√)定期干预；(　)机动干预
干预方式	(√)面谈；(　)家访；(　)通话(电话、手机等)；(　)网络；(　)提供资料；(√)建议查阅相关网上资源，(　)建议听取相关人员意见，(　)其他
针对问题	1. "独合结合"阅读式语文学习习惯方面：教师要求小 Z 在一个月内完成阅读刘墉《萤窗小语》这本书 2. "独合结合"阅读式语文学习能力方面：教师要求小 Z 学习体会日常生活中的每一个细小瞬间的美好；学习从每一个平常的事物中挖掘灵感的技巧；将这本书与《我们仨》进行比较阅读，把握其中相似的艺术特色
干预目标	小 Z 能够对《萤窗小语》和《我们仨》两本书进行阅读比较，提升在生活细节中发现和记录真善美的敏锐度，进一步提高比较阅读的能力
干预措施	1. 运用"整体阅读法"：教师指导小 Z 完成一个月内阅读一本书的要求 2. 运用"比较法"：在教师的指导下，小 Z 将两本书进行比较阅读，体会在生活细节中挖掘真善美的审美意识和写作技巧 3. 运用"读写结合法"：结合资料，撰写《萤窗小语》的阅读笔记以及对两本书进行比较阅读的体会
干预结果	1. 小 Z 养成了一个月阅读一本书的良好习惯 2. 小 Z 养成了阅读一本书就撰写一篇读书笔记的习惯 3. 小 Z 完成了两本书的比较阅读，领悟出这两本书都擅长在生活的细节中表现生活的美好，哪怕《我们仨》的结局是悲惨的，但是作者仍然着力于展现一家三口温馨幸福的画面；两本书的作者，都是通过娓娓道来的口吻，给读者讲述大大小小的故事……这些比较阅读的感悟，增加了小 Z 的阅读兴趣，提升了小 Z 对生活的感悟能力
反思与调整	教师继续在班级中推荐小 Z 的读书笔记，帮助她持续获得成就感；同时，启发其余学生学习比较阅读的方法

表 5　提升"独合结合"的阅读式学习素养的小 Z 个案跟踪研究干预记录表(第 5 次)

干预项目	干预内容
干预时间	2020 年 11 月 20 日
干预类型	(√)定期干预，(　)机动干预
干预方式	(√)面谈，(　)家访，(　)通话(电话、手机等)，(　)网络，(√)提供资料，(　)建议查阅相关网上资源，(　)建议听取相关人员意见，(　)其他
针对问题	1. "独合结合"阅读式语文学习知识方面：教师要求小 Z 通过阅读前面两本书，学习把握生活中的美好瞬间的方式，学习利用浅显生活化的语言，撰写关于人物的作文 2. "独合结合"阅读式语文学习能力方面：教师要求小 Z 创作一篇写人记事的作文，提升写作能力
干预目标	结合之前两本书的阅读体验，教师引导小 Z 关注身边的人物和故事，完成撰写一篇作文《感谢那次遇见》——注意表达人物美好的方面和关注细节的写作手法

(续表)

干预项目	干预内容
干预措施	1. 运用"读写结合法",学习写人记事的写作要求和写作方法 2. 运用"观察＋体验法",观察拟写人物生活中美好的瞬间,获取细节性的资料 3. 撰写不少于700字作文一篇 4. 布置要求:请家长一起阅读完成的作文,并提出修改意见,帮助小Z一起修改文章
干预结果	1. 小Z结合自身情感,寻找到值得表现的人物和故事 2. 小Z完成文章,家长提供修改意见,小Z进一步完善文章 3. 家庭关系因为目标的一致性而更为和谐,同时帮助小Z在家长那里获得了肯定
反思与调整	建议小Z将文章投稿到学校校刊《朝花》,为其提供渠道获得实实在在的成就感

表6　提升"独合结合"的阅读式学习素养的小Z个案跟踪研究干预记录表(第6次)

干预项目	干预内容
干预时间	2020年12月20日
干预类型	(√)定期干预,( )机动干预
干预方式	(√)面谈,( )家访,( )通话(电话、手机等),( )网络,(√)提供资料,(√)建议查阅相关网上资源,( )建议听取相关人员意见,( )其他
针对问题	1. "独合结合"阅读式语文学习知识方面:小Z平时的文学和历史知识积累不足 2. "独合结合"阅读式语文学习能力方面:从课内知识迁移到课外的能力和鉴赏文学作品的能力不足 3. "独合结合"阅读式语文合作学习能力方面:与同学合作学习的经验和机会不多
干预目标	1. 结合之前几本书的阅读体验,教师向小Z推荐阅读鞠菟《唐诗为镜照汗青》一书,按照一周时间阅读四个章节的节奏,完成阅读上册 2. 使小Z加深对于唐代历史知识的了解 3. 小Z能够将唐朝诗人的作品及背景故事联系起来阅读,加深对于诗歌的意境和作者情感的理解,提升鉴赏文学作品的能力 4. 教师组织学生开展小组讨论,让小Z和同学一起讨论、交流对书中诗人性格特征的阅读感受;与同学合作挖掘书中所涉及诗人的多面性,立体感知人物形象
干预措施	1. 运用"专题阅读法":教师指导小Z按照一周阅读四个章节的节奏,完成对《唐诗为镜照汗青》一书的阅读 2. 运用"泛读法":教师指导小Z将历史故事与文学作品联系起来一起阅读,与小组同学一起大声诵读书中的诗歌,感知文字的魅力 3. 教师要求小Z与同学合作,通过查阅相关的资料互相补充历史背景和人物经历,加深对人物的了解 4. 运用"读写结合法":教师指导小Z结合资料,撰写读书笔记——《人物印象记》若干篇,并在小组内与同学分享
干预结果	1. 小Z对于书中的相关历史知识非常感兴趣,编撰者轻松幽默的介绍风格,极受其喜欢,阅读体验愉悦 2. 小Z对书中涉及的相关诗人,有了比课本更深一层的了解,有助于其鉴赏相关的诗歌作品 3. 小Z通过与同学的合作交流,培养了阅读的兴趣,提升了表达好自己观点的自信心 4. 小Z通过和同学分享读书心得体会,从不同侧面加深了对书中人物的了解,同时看到了同学们思维的火花,丰富了自己的阅读深度和广度
反思与调整	因为时间关系,对于学生鉴赏文学作品能力的培养,尚未有针对性地加以实施

五、成效与反思

(一) 研究效果

1. 样本学生的变化

1) 语文"独合结合"阅读素养方面

通过对小 Z 在"独合结合"阅读式学习素养的辅导后,小 Z 对课外阅读产生了兴趣,学习能力有了一定的提高,良好的阅读写作习惯初步养成,真实地记录下自己的阅读体验。这为提升语文基本素养奠定了阅读积累方面的基础。

2) 语文学业自信方面

学生通过多次辅导,能够完整地阅读完若干指定的课外整本书目,并撰写出若干篇读书笔记,这对于语文功底比较弱的她来说是一个不小的进步;同时,通过在校刊上刊登其文,增进了小 Z 写作的自豪感,并将这种自信迁移到语文学科学习上,为学习的可持续性发展奠定了情感基础。

3) 合作学习方面

通过将自己的阅读体验与同学进行多种形式的分享,学生既能够勇于踏上讲台向全班同学展示,又能够在小组内与同学学着分工阅读探究成果,互帮互助,彼此拓展了阅读的广度。

4) 家长方面

小 Z 通过与家长阅读同一本书和共同修改读书笔记,增强了家庭教育与学校教育的合力,全方位地培养起对于语文学习,尤其是阅读课外书籍的兴趣,促进了阅读兴趣的保持和坚持阅读习惯的养成,从而进一步提升了阅读的综合素养。

2. 教师方面

1) 个案研究素养方面

这是从教以来,自己所完成的第一个较为规范的语文个案跟踪研究报告。这次尝试,使自己初步熟悉了个案跟踪研究的基本过程,学会了筛选个案、分析原状、设计干预目标与干预措施"六法"、实施跟踪指导、进行跟踪情况的观察与访谈、记录与分析跟踪结果;尝试完成了个案跟踪研究报告,初步积累了个案研究的经验和成就感;增进了继续开展个案研究的兴趣,也培养了自己对课题研究的兴趣。

2) 其他专业素养方面

在个案辅导的过程中,教师通过分析与辅导学生,充实了自己在教学理论方面的知识储备,同时对部编版语文新教材指导精神有了更深入的解读,有助于在教学中切实贯彻执行;同时,也为不断提升自己的教学理论素养,探索语文问题和总结语文教研成果,奠定了良好的基础。

(二) 反思

本轮跟踪研究,设计和实施了 6 次定期干预。因为本人的课题研究和个案跟踪研究的理论储备还有所欠缺,故在整体的研究设计、框架构建和对实践操作的可持续性发展方向的把握等方面,还有较大的不足。今后,需要继续加强系统的科研理论、个案跟踪研究理论和技术支持学习,使研究更好地建立在科学设计基础之上;个案跟踪研究的时间跨度,也可以更长一些,除了定期干预,可以增加非预设的干预,以获取更为全面的跟踪研究数据,提高研究的说服力。

参考文献

[1] 孙微."独二代"家庭教育的学校个案跟踪指导支持的实践与研究[M]//金卫东,曹明."独二代"家庭教育指导新方略:论文选.上海:上海教育出版社,2017:171-186.

[2] 罗博·普莱文(英).提升学生小组合作学习的56个策略[M].北京:中国青年出版社,2018.

"独合结合"对话式学习提升语文口语交际素养
——小 Q 个案跟踪研究

◎ 上海市进才实验中学 江　娜

一、课题提出

(一) 研究背景

教育部《义务教育语文课程标准(2017年版)》指出:九年义务教育阶段的语文课程,必须面向全体学生,使学生获得基本的语文素养。语文课程应"引导学生丰富语言的积累,培养语感,发展思维,初步掌握学习语文的基本方法,养成良好的学习习惯,使他们具有适应实际需要的识字写字能力,阅读能力,写作能力,口语交际能力"。

在教学实践中,语文综合素养培养的四个方面能力,受到的重视程度有明显差异,口语交际能力,往往是被忽视的。因为在语文应试中,以笔试为主要形式,而口语交际能力无法通过笔试完全展现。因此语文考试中考查口语交际能力的内容甚少。从教师到学生、家长,对于口语交际能力的培养都不够重视。教师在课堂中,对学生的口语交际素养,缺乏有针对性和实践性的教学;学生对于口语交际的需要,只是停留在日常生活中的交流和沟通方面,而并没有上升到语文学科素养的高度,因而语文口语交际的素养总体偏低。

在初中语文教学的实践过程中,我也存在口语交际素养不足的情况,如:对话中,不注意对象和场合;口语表达中,语言不流畅;表达时,主题不明确或不集中等。所以,我在参加学校区级课题"基于独立学习与合作学习相结合的教与学方式研究"时,准备选择一个口语交际素养较弱的学生(后确定为小 Q),拟做个案干预跟踪研究,希望经由教师辅导,达到增强对话意识,提高对话能力,促进对话行为,提升对话信心,进而提升其语文整体素养的目标。

(二) 研究依据

1. 符合巴赫金的语言对话理论和保罗·弗莱雷的对话教育实践

俄国文艺理论家米哈伊尔·巴赫金提出了对话理论。他指出,人类情感的表达、理性的思考乃至任何一种形式的存在,都必须以语言或话语不断沟通为基础,"两个声音才是生命的最低条件,生存的最低条件";对话无处不在,广泛而深入,"在每一句话、每一个手语、每一次感受中,都有对话的回响",而且"人是作为一个完整的声音进入对话。不仅以自己的思想,而且以自己的命运、自己的全部个性参与对话"。

当代巴西教育家保罗·弗莱雷把对话理论引入了教育领域。他认为,传统的教育是"储存式教育"——学生是保管人,教师是储户。教师不是去交流,而是发表公报,让学生耐心地接受、记忆和重复储存材料。但是在对话教育的理念下,教育意味着"在学习读和写的过程中,那些获得了新的自我意识并开始批判性地看待自己的社会处境的人,常常会主动采取行动,去改造那个剥夺了他们参与机会的社会""每个人重新赢得了说出自己的话,也即命名世界的权利"。所以,在对话教育的理念中,对话成为教育过程中非常重要的环节,可以唤醒学习者的自我意识,从沉默状态转入表达状态,是一个动态的学习过程。

2. 符合《义务教育语文课程标准》的要求

《义务教育语文课程标准》指出:"口语交际能力是现代公民的必备能力,应培养学生倾听、表达和应对的能力,使学生具有文明和谐地进行人际交流的素养。"它将口语交际能力的培养划归到课程的总目标中,并明确规定了各年级的口语交际能力标准。如:对于初中阶段学生,就提出了"能注意对象和场合,学习文明得体地进行交流""耐心专注地倾听,能根据对方的话语、表情、手势等,理解对方的说话观点和意图""自信、负责地表达自己的观点,做到清楚、连贯、不偏离话题"等 8 条具体要求(以下称"八要求")。因此,从部编版课程标准来看,提升语文口语交际能力已经成为语文学科教学的重要内容,对话式学习也就成了提升学生口语交际素养的有效形式。

(三) 概念界定

所谓"'独合结合'对话式语文提升口语交际素养——小 Q 个案跟踪研究",是指语文教师在自己任教的班级内,选择一个男生小 Q,针对他在口语交际素养方面的不足,分析其原因,明确干预目标,以课堂中与日常沟通交流中的对话活动为内容,有计划地进行定期或机动引导、指点,对照课标口语能力"八要求",实施"八种方法",改变"六个方面"的不足,以增强小 Q"独合结合"对话式学习的口语交流学习意识,提高对话能力,促进对话良好行为习惯养成和增进对话信心(简称语文口语交际"四素养"),进而提升其语文整体素养。

二、研究目标

(一) 实践目标

通过研究,帮助小 Q 增进"独合结合"语文对话式学习口语交际的相关意识,提高对话能力,促进对话良好行为习惯养成和增强对话自信,进而提升语文整体素养;促进家长改变对孩子口语交际不重视的现象,增进亲子关系;提升教师的个案研究素养和其他专业素养。

(二) 理论目标

通过研究,确定个案研究的对象(小 Q:对话意识、能力、行为和自信较弱,语文整体素养不高)、分析其原状(找到症状及背后的原因)、设计六个方面的干预措施(重点是 8 种干预方法)、实施定期干预 8 次和若干次机动干预(实际为 3 次)、记录每次干预结果,构建本课题的操作框架,总结实施的经验,丰富基于独立学习与合作学习相结合的语文教学实施对话式学习提高学生口语交际素养培养的个案跟踪研究的相关理论。

三、干预设计

(一) 确定研究对象

在我任教的初二(1)班,通过课堂现场举手调查发现,学生中认为自己口语交际素养较弱的共有8人;在初步确定的8人中,进行个别访谈,最终选取了一个样本(男生小Q),并取得小Q和其家长同意与配合。

(二) 简析个案原状

1. 个案原状

一是语文课堂中,小Q的主要角色是倾听者,对于老师的提问基本不主动举手发言,遇到小组讨论环节,也基本是听其他小组成员讲述,默默笔记,而较少发表自己的观点和看法。偶有发言时,表达的内容常常无条理,欠缺逻辑性。所以,从课堂反馈来看,小Q与老师和同学的对话意识和对话技能方面,总体较为薄弱。

二是学校的日常生活中,小Q的朋友圈较狭窄,与班级同学的交流较少,他自己称在学校里常感到孤独。可见,他与同学相处时,较少主动进行对话,加上对话能力的欠缺,人际关系并不和谐。

三是家庭中,从父母的反馈来看,小Q与父母的交流也不多,吃完晚饭就回自己房间写作业,遇到事情不会主动和家长沟通;家长也很少能从他那里听到关于学校里的生活点滴。

2. 原状简析

通过对小Q的个别访谈,并且在与家长沟通后,了解到他呈现出以上状态的原因。

1) 个性内向,不善与人沟通

根据小Q自己描述,他认为自己天生属于性格内向、比较胆小的类型。因此,表现出不善言辞的样子。

2) 对话意识薄弱,主动交流的意愿不足

小Q在和老师、同学对话时,从来都不会主动寻找话题,基本都是别人说,他倾听。所以,他与别人的对话,往往都是单向的。只有当别人向他提出问题时,他才会开口,而且回答完问题之后,也不会再有下一步的交流。可见,他在对话意识方面是很薄弱的,与人主动交流的意愿不足。

3) 对话能力欠缺,未掌握对话的方法和技巧

小Q在对话时较少考虑到情境,有时表达不够得体。他平常与人交流较少,难得需要表达时,他就随心而动,随口而说,不太关注说话的对象和场合,导致在一些对话中会出现尴尬的现象。

小Q在人际交往中,多数情况下是一个倾听者;有时,他并不能完全理解对方的说话观

点和意图,从他的回答能明显感知到他在理解方面存在偏差。所以,在倾听方面,他还不能根据对方的话语、表情、手势等,来正确理解别人的观点和意图。

而且,小Q在口头表达中,呈现出思维逻辑混乱,欠缺系统性和完整性,常常辞不达意。其原因在于表达前,没有构思好自己想说的话;在表达时,缺乏逻辑性,不能形成合理的话语表达系统。这样,就容易造成主题不明确,观点不集中,内容不得体等情况。这是他不常当众表达带来的问题。进而,又造成他在口语交流时,越发不自信,越发不愿意表达,形成恶性循环。

4)自信心不足,不敢当众表达

小Q表示,他清楚口语交际是语文学科的重要内容。但是,因为小Q平时一直都不太开口,要在课堂中主动表达非常困难。主要是害怕自己的表达不清楚,不得体,遭到同学或老师的嘲笑。可见,他的不开口,其实是内心不自信的表现。

5)兴趣爱好偏向个体,缺少与群体交流的机会

小Q同学因为自己从小不善于交际,所以,他的兴趣爱好多是偏向于个体的,如搭建乐高,玩电脑和手机游戏等。这样的生活方式,又进一步使得他与周围其他人交流的机会减少,从而又更加重了他的口语交际困难。

6)父母对口语交际能力不够重视

小Q的父母也表示,他的确从很小的时候就呈现出不爱说话的特点。家长在他幼儿时,曾想过努力去改变和培养,但是效果不大;后来,也就把它当成是小Q的天性,听之任之;小Q在小学阶段,语文学习成绩尚可,他们也就不再刻意去强求孩子提高口语交际能力了;在家中,家长也不是很有意识地与孩子进行多元化的交流和沟通。

(三) 设计干预措施

1. 周期间隔

本次个案跟踪研究的干预次数,不少于7次。2020年5月和6月,每月实施定期干预1次,共2次。暑假期间,根据学生的实际需要,实施临时干预1次。9月开始,继续每月1次进行定期干预,延续至11月,共3次。随后,根据个案跟踪的实际需要,又增加了3次定期干预,2次机动干预,合计11次。

2. 干预方式

借助面谈、电话、微信、推荐图书资料、同学或亲子间互动等方式,对样本学生实施干预。

3. 记录手段

对干预情况进行追踪观察,悉心观察干预前后孩子状况的改变和家庭教育的改变;每一次的干预,用总课题组研制的个案跟踪研究记录表,展现干预措施的实施与被研究者的变化。

4. 干预目标

第一,教师通过对小Q做不少于7次的定期干预(实际为8次)及若干次机动干预(实际为3次)的个案跟踪研究,帮助小Q提升"独合结合"的对话意识、对话能力,促进良好对话行为习惯养成和增强对话自信。教师在个别辅导中,注意寻找榜样作示范,进行正反对照,引导小Q增强对话意识;通过跟踪研究过程中口语交流时小Q存在的交流能力方面具体问

题,引导其进行自我反思和寻求同伴相助,弥补其对话能力上的不足;通过教师在校和家长在家的对话氛围创设,引导小Q不断加强对话操练,勇于当众表达和锻炼自己,增加其对话行为;通过参与各类校园交流活动等方式,提升小Q的对话自信心,从而提升其语文整体素养。

第二,教师通过对家长的一定干预个案跟踪辅导研究,期望家长改善对孩子口语交际素养不重视的现象,并增进亲子关系。

5. 干预方法

1) 多元激励法

这是指针对小Q对自己的口语交际能力严重不自信的现实,从不同主体(自我、同学、教师和家长)、时机(不同场合、不同时段)、内容、方式(及时、口头、肢体、表情)、发展目标等多方面入手,激励小Q,鼓励他提升"四素养"。

实施方法:第一,教师在与小Q初步交流过程中,帮助他订立一个适当的提升"四素养"的目标,制定计划,并写出自己达成计划后给自己的奖励;第二,将制定好的目标和实施计划,与老师、家长、同学分享,征求意见,修正目标和实施计划;第三,抓准时机,在小Q的点滴行为取得进步时,注意及时进行多元激励,保持进步行为。

2) 榜样示范法

教师帮助小Q主动寻找能促进其发展相关"四素养"方面同学的模范行为,以期对小Q产生积极影响,增强其内心渴望改进的意识,观摩和模仿榜样的相关"四素养"方面的模范行为。榜样来源既有本班同学,也有选修社团课中有共同兴趣的成员。

实施方法:第一,教师和小Q共同寻找榜样,通过榜样的示例,与自己进行对照,增强其渴望改变的意识;第二,在个案辅导的不同阶段,教师引导小Q向身边的榜样学习,注意提升相关"四素养"。

3) 观摩模仿法

这是指教师引导小Q对照寻找到的榜样,从观摩开始,向榜样学习积极进行高质量对话的技巧与方法,进而展开模仿,逐渐改变原先不敢对话,不善对话的状态。

实施方法:第一,教师引导小Q观摩榜样在课堂中和日常生活中的对话情况,注意模仿榜样在口头表达时恰当的表情、手势、语气等;第二,引导小Q认真倾听榜样在表达中的观点、依据,关注表达中的逻辑性和条理性,提升自己口头表达中的思维逻辑性和质量。

4) 自我操练与评价法

在课内外讨论交流中,教师和家长鼓励小Q进行多种形式的操练,如将某个具体讨论情境重现,借此情境进行多次的对话自我操练,并对每次操练的效果进行自我评价,在操练-评价-再操练-再评价的循环实践中,实现对话效果的螺旋式上升。

实施方法:第一,结合课堂讨论情况,教师要求小Q回到家中,回忆当时的对话情境,假设这个情境再来一次,自己会如何完成与对方的对话;第二,引导小Q讲述重现情境时的表达与原先的课堂情境中自己的表达有何不同,对两次表达加以评价,思考如何提高自己口头表达的合理性、得体性;第三,引导小Q在平时的日常对话中,注意养成操练和评价的习惯,注意结合日常生活中的对话,在自己的内心进行情境重置,反复操练,对自己的对话效果加以评价反思,然后再进行改进。

5) 同伴互助法

这是在个案干预辅导过程中,通过借助同伴的力量,来增加小Q与同学对话的机会,展现自我操练的成果,强化沟通交流的效果。同伴的来源,可以是本班同学,或是志同道合的同龄人,也可以是家长、老师等。

实施方法:第一,教师和小Q一起共同确定合适的互助伙伴,确定学校里的同伴为互助学习小组的组员,家庭生活中的互助同伴为小Q的母亲;第二,引导小Q在相关场合中,注意抓住机遇,就相关主题与同伴展开对话交流,主动和同伴分享自己的观点、看法、心得体会;第三,请同伴对小Q在对话中的表现进行评价,帮助小Q扬长避短,逐渐使表达内容主题集中,说明有条理,口语顺畅。

6) 当众交流法

这是指在个案干预辅导过程中,教师通过借助学校开展的一些校园活动或班级活动,鼓励小Q积极参与,抓住当众表达的机会,锻炼和检测口语表达的技巧,提升口语交流的自信。

实施方法:第一,教师借助班级的主题演讲活动,鼓励小Q报名参加,注意提前准备,在班内当众表达,注意加以表扬和奖励,肯定小Q当众交流的勇气和进步之处;第二,鼓励小Q加入班级辩论队,参与学校的辩论赛;第三,号召班级辩论队所有同学,注意与小Q互助合作,一起努力,为辩论赛认真准备,不断练习,进一步提升小Q的口头应变能力。

7) 亲子日常交流法

这是指在个案干预辅导过程中,通过增加父母和小Q间的日常对话,鼓励小Q从被动到主动,能坚持与家长分享自己的在校学习、观看的新闻、经历或关注到的相关事件等日常生活情况,自信地表达自己的看法;在与家长的沟通中,能理解父母对待事件的看法、观点,既锻炼口语交流能力,又增进亲子关系。

实施办法:第一,教师与家长沟通,将小Q近阶段在校取得的进步与家长分享,询问并了解孩子与父母的日常对话情况,给予相应的方法指导;第二,关注小Q在家与父母的实际交流情况,由家长将对话次数进行量化,来增加小Q的对话意识和对话频次;第三,家长在对话内容方面适当引导,鼓励小Q能对学校和社会相关新闻、事件、讨论的话题等,多多表达自己的观点,尽量做到清楚、连贯表达,不偏离话题,提升日常家庭生活中的对话能力。

8) 谈心法

这是指在个案跟踪辅导研究中,一是通过老师与小Q针对本次个案辅导开展的谈心活动,师生之间展开平等对话,了解小Q口语交际素养的提升情况,调整个案研究的阶段性目标;二是通过老师和小Q家长针对本次个案辅导的谈心活动,引发家长提升对孩子口语交际素养的重视程度,鼓励家长尊重孩子,平等地与孩子对话,并给予一定的方法指导。

实施办法:第一,教师与小Q进行谈心活动,提出各阶段的目标与方法,同时请小Q说出自己的想法,如在实践中的困难、疑惑、经验、目标等,对自己在个案研究的情况加以总结和反思;第二,老师和小Q家长谈心,表扬孩子在校取得的进步,鼓励家长在家中创设机会,多与孩子进行平等交流;第三,与小Q家长谈心时,了解家庭中影响孩子口语交际能力发展的主要障碍,并给予一定的方法指导。

6. 观察记录表

围绕干预措施,以定期干预为主、融合临时干预,借助总课题组开发的个案跟踪研究干预记录表,依次记录每次干预的情况。

四、实施干预(11次)(表1~表11)

**表1 提升"独合结合"语文对话式学习口语交际素养的
小Q个案跟踪研究干预记录表(第1次)**

干预项目	干预内容
干预时间	2020年5月20日
干预类型	(√)定期干预,( )临时干预
干预方式	(√)面谈,( )家访,( )通话(电话、手机等),( )网络,( )提供资料,( )建议查阅相关网上资源,( )建议听取相关人员意见,( )其他(自填内容:_____)
针对问题	小Q对于口语交际素养的提升学习意识总体较为薄弱,对口语交际的价值意义认识模糊
干预目标	逐步增强小Q对"独合结合"对话式学习中提升口语交际素养在语文学科学习中的价值意义和重要性的认识;增强小Q对于自己需要提升口语交际素养的意识
干预措施	采取榜样示范法: 1. 教师和小Q交流,一起寻找班级中综合素质高、整体很优秀的同学,请小Q说说该同学优秀的原因,引导小Q关注该同学口语交流素养方面的出色表现,鼓励小Q以该同学为自己的榜样 2. 教师让小Q将榜样在口语交际方面学习中的表现与自己形成对照,明白口语交际素养所带来的正面效果,不只是在口头表达方面,而是会辐射影响到一个人的整体素质,来激发小Q内心渴望改变的意识
干预结果	教师与小Q共同确定了班中口语交际素养优秀的榜样——小L同学 1. 小Q在分析了榜样的优秀原因后,明确了口语交际素养对一个人的整体发展意义的确重大,提升了对借助对话式学习提升口语交际素养价值意义的认识 2. 小Q经过与榜样的正反对照和自我反思后,明确了自己在口语交际素养方面的欠缺与差距,唤醒了小Q内心感到急需提升口语交际素养的迫切感
反思与调整	建议小Q与小L同学再进行面对面深入的交流,以更好地让榜样激励小Q,鼓舞他继续努力主动提升自己的口语交际素养

**表2 提升"独合结合"语文对话式学习口语交际素养的
小Q个案跟踪研究干预记录表(第2次)**

干预项目	干预内容
干预时间	2020年06月20日
干预类型	(√)定期干预,( )临时干预
干预方式	(√)面谈,( )家访,( )通话(电话、手机等),( )网络,( )提供资料,( )建议查阅相关网上资源,( )建议听取相关人员意见,( )其他(自填内容:_____)

(续表)

干预项目	干预内容
针对问题	小 Q 对提升"独合结合"语文对话式学习口语交际素养的自信心不足,不敢当众表达
干预目标	增加表达机会,提升小 Q 在对话式学习中进行当众交流的自信心
干预措施	多元激励法: 1. 帮助小 Q 确定提升目标,制定实施计划,并写出自己达成计划后给自己的奖励 2. 小 Q 将制定好的目标和实施计划,与老师、同学和家长分享,大家多加关注,并进行鼓励与表扬 3. 多元激励:在小 Q 按照计划的执行过程中,教师注意适时、多样化地加以鼓励。在语文课上,教师增加让小 Q 当众表达的机会,如,小组讨论中指定他作为小组代言人等,小组成员对他鼓励,教师对他表扬;家庭生活中,请家长多多寻找话题,与孩子增加交流,适时进行鼓励
干预结果	1. 小 Q 对自己的对话式学习提升口语交际素养有了明确的目标和实施计划,并在实际行动中,能够为此努力;对于提升口语交际素养的必要性,有了更为积极正向的认识 2. 小 Q 在课堂中,与老师、同学的对话次数增加,敢于开口,当众交流的自信心有一定的提升
反思与调整	在校期间,小 Q 在老师同学的鼓励下,课堂中参与发言、讨论明显增多,也能感受到他完成计划的决心,自信心有一定提升 但是在家庭中的表现,家长反馈改善不明显。教师发现,家长有时并没有抓住合适的时机,来对孩子进行鼓励,或者频次明显不够,孩子在家中不能产生进行交流后相应的满足感和成就感。后续,教师可以向家长给出建议和方法,帮助家长在恰当时机采用更多元的激励方式、方法,多给孩子创设口头交流的机会和多予孩子鼓励

**表 3　提升"独合结合"语文对话式学习口语交际素养的
小 Q 个案跟踪研究干预记录表(第 3 次)**

干预项目	干预内容
干预时间	2020 年 07 月 30 日
干预类型	(　)定期干预,(√)临时干预
干预方式	(　)面谈,(　)家访,(√)通话(电话、手机等),(　)网络,(√)提供资料,(　)建议查阅相关网上资源,(　)建议听取相关人员意见,(　)其他(自填内容:_____)
针对问题	小 Q 对话式学习口语交际能力较为薄弱:未能掌握对话中的口语交际方法与技巧,对话表达中主题不集中,逻辑不清晰
干预目标	引导小 Q 关注对话时语言表达的方法;注意通过学习相关口语交流方法,力求在对话中表达观点清楚连贯,有中心、有条理、有根据
干预措施	1. 观摩模仿法 　1)教师给小 Q 提供年级演讲比赛同学获奖视频,让他观摩演讲者在比赛时的表现,适当模仿他们在口头表达中的表情、手势、语气等 　2)教师引导小 Q 认真倾听演讲者在表达中的观点、依据,关注表达中的逻辑性和条理性,提升自己口头表达时思维的逻辑性和质量 2. 自我操练法 　1)教师给出几个话题,让小 Q 根据话题内容来完成一段演讲,做到中心明确,条理清晰 　2)教师要求小 Q 对自我操练情况,进行自我评价;将自我操练中感到困难的地方,记录下来,与家长或老师交流,共同讨论改进的方法

(续表)

干预项目	干预内容
干预结果	1. 小Q掌握了对话表达的基本方法,明确了与人交流中观点清楚的重要性,通过自我操练,基本能做到自信、负责地表达自己的观点 2. 在对话过程中,小Q语气和手势相配合的适切性有所改进
反思与调整	暑假期间,自我操练更多的是对语文口语表达能力中的"主题演讲"这一方面的练习,是个人单方面的表达,还缺乏人际交流中双方的互动式练习。教师建议家长参与孩子的演讲,作为小Q演讲时的听众,并注意适时提问,增加对话中的互动性,促进孩子顺畅交流

表4 提升"独合结合"语文对话式学习口语交际素养的
小Q个案跟踪研究干预记录表(第4次)

干预项目	干预内容
干预时间	2020年09月07日
干预类型	(√)定期干预,( )临时干预
干预方式	(√)面谈,( )家访,( )通话(电话、手机等),( )网络,( )提供资料,( )建议查阅相关网上资源,( )建议听取相关人员意见,( )其他(自填内容:_____)
针对问题	对话式学习口语交际能力仍有待提升:对话中,不注意情境,表达不够得体
干预目标	引导小Q在对话中,能注意对象和场合,分清不同情境,学习得体地进行交流
干预措施	1. 自我操练与评价法 1) 教师要求小Q记录本周在课内讨论交流中的情况,就其中某个具体讨论情境展开分析,展开反思:如果同样的情境重现,自己会如何得体地参与讨论和对话;了解自己当时在对话中存在的问题 2) 教师要求小Q就同样的讨论情境,进行多次的自我操练,并对每次操练的效果进行自我评价,考虑哪次表达更得体合适 2. 同伴互助合作法 1) 教师将本周小Q在课内讨论交流的情况与班级学习小组的成员作分享,肯定小Q在得体表达中取得的进步,并给出与课堂内容相关的两组具体情境,各成员代入角色,请同伴与小Q一起完成分角色情境对话 2) 教师引导小Q主动和同伴分享自己参与情境对话时的心得体会 3) 教师请小组成员对小Q在对话中的表现进行评价,帮助小Q加以改进,逐渐使他的表达更得体合适
干预结果	1. 小Q在此次活动中,明白了角色在对话中的作用,开始有意识地思考对话时的对象和场合,开口前会先提醒自己这样说是否合适 2. 合作学习时,小Q与同伴间按老师的要求完成代入角色的情境对话,彼此间能就相关情境对话内容展开讨论;小Q能主动通过言语与同伴交流,表达自己的观点,并得到了其他同学的认可,其对话能力有了很大的提升
反思与调整	创设情境法可以运用得更为广泛,不只是课堂内容,还应涉及到日常生活,以此增强小Q日常生活中的口语交际能力

表 5　提升"独合结合"语文对话式学习口语交际素养的
小 Q 个案跟踪研究干预记录表(第 5 次)

干预项目	干预内容
干预时间	2020 年 10 月 9 日
干预类型	(√)定期干预,( )临时干预
干预方式	(√)面谈,( )家访,( )通话(电话、手机等),( )网络,( )提供资料,( )建议查阅相关网上资源,( )建议听取相关人员意见,( )其他(自填内容:＿＿＿＿＿＿)
针对问题	小 Q 对于自己在对话式学习口语交际能力方面的进步,仍缺乏成就感;对目标是否达成,仍有不确定感
干预目标	1. 教师将近阶段小 Q 对话能力等方面所取得的进步,加以展示,进一步提升小 Q 口语交流的自信心,增进成就感 2. 教师、小 Q 对照初期制定的目标,通过让小 Q 参与学校主题演讲辩论赛活动,检验目标达成度
干预措施	当众交流法、同伴互助合作法: 1. 借助学校举办辩论赛的机会,教师在班级内先组织主题演讲,作为选拔辩论选手的热身赛;鼓励小 Q 积极参与,赢得当众表达的机会 2. 教师在班级中对小 Q 加以表扬和奖励,肯定小 Q 的参与过程;并鼓励他加入班级辩论队,参与学校的辩论赛 3. 教师号召班级辩论队所有同学,与小 Q 互助合作,一起努力,加强辩论赛前的练习,提升小 Q 的口头应变能力
干预结果	1. 小 Q 同意参加班级演讲比赛,并且能够精心准备,演讲稿写得非常出彩,当场表演也赢得了同学们的赞扬,增进了演讲成就感和自信 2. 小 Q 参加班级辩论队,与同伴在准备比赛过程中互助合作,对话沟通顺畅,日常交际能力得到了大幅提升 3. 小 Q 参与了学校辩论赛,虽然没有获得名次,但是小 Q 表示收获很大,既增加了活动经验,又提升了自信心,学得了一些辩论的技能;还收获了友情,懂得了团队合作的重要性。当初制定的目标,一部分已经达成,未达成的部分,小 Q 表示自己仍会继续努力
反思与调整	对参与班级主题演讲比赛,初时小 Q 是犹豫的,担心自己不具备资格和能力。后来,教师做了很多工作,最终说服了他。回想起来,如果能拿出暑假期间小 Q 在家进行自我演讲操练时的视频,让他看到自己的进步,可能就会更快地答应参赛之事的。所以,对于个案跟踪指导,应当留下更多的过程性资料,这些资料在后续的个案辅导中,会有所用

表 6　提升"独合结合"语文对话式学习口语交际素养的
小 Q 个案跟踪研究干预记录表(第 6 次)

干预项目	干预内容
干预时间	2020 年 11 月 10 日
干预类型	(√)定期干预,( )临时干预
干预方式	(√)面谈,( )家访,( )通话(电话、手机等),( )网络,( )提供资料,( )建议查阅相关网上资源,( )建议听取相关人员意见,( )其他(自填内容:＿＿＿＿＿＿)
针对问题	"独合结合"对话式学习口语交际素养,需要在阶段性总结的基础上,加以反思、巩固和提升

(续表)

干预项目	干预内容
干预目标	教师要小Q回顾前5次个案辅导过程,对口语交际素养进行中期评估,提升小Q阶段性小结的能力,巩固口语交流素养方面取得的阶段成果,尤其是促进坚持交际良好习惯的养成
干预措施	评价法: 1. 小Q自评:教师引导小Q对前5次个案辅导的过程进行回忆与总结,对每次辅导前、后的情况进行对比,分享在此过程中的收获 2. 师评:对小Q在前5次个案辅导中的表现进行阶段评价,对于实践中进步的地方给予积极肯定,指出尚有的不足,提出新的期待 3. 家长评:对比孩子在前5次辅导中所发生的变化,给予积极评价
干预结果	1. 自信方面——小Q能够对自己的前5次个案辅导的过程和结果,进行正向而积极的回应树立起提升口语交际素养的自信心 2. 能力方面——小Q通过参加"独合结合"对话式口语交际的一系列尝试,尤其是参与演讲、辩论活动在语文口语交际能力方面进步明显 3. 行为习惯方面——在对前5次个案辅导情况的总结回顾中,小Q表示,对话式学习口语交际中的一些良好习惯开始养成,如借助恰当的表情、手势辅助对话,有效提升了自己的对话质量;对话前应有腹稿,解决了对话中的得体性问题;讨论交流中注意倾听习惯的养成,与表达的效果有重要关联;自己还逐渐习惯了按照计划来完成学科学习的任务,并从中增进了高效学习所带来的成就感 这些习惯的养成,都逐渐固化成他口语交流过程中的潜意识,对于后续口语交际能力的进一步提升,有很好的促进作用
反思与调整	本轮(前5次)的个案辅导,历时半年,尚不足以完全解决小Q在口语交际中的所有问题,尤其是孩子与家长的日常交流还是比较缺乏,准备在家庭口语交际方面,加强干预

表7 提升"独合结合"语文对话式学习口语交际素养的
小Q个案跟踪研究干预记录表(第7次)

干预项目	干预内容
干预时间	2020年11月30日
干预类型	(　)定期干预,(√)临时干预
干预方式	(√)面谈,(√)家访,(　)通话(电话、手机等),(　)网络,(　)提供资料,(　)建议查阅相关网上资源,(　)建议听取相关人员意见,(　)其他(自填内容:_____)
针对问题	小Q"独合结合"对话式学习口语交际素养的培养中,家庭与学校的紧密配合还不够,孩子在家庭日常生活中的对话意识和对话行为,仍有待加强
干预目标	促进家长改变对孩子口语交际素养不重视的现象,加强家庭中的日常生活口语交流;并为这种交际提供方法指导
干预措施	谈心法: 1. 教师家访中,与家长交流小Q在校期间口语交际素养方面所取得的进步,以及在家居日常生活中对话能力、频次仍显不足的问题,引起家长重视 2. 给予家长一定的方法指导。如:制作家庭对话式口语交流计划,增加孩子的口语交际频次;以周为单位,进行量化打分,适当予以奖励 3. 倾听家长在与孩子的日常交流方面存在的困难与问题,帮助予以解决

(续表)

干预项目	干预内容
干预结果	1. 家长明确表达了孩子的口语交际素养培养的确是很重要的,对孩子为人处世、待人接物方面,都有显在的影响 2. 家长表达了要努力配合老师,共同来提升孩子的口语交际素养的决心 3. 家长制定了一张关于提升孩子家庭日常口语交际训练的计划表,准备按照计划表来加以实施,并记录实施中取得的进步和问题、困难
反思与调整	通过这次与家长的谈心,引发了家长对孩子口语素养培养在思想上的重视,有助于后续增加在家庭日常生活中对话的交流的频次。之后,须注意跟进计划表的实施完成情况,关注其中的困难,注意及时加以商讨和化解

表 8　提升"独合结合"语文对话式学习口语交际素养的小 Q 个案跟踪研究干预记录表(第 8 次)

干预项目	干预内容
干预时间	2020 年 12 月 23 日
干预类型	(√)定期干预,( )临时干预
干预方式	(√)面谈,(√)家访,( )通话(电话、手机等),( )网络,( )提供资料,( )建议查阅相关网上资源,( )建议听取相关人员意见,( )其他(自填内容:＿＿＿＿)
针对问题	在家庭中日常生活交流中,家长需要增强对话意识;坚持在日常生活中加强与孩子进行对话的行为
干预目标	增加家庭中亲子日常交流的频次,增加家长与孩子日常生活中的对话行为
干预措施	谈心法、亲子日常交流法: (1) 教师家访,与家长、小 Q 进行谈心,了解本月中家居日常生活中的对话频次。发现在有计划的前提下,孩子愿意按照量化表的要求,适当增加与父母交流的次数;并以周为单位,将次数进行量化 (2) 教师也了解到,每周末,家长会把本周对话的量化表格记录情况,与孩子交流,侧面增进了孩子下周的对话意识,促进其在家中坚持对话行为 (3) 坚持后续一个月的家庭亲子口语交流量化表打分计划
干预结果	通过家长、孩子和教师的共同的努力,坚持了一个月的家庭亲子口语交流量化表打分计划的行动;小 Q 在家中对于对话的积极性明显提高,能有意识地与家长作交流,在家庭中的对话行为日渐增加;孩子与家长的交流变得密切了,家长与孩子间的亲子关系,也变得日渐融洽
反思与调整	小 Q 口语交际素养在学校取得的进步,在家庭中能继续延伸,改善了家庭日常生活中的口语交流情况;之后,再继续增进家庭对话的质量和效果

表 9　提升"独合结合"语文对话式学习口语交际素养的小 Q 个案跟踪研究干预记录表(第 9 次)

干预项目	干预内容
干预时间	2021 年 1 月 20 日
干预类型	(√)定期干预,( )临时干预

(续表)

干预项目	干预内容
干预方式	(√)面谈,( )家访,( )通话(电话、手机等),( )网络,( )提供资料,( )建议查阅相关网上资源,( )建议听取相关人员意见,( )其他(自填内容:＿＿＿)
针对问题	需要进一步提高日常生活中"独合结合"对话式学习口语交际能力
干预目标	学习日常生活中的对话技巧,进一步提升日常家庭口语交际能力
干预措施	谈心法: (1) 教师与小Q展开面对面的谈心交流,了解孩子在取得口语交际进步后的心理状态 (2) 教师肯定小Q在这半年多的时间里取得的进步,鼓励他再接再厉,学习日常生活中的对话技巧,力求在对话能力方面更上一层楼 (3) 教师教给小Q日常对话中的一些对话知识和技巧
干预结果	1. 教师与小Q谈心后,小Q表示:自己现在对于当众进行口语交流,没有那么多的心理顾虑了,而且能在日常生活中主动与同学、老师、家长加强话题交流,有了对话意识的自觉 2. 对于教师给予的肯定,小Q表示自己会继续努力,对于老师提出的新要求,小Q表示愿意接受挑战 3. 教师教给小Q的对话技巧和对话知识,小Q学习十分认真
反思与调整	小Q的口语交际行为,从课堂延伸到了家庭,对于提升语文整体素养,有关键性作用。后续,要做好相应的谈心、交流、总结——以促进小Q养成长期的交流习惯,使之成为日常生活的一部分

表10 提升"独合结合"语文对话式学习口语交际素养的

小Q个案跟踪研究干预记录表(第10次)

干预项目	干预内容
干预时间	2021年2月13日
干预类型	( )定期干预,(√)临时干预
干预方式	(√)面谈,( )家访,( )通话(电话、手机等),( )网络,( )提供资料,( )建议查阅相关网上资源,( )建议听取相关人员意见,( )其他(自填内容:＿＿＿)
针对问题	在日常生活中,小Q针对相关问题话题发表有针对性的看法,清楚、连贯和观点正确地加以表达的口语交际能力,仍需进一步提高;良好的倾听习惯,也有待进一步养成
干预目标	引导小Q注意学习日常生活中的对话技巧,进一步提升对话能力
干预措施	1. 谈心法 (1) 教师与家长谈心。在寒假期间,孩子与家长就家庭日常亲子交流的情况,做一个基本了解 (2) 教师建议家长:在家庭生活对话中,可以主动地寻找一些孩子感兴趣的话题,多鼓励孩子针对各类问题,发表自己的看法,与家长交流 2. 亲子日常交流法 (1) 家长在家庭对话交流中,注意给出话题,多鼓励孩子就该话题表达清楚、连贯,做到观点明确 (2) 家长有意识地在对话中设置障碍,或反驳孩子的观点,让孩子能养成耐心倾听的习惯。同时,在此过程中,注意引导孩子有理有据地阐述自己的观点和理由

(续表)

干预项目	干预内容
干预结果	1. 小Q在日常沟通中,与父母的家庭日常对话意识明显提高 2. 小Q在对话中倾听的能力明显提升,观点意识更加明确,能结合自己的阅历,把自己的观点和理由讲述清楚;注意倾听的习惯得到巩固 3. 家长对与孩子在家中的日常对话行为日益重视,主动寻找话题与孩子交流,对话时能够相互尊重、关系和谐
反思与调整	小Q对话素养的提升从课堂延伸到家庭,在口语交际意识、能力和行为方面,都获得了比较大的进步。后续,要做好巩固工作,让小Q能巩固上述成果,并养成良好的口语交际习惯

表 11　提升"独合结合"语文对话式学习口语交际素养的
小Q个案跟踪研究干预记录表(第 11 次)

干预项目	干预内容
干预时间	2021 年 3 月 20 日
干预类型	(√)定期干预,( )临时干预
干预方式	(√)面谈,( )家访,( )通话(电话、手机等),( )网络,( )提供资料,( )建议查阅相关网上资源,( )建议听取相关人员意见,( )其他(自填内容:＿＿＿＿)
针对问题	小Q"独合结合"对话式学习口语交际素养的提升是一个长期的过程,需良好的坚持性行为习惯加持,进行长期巩固
干预目标	回顾本次个案辅导全过程,提升小Q学习总结反思的能力,巩固口语交际成果,进而提升语文整体素养和人际交往能力
干预措施	评价法: 1. 小Q自评:教师引导小Q对个案辅导过程进行回忆与总结,加强个案辅导前、后口语交际素养变化的对比,分享在此过程中的收获 2. 师评:对小Q在个案辅导全程中口语交际素养变化的表现进行总评,对于小Q通过实践中进步的地方,给予积极肯定,指出尚有的不足,提出新的期待 3. 家长评:对比孩子在本次辅导中口语交际素养变化的情况,给予积极评价
干预结果	1. 对话意识方面 　小Q总结,自己在课堂中,逐渐形成了主动参与课堂和主动参与日常对话的意识,在日常生活中,无论面对老师、同学、家人,还是陌生人,都能大方对话,主动作对话 2. 对话能力方面 　小Q在语文口语交际能力方面进步明显;同时,在家庭中,能与父母针对各类社会热点问题及日常话题加以讨论交流,观点明确,理由陈述清晰,有理有据 3. 对话行为方面 　在总结回顾中,小Q说自己的对话次数明显增加,养成了对话交际的良好习惯;还习得了很多交际行为技巧,逐渐习惯了在与人相处时,主动寻找话题,与人交流 4. 对话自信方面 　小Q获得了由对话素养提升所带来的成就感;他告别原来的羞涩内向、羞于启齿,变成了一个阳光自信的男孩;能主动参与学校相关口语交流、比赛类活动,能主动和家长分享自己在交流中的喜悦和哀伤,能和同学一起在课堂上侃侃而谈
反思与调整	本次的个案跟踪辅导收效明显,但尚不足以完全解决小Q在口语交际中的所有困难,需一定时期观察后续效果后,再制定相应方案,进一步巩固和提升小Q的口语交际素养和语文学习整体素养

五、成效与反思

(一) 研究效果

1. 小 Q 的变化

1) 对话意识方面

小 Q 的对话意识有了显著提高。主要表现在：课堂中参与对话交流的积极性提高，愿意主动举手回答问题，并在参与小组讨论中时常表达自己的观点。在日常生活中，与人相处时愿意主动开启对话，积极寻找对话的话题，或在耐心倾听完他人话语后进行适当的评论和归纳。不论从课堂，还是从日常生活中，都能看到小 Q 对话意识的增强。

2) 对话能力方面

小 Q 在学科领域和日常交往活动中的对话能力都有所提升。对照《义务教育语文课程标准》中对初中生口语交际能力的标准来判断，他做到了文明得体，倾听耐心，理解对方说话意图，清楚表达观点，有条理，有依据等；并且，经过了演讲比赛和辩论比赛的考验，得到同学们的赞扬。在家庭中的日常对话中，让家长看到了不一样的小 Q，家长表示孩子的对话能力进步明显，习得了很多对话的方法。

3) 对话行为和习惯方面

小 Q 的对话行为相比以前明显增加，并逐渐成为自己的习惯。初期，他的对话行为主要是由外在引导和推进的结果，如老师的鼓励，家长的监督；后来，在同伴们的影响下，对话意识增强，就变成了主动性的对话行为，并养成了注意倾听的良好习惯。

4) 对话自信方面

小 Q 对于对话式学习不再畏惧。原先不敢开口，现在能够主动与同伴分享表达自己的观点。在个案辅导过程中，老师多次鼓励小 Q 参与班级和学校的演讲辩论赛活动，虽然他有过犹豫，但是都愿意接受，并勇于面对挑战，在一次次挑战中，口语交流的自信心又进一步得到提升。也因为这种自信，小 Q 在班级中的交际面变广，与同学间的关系变得融洽，缓解了原来不善于与人相处带来的孤独感。

5) 语文整体素养方面

小 Q 在对话素养方面的提升，对于其语文整体素养也起到了一定的促进作用——因为语文学习中的听、说、读、写四方面素养相互依存，相互促进的。如小 Q 对话自信心的提高能力和耐心倾听习惯的养成，也培养了他良好的坚持日常阅读的习惯。因为要提升对话素养，必须耐心倾听，理解他人观点，并通过阅读来充实自己，使自己的表达更为清晰流畅。所以，通过本轮个案辅导，小 Q 的语文整体素养也有所提升。

2. 小 Q 家长的变化

1) 教育观念方面

起初，家长对孩子的口语交际能力缺乏重视，经过与家长的反复沟通，也是在孩子制定了口语素养发展目标和实施计划后，尤其是从第 7 次干预开始，家长对此的重视程度才有所提升。家长逐渐理解了口语交际素养,不仅仅关系到孩子的语文学业成绩,也是孩子待人接物、为人处世的一种重要素养。它会提升一个人的综合素质,使之朝着更优秀的方向发展。在总结阶段,家长对于孩子交际素养方面的进步给了积极肯定,也表示今后将继续重视孩子的对话素养及交际素养的培养。

2)亲子关系方面

前5次干预后,孩子口语交际素养的提升,在家庭中的感受并没有在学校里那样明显。但是在暑假期间,孩子不断练习的情境,家长看在眼里,也给出一些建议和意见,彼此增进了良性互动和亲子关系。此后,孩子在准备演讲辩论比赛中,家长也都为孩子出谋划策,加油打气,进行良好沟通。而教师所设计的个案辅导计划中,特意增加了亲子交流法的干预方法,父母和小Q的交流次数越来越多,交流内容越来越深入,家庭亲子关系也随之变得越来越融洽。

3. 教师方面的变化

一是教师的个案跟踪研究能力得到了有效锻炼。教师在对学生进行个案跟踪辅导的过程中,通过设计、实施、总结、反思、改进个案跟踪研究,逐步形成了较为成熟的个案研究报告,提升了相应的个案研究能力,提高了自己对于学生进行个案跟踪研究的整体水平。二是教师其他专业素养,也得到了一定的发展。

(二) 反思

在本次个案跟踪辅导中,学生从心理上克服了对于对话式学习时开口交流的畏惧感,能够自信地参与表达,同时各项对话能力都有所提升。然而,日常表达习惯不是一日即可改变的,对话素养也不是一朝一夕形成的,对于学生对话素养的后续发展,在跟踪结束的时候,教师还需要适当给出一个可以量化的标准,让学生能够对照标准去进一步加强日常对话交流的自我管理,促进自我提升;还需要督促小Q和家长,加强孩子人际交往素养的培养,逐步加以提升。

参考文献

[1] 教育部.义务教育语文课程标准(2017年版)[M].北京:北京师范大学出版社,2017:53-69.

[2] 王尚文.语文教学对话论[M].杭州:浙江教育出版社,2004.

[3] 巴赫金.巴赫金全集[M].石家庄:河北教育出版社,2009.

[4] 弗特尔.教育家简介:保罗·弗莱雷[J].展望,1982(2):24.

[5] 孙微."独二代"家庭教育的学校个案跟踪指导支持的实践与研究[M]//金卫东,曹明."独二代"家庭教育指导新方略:论文选.上海:上海教育出版社,2017:171-186.

第二部分

主题式案例

区级课题课例研究：
从2 000字到20 000字，再到参赛稿8 000字是怎样来的？
——以《我(我们)眼中的徽州》"独合结合"行走式学习综合实践为例

◎ 上海市进才实验中学　唐　敏

一、忐忑不安——疫情期间，承担"独合结合"行走式实践课例研究任务

2020年4月，收到学校发展中心陈伟老师的通知，要求我在半个月内在线开一节"独合结合"语文行走式学习的公开研究课，并在课后写成课例。接到这个任务时，疫情还正在蔓延，学生都在家上网课，面授的教学活动无法开展。我对如何开设这个线上公开研究课和课例的撰写要求等，都还缺少把握。但是，根据学校区级课题研究的进展安排，的确需要完成此项任务。于是，我尽己所能，开始想方设法筹划公开课。但心中仍有几点忐忑。

忐忑一：难在学生行走徽州，是在一年多前组织的活动。

忐忑二：难在疫情期间，要组织区级课题的"独合结合"行走式学习的公开研究课。

忐忑三：尽管课前与在校指导区级课题研究的上海市浦东教育发展研究院（简称教发院）资深科研员曹明老师当面沟通过研究课的设想，但研究课教案设计第一稿只有2 000余字，感觉主要内容都没写清楚，因此心里特别没有底。

二、迎难而上：逐步化忐忑为平静

（一）引导学生做好课前准备

我定下开课日期为4月13日，由于资料非常丰富，所以采用两节拓展课连上的形式。为此，我提前两个星期收集、归类、筛选资料，要求个别学生学习小组补充资料。课堂设想围绕四个主题：古诗文背诵、对联照片分享、讲解视频、采访视频。5个学生学习小组轮流展示这四个主题的内容，可以突出有亮点的相关主题；明确小组的每个成员，必须负责其中的一项展示交流发言，重点围绕对诗歌、对联照片的鉴赏，或者是谈一谈小视频的选题理由、制作过程和感想等内容；在每个同学交流之后，都让一个学生来点评，谈感想；在全班共计20多个同学发言之后，再让5个组长对自己小组完成任务的过程和每个成员的表现进行评价。

为防止个别同学在线上课时出现走神等问题，我实行了组长负责制，组长又实行了任务包干制；我建立了组长群、小组群；为做到及时联系，还邀请了五个组长的家长进组长群。这

样层层建构,项项落实,保证了在公开课前一天,组长上交全员的发言草稿。这就防止了少数学生上网课时出现敷衍、随意应付的现象,很好地保证了成果的质量。

(二)撰写课例,充实内容,精益求精

特别感谢浦东教发院曹明老师的指导,帮助自己完成这个难以想象的任务。从开设公开课前确定研究主题和构思教学设计开始,曹老师就和我通话多次,对课例的整体构想和细节编排都有指导;撰写课例时,从2 000字到7 000字,到基本成型的20 000多字,曹老师无论在工作日还是周末,随时在微信里响应我的需求,从方向与思路,到具体细节的表述,给了我宏观或细节上的指导,最长的一次微信通话长达120多分钟。曹老师给予我的指导和鼓励,使这篇研究课例通过第一次修改就从2 000字增到7 000字,真可谓取得了飞跃式的进步。同时,曹老师对我的研究课例文稿,一字一句反复斟酌,修改后面貌焕然一新。

陈伟老师不时督促,让我克服了做事拖拉的习惯;同时,陈老师指令明确,思路清晰,让我在第一时间能够明白自己的任务要求。在他的帮助和鼓励下,我一步步地完成了这个当初想也不敢想的任务。

三、精心组织:逐步积累成就感

(一)精心组织研究课实践

课中:学生小组或个人能够流畅和富有情感地进行古诗文背诵表演,能够将本组收集积累的对联照片,全面清晰地介绍给班级同学,能够自然地展示介绍本组的讲解小视频和采访视频;能对自己在行走式学习综合实践活动相关成果交流中的表现,进行客观的自我评价和反思;能够参照评价标准,对其他小组和成员在交流探究活动中的表现,进行中肯的点评——从中体悟对语文行走式学习综合实践活动成果进行交流分享与展示评价的方法。

课后:一是学生利用晓黑板填写个人自我评价表和小组评价表;二是学生独立或小组合作撰写短文《我(我们)眼中的徽州》,并传到晓黑板讨论区,相互评价留言;三是评选优胜奖项,包括组织学生进行独立反思与合作讨论、交流反思情况,发现各自在参与收集查找资料、视频制作、PPT制作、交流分享、展示评价中的优点、缺点和改进方向;四是孩子和家长交流自己在本次活动中的表现和感受,进行自我反思——从中体悟行走式学习探究中独立学习与合作学习方面的方式、方法。

(二)收到了良好的教学效果

1. 学生表达了自豪之情

学生小李:安徽是我老家,作为安徽人的后代,没想到自己觉得落后的家乡,其实文化底蕴深厚,有辉煌的文化历史。现在,我感受到了作为安徽人的自豪。

2. 学生课后小作文《我眼中的徽州》精彩纷呈

2018年的夏天,这是我第一次前往这块陌生的土地。

宏　村

我们是在一个阴天去的。那天的烟雨,反倒为宏村增添了几分朦胧。进入村子时,有一条河,像是天然屏障,把宏村与这红尘隔绝开来。宏村被称为"牛形村"。穿梭在"牛肠"——各种小巷中,高高的马头墙映入眼帘,古色古香的庭院,巧夺天工的木雕,书法家的精彩作品……都让我们感知着宏村的建筑美、文化美,美得沉稳、永久。

古　城　墙

几座恢弘大气的古城门,俯视着我们,仿佛在向我们诉说着这座城在古时的辉煌。站在城门下,会瞬间感觉出自己的渺小。古老城门,如威严的老人,千百年来守候着生活在这里的徽州人。登上城墙,走在上面,仿佛置身于古代。破败的石头,透露着历史的沧桑。从城墙上望出去,会有一种说不出的豪气,也会很自然地想象出兵士站岗,还有沙场厮杀的模样。

胡适故居

印象最为深刻的,那便是胡适故居了。

进了大门,里面是一个用鹅卵石铺成的宽敞庭院。庭院西侧,立有一尊胡适半身铜像,和蔼的脸孔朝向院门,像是迎接着每一位前来参观的客人。我们所有人在这铜像前排列好,齐唱略有些生疏的《兰花草》:"我从山中来,带着兰花草,种在小园中,希望花开早。一日看三回,看得花时过……"这,便当作是给胡适先生的见面礼了吧。

一路上边玩边学,着实有趣。不知我何时才能再去往这充满诗意而又古老的美丽地方呢?

(三)认真反思写好课例:字数逐步达到20 000字

公开课完成以后,根据曹老师的点评意见,我着手撰写课例。在曹老师的专业指导下,我从设计思路到课题研究内容,从学生语文综合素养发展目标到"独合结合"行走式学习素养发展目标,再从基本思路到实效与反思,到意义揭示,进行了各个环节从整体到细节的多次修改。这样,课例内容不断得到充实,也让我不断思考,夯实内容,细化每个环节的实践过程,思考每个环节的教育效果,注意理性分析,思考提炼。不知不觉,课例字数写到了20 000字,越写越完整详尽;同时,自己也逐步明白了在以前课例撰写中的欠缺点和可改进点,即自己平时的教学工作欠缺理论学习和规范指导,以及反思时缺少针对性,挖掘不够深入等问题。这样,课例从一开始的言之无物,到最后的言之不尽,能真实准确详尽地记录下我这次行走式学习课例研究设计、实践与成型的过程,实效与反思,经验与意义等,课例的规范性、系统性、研究性、理论性,都得到了提高。

(四)再接再厉:6月30日上传参加全国项目化学习案例征集的案例(近8 000字)

6月下旬,学校接到"第二届全国学习素养·项目化学习案例评选"的通知后,陈老师和曹老师马上组织我们参赛,曹老师还根据其开发的项目化学习案例撰写模板,结合"行走徽州"综合实践活动,当面又对我做了一次指导。在明确了主题和框架思路后,我开始撰写《我们的徽州印象:小组合作项目化学习提升语文核心素养的实践探索——"行走徽州"语文研学项目学习》,并且在 6 月 30 日申报截止前,完成了近 8 000 字的案例文稿;同日,登录项目化学习案例征集网站,连续输入案例内容 5 个多小时,终于在截稿前半小时完成了上传。

通过参与这次项目化学习案例征集活动,自己对课例的实效有了更丰富的认识;对学生整个行走式综合实践学习活动又一次进行了整体梳理;在研究成果表述时,对如何从整体入手的思考把握,也变得更为成熟。这篇项目化学习案例报告,于 2020 年 9 月获得了"第二届全国学习素养·项目化学习案例评选"三等奖。

四、怎样实现从忐忑到自信:"五个重在"的经验

回顾这次课题研究全程,历时两年多,自己的感受有很多。而能够坚持把课题做下来,从忐忑到自信,从内容空洞无物到结题后的充实提高,自感以下五点"重在"的经验很重要:
(1) 重在实践积累;
(2) 重在全程精心组织;
(3) 重在师生家长紧密合作;
(4) 重在科研专家务实引领;
(5) 重在坚持坚持再坚持。

在这些经验中,其一是我勇于走出实践研究的第一步,重在实践材料的不断积累。即经过教师、学生和家长的精心准备后,利用暑假假期,带领学生们走出校门,游历徽州,为后期的课题研究打下了坚实基础。其二是重在全程的精心组织。即出发前、赴徽州途中、行走在徽州时、归途中和回家后、开研究课"三程"中、撰写项目化学习案例全程中,都能够悉心投入,加强组织,尤其是能够全程注意调动学生积极性和参与度,在实施中,老师全方位亲力亲为,全程参与和督促,从而保证了这次行走活动的成功。其三是师生家长重在紧密合作。整个行走游学活动,从头到尾,师生和家长都能够加强配合,环环相扣,将相关要求、任务落实到位。如成果展示时,根据教师的要求,各小组围绕四个探究主题,小组成员实施责任包干,让每个学生有事可做,而且还努力争取做到最好。游学活动组织和计划落实,得到了班级家委会的大力帮助;家长们普遍能够热情参与,全力支持这次活动。这些,都保证了整个活动实施的顺利。其四是能够把所有的构思、行走实践成果材料形成于文字,得力于科研专家的重在科学、务实的精心、悉心指导和专业引领。有了这样的务实帮带,才能从实践上升到理论,从而得到更理性的总结、反思和经验。最后就是在两年多的课题研究中,重在研究者本身的坚持坚持再坚持。即在繁重的教育教学任务中挤时间,分精力,坚持不懈,滴水穿石,终能完成任务,不断前行达到目标,提升素养。

问题转化式学习素养：在"独合结合"学习中逐步提升

——以"无限循环小数化为分数"一课教学片段实践与分析为例

◎ 上海市进才实验中学　张振宇

一、背景

我任教的预备年级学生数学学习中，问题转化式学习素养——化归思想（素养）方面尚存在以下不足：一是在数学学习过程中偏重计算，化归思想未得到充分培养；二是在遇到不能解决的问题时，缺少进行转化求解的意识；三是化归思想运用得不够熟练。

我在参加学校区级课题"基于独立学习与合作学习相结合的教与学方式研究"的探索中，尝试通过引导学生独立复习与新课有关的旧知，借助问题引导学生独立为主、讨论为辅列方程、解题、归纳并应用，通过两类递进性问题，结合信息技术、学习单、口头说明、板书和随机追问，引导学生先独立思考小数 0.5555……是否能转化成分数，再通过小组合作提出解决方法，"独合结合"总结相关规律，学会把任意一个循环小数转化为分数的方法，从中有机培养预备年级学生"独合结合"数学问题转化式学习的相关的意识、能力和良好行为习惯，进而提升学生的数学整体学习素养。

下以"无限循环小数化为分数"一课中五个片段为例，说明本探索实践操作与相应取得的实效。

二、实践

（一）借助多媒体技术和口头说明引导独立复习分数小数互化，培养独立复习旧知良好习惯

这是指教师通过多媒体和口头引导，让学生独立复习"分数转化为循环小数和有限小数"，以及"有限小数转化为分数"课程，引导学生发现问题，思考循环小数是否也可以化为分数，然后进入新课的教学，有机培养学生形成独立地复习旧知的良好习惯。

片段1：课始，教师引导学生独立复习分数与小数间的互化，培养独立复习旧知良好习惯

师：通过多媒体设备播放 PPT，随机提问学生，要求短时间内独立心算完成分数 $\frac{1}{2}$，$\frac{2}{3}$，$\frac{5}{9}$，$\frac{17}{10}$ 与小数 0.22，0.65，1.34 的转化，并说出答案。

生：快速地回忆旧知内容；被问到的学生，快速地回答指定的问题。

师：让学生思考在"分数和小数互相转化"的知识结构中，除了已经学过的"分数转化成有限小数或无限循环小数"以及"有限小数转化成分数"，还有哪一部分内容没有学习过。

生：回忆、思考后，发现"无限循环小数转化为分数"还未学习，并提出是否能够转化的疑问。

对上述实施过程的观察表明：学生对上一节课学过的内容，还记忆犹新，再快速复习一遍，有效地提高了他们对"分数转化为循环小数和有限小数"以及"有限小数转化为分数"的熟练程度；学生对分数与小数的关系，也有了更深刻的感受，都能够发现还有"无限循环小数转化为分数"这一部分内容尚未学习，这激发了学生探究新知的兴趣。

（二）"独合结合"探索问题1：多元引导，将简单的纯循环小数转化为分数，"独合结合"，先初步学会"将纯循环小数转化为分数"，再锻炼梳理概括转化规律1的能力

在课堂教学的第二环节，通过让学生对一个具体的简单的纯循环小数转化为分数的实例进行探索，引导学生总结转化的方法，把这个方法应用到一些比较复杂的纯循环小数转化为分数的题目中，并在这一类转化的过程中，通过小组讨论，寻找、总结规律1。

片段2：课堂第二环节，教师借助多媒体、学习单、板书、小组讨论和口头说明等，引导学生"独合结合"将小数转化为分数以及梳理归纳转化规律1，锻炼学生"纯循环小数转化为分数"和梳理概括转化规律1的能力

师：顺势要求学生思考$0.\dot{5}$能不能像有限小数那样转化成分数；如果不能，具体原因是什么，它和有限小数的区别是什么？

生：独立思考$0.\dot{5}$与有限小数的区别，找到转化过程中的难点，即循环节如何消除。

师：在黑板上书写0.555 555 5……要求学生独立思考如何消除这无数个5，并小组讨论分享自己的想法。

生：独立思考后，相互分享想法。

师：请每一小组派一名代表，总结自己小组的探索心得。

生：有的小组提出，可以用减法来消除循环节；有的小组提出，可以把这个问题转化成方程问题。

师：通过提出如何用减法来消除循环节的问题，引导学生构造新的具有相同循环节的小数和原小数相减以消掉循环节；并追问如何将这个消除循环节的过程，用方程呈现出来。

生：独立思考用方程解决这个问题的方法，并将过程写在学习单上。

师：请一名同学把自己的解题过程写在黑板上。

被问到的生将过程写在黑板上。设$x=0.\dot{5}$，那么$10x=5.\dot{5}$。而$5.\dot{5}=5+0.\dot{5}$，所以$10x=5+x$。解得$x=\dfrac{5}{9}$。所以$0.\dot{5}=\dfrac{5}{9}$。其他学生观察思考。

师：肯定这种解法后，通过PPT展示新的例题$0.\dot{1}\dot{5}$、$0.5\dot{3}$、$1.7\dot{9}\dot{1}$，引导学生思考如何将更加复杂的纯循环小数化为分数，从一个循环节到多个循环节，从纯小数到带小数，让学生自己动手模仿例题解出答案。

生：模仿例题，使用相同的方法求解，并把过程写在学习单上。

师：在PPT上，罗列转化过的几个纯循环小数 $0.\dot{5}=\frac{5}{9}$、$0.\dot{1}\dot{5}=\frac{15}{99}=\frac{5}{33}$、$0.\dot{5}\dot{3}=\frac{53}{99}$、$1.\dot{7}9\dot{1}=1\frac{791}{999}$，要求学生寻找转化规律。

生：观察纯循环小数的循环节、循环节数量、整数部分和分数的分子、分母、整数部分，总结得出本节课的第一个规律：纯循环小数可以化成分数，这个分数的分子是一个循环节表示的数；分母个位上的数都是9，9的个数与循环节的位数相同；如果这个小数是带小数，则它的整数部分就是转化后带分数的整数部分；能约分的要约分。

师：要求学生使用这个规律，快速完成纯循环小数和分数互相转化的习题：$0.\dot{1}$，$0.\dot{4}\dot{3}$，$3.\dot{0}0\dot{1}$，$\frac{7}{9}$，$\frac{4}{33}$，$2\frac{101}{111}$。

生：套用规律，快速说出转化结果 $0.\dot{1}=\frac{1}{9}$，$0.\dot{4}\dot{3}=\frac{43}{99}$，$3.\dot{0}0\dot{1}=3\frac{1}{999}$，$\frac{7}{9}=0.\dot{7}$，$\frac{4}{33}=0.\dot{1}\dot{2}$，$2\frac{101}{111}=2.\dot{9}0\dot{9}$。

在讲第一个例题时，个别学生知道转化结果是 $0.\dot{5}=\frac{5}{9}$，但具体的过程并不能完整地写出。通过探索学习，学生基本理解了转化的具体方法和步骤，大部分学生能够模仿例题步骤解决比较简单的"纯循环小数转化为分数"的问题。这个环节的学习锻炼了学生讨论、归纳总结转化规律1的能力，增进了学生的学习成就感，提升了互相找错能力和交流能力。

（三）"独合结合"探索递进问题2：多元引导，将简单的混循环小数转化为分数，"独合结合"，先初步学会"将混循环小数转化为分数"，再锻炼梳理概括转化规律2的能力

在课堂教学的第三环节，教师提出一个具体的简单的混循环小数的例子，让学生尝试转化，引导学生把这个问题转化成刚学过的纯循环小数转化为分数的问题，再要求完成更多混循环小数转化为分数的题目，小组讨论后，总结出"混循环小数转化为分数"的规律。

片段3：课堂教学第三环节，教师借助多媒体、学习单、板书和口头说明，引导学生"独合结合"将小数转化为分数和梳理归纳转化规律2，锻炼学生将小数转化为分数和梳理概括转化规律2的能力

师：要求学生思考在习得第一个规律后，是否能够把所有的循环小数都转换成分数，并提出一个混循环小数的例子 $0.1\dot{5}$ 让学生尝试在学习单上进行转化。

生：观察混循环小数和纯循环小数的区别，尝试使用刚刚的方法或规律后失败。

师：要求学生找到混循环小数和纯循环小数的不同之处，并思考：是否能够把混循环小数的问题，经过转化变为纯循环小数的问题。

生：把混循环小数 $0.1\dot{5}$ 转化成纯循环小数 $0.\dot{5}\times0.1$ 与有限小数 0.1 的和再进行分数转化，并在学习单上写出过程：$0.1\dot{5}=0.\dot{5}\times0.1+0.1=\frac{5}{9}\times\frac{1}{10}+\frac{1}{10}=\frac{14}{90}=\frac{7}{45}$。

师：把过程通过投影仪投影在屏幕上，向学生提问是否还存在其他的转化方法？

生：还可以通过将其转换为 $1.\dot{5} \times 0.1 = 1\frac{5}{9} \times \frac{1}{10} = \frac{14}{90} = \frac{7}{45}$ 来求解。

师：把新的解题过程，通过投影仪投影在屏幕上，要求学生对比两个方法之间的异同。

生：总结两种方法，找到两种方法的相同和不同之处。

师：要求学生归纳总结反思，并用自己喜欢的方法完成更多的习题 $0.3\dot{3}\dot{4}$、$5.3\dot{3}\dot{4}$。

生：归纳总结解这一类题目的步骤，独立选择一种方法完成习题 $0.3\dot{3}\dot{4} = \frac{331}{990}$，$5.3\dot{3}\dot{4} = 5\frac{301}{900}$。

师：罗列转化过的几个混循环小数 $0.1\dot{5} = \frac{15-1}{90} = \frac{14}{90} = \frac{7}{45}$，$0.3\dot{3}\dot{4} = \frac{334-3}{990} = \frac{331}{990}$，$5.3\dot{3}\dot{4} = 5\frac{334-33}{900} = 5\frac{301}{900}$，要求学生小组讨论，寻找转化规律。

生：小组合作观察混循环小数的循环节、循环节数量、整数部分和分数的分子、分母、整数部分，讨论、梳理、总结得出规律2：将混循环小数改写为分数，分子就是小数部分的数字组成的数，减去小数部分中不循环部分数字组成的数而得到的差；分母前几位数字是9，末几位数字是0，9的个数与循环节的位数相同，0的个数与不循环部分的位数相同；如果这个小数是带小数，则它的整数部分就是转化后带分数的整数部分；能约分的要约分。

师：要求学生使用这个规律，快速完成更多混循环小数转化为分数的习题 $0.3\dot{1}$，$0.6\dot{5}\dot{3}$，$3.90\dot{1}$。

生：套用规律，快速说出转化结果。$0.3\dot{1} = \frac{31-3}{90} = \frac{28}{90} = \frac{14}{45}$，$0.6\dot{5}\dot{3} = \frac{653-6}{990} = \frac{647}{990}$，$3.90\dot{1} = 3\frac{901-90}{900} = 3\frac{811}{900}$。

在学生完成以上纯循环小数的转换后，教师认为学生已经掌握了所有循环小数转换为分数的方法，又提出一个混循环小数的例子让学生转化，在直接套用现有规律失败的情况下，学生很快想到用化归思想转化问题，将已学知识用于未知领域。这里的转化有多重方法：可以把混循环小数拆分，可以将其放缩使它成为纯循环小数，也可以继续用方程思想通过减法抵消循环节。后续练习题的设计中，包含不同循环节数字个数、不同非循环小数部分数字个数、有整数部分和没有整数部分的，以便学生观察总结规律。大部分学生能够将"混循环小数转化为分数的问题"转化为"纯循环小数转化为分数的问题"，提高了化归意识。小部分同学在相互讨论后，能够归纳总结出"混循环小数转化为分数"的规律。在"独合结合"学习过程中，增进了学生的学习成就感，学生互相找错和交流的能力也得到了提升。

（四）课尾组织小组合作小结，增进小组合作小结意识和梳理概括能力

在课堂教学的第四环节，借助多媒体、学习单和口头说明要求学生小组合作总结本堂课所学内容（循环小数转化成分数的过程）和方法（两个转化规律），加深他们对于所学知识和思想的认识，培养他们小组合作梳理总结全课所学内容和转化规律的能力，促进养成及时总结的良好习惯。

片段4：课堂教学第四环节，教师借助多媒体、学习单和口头说明，引导学生小组合作小结全课所学

师：借助多媒体和口头说明，引导学生总结本课所学无限循环小数化为分数的方法、化归转化解决问题的思想，写在学习单的相应位置。

生：总结在本课学习中学到的将无限循环小数化为分数的两类方法性的规律，深化对化归思想的理解，认识到及时总结是良好习惯。

大部分学生能够总结出无限循环小数转化为分数的方法，并说出两个转化规律；学生对用化归思想解决问题，有了更深刻的理解和认识；在及时总结中，促进了及时总结良好习惯的养成。

（五）课末要求学生课后独立完成1道循环节是9的循环小数转化为分数的思考题，培养及时巩固新知习惯和发现问题总结新规律的能力

在课堂教学的第五环节，教师借助多媒体、学习单和口头说明，要求学生在学会无限循环小数转化为分数的基础上，思考更深层次的数学问题，下次课开始时反馈，一起交流。

片段5：课堂教学第五环节，教师借助多媒体、学习单和口头说明，布置学生课后要独立完成的作业

师：要求学生总结本课学习后，在学习内容上、方法上和情感体验上有哪些收获。

生：内容上学会了无限循环小数与分数互化的方法，方法上对于数学的化归思想有了更深层次的理解和体会，情感体验上培养了勇于探索的学习态度和及时总结的良好学习习惯。

师：借助多媒体，出示课后思考题：将无限循环小数 $0.\dot{9}$ 化成分数，你会发现什么？要求学生课后在作业单上独立完成；下次课开始时，组织反馈交流和随机激励与引导。

生：独立观、听、忆、思；课后，在作业单上独立完成思考题；下次课开始时，参与交流，听取教师激励与引导及内化。

$0.\dot{9}$ 和1的数值是相等的，目前学生能够理解的方法也已经有很多种。但严格的推理，学生只有在学习了极限理论之后才能进行。这个探索过程，让学生更加了解了数学转化的思想，培养了学生对"独合结合"探索转化问题的兴趣，提高了学习实效。

三、实效

（一）学生方面

一是在意识上，学生在解决问题的过程中提高了化归意识，将已学知识用于未知领域，能够用化归思想转化问题，对化归思想有了更深刻的理解和认识。二是在能力上，学生对"分数转化为循环小数和有限小数"以及"有限小数转化为分数"更为熟练。学生对分数与小数的关系，也有了更深刻的感受。大部分学生能够运用方程消除循环小数的循环节，把循环小数转化为分数，并掌握了两种可以把循环小数转化为分数的方法。学生梳理规律的概括能力得到了加强；学生互相找错能力和交流能力得到提升。三是在行为习惯上，学生通过及时总结，促

进了这一良好习惯的养成。四是在数学学习整体素养上,学生在"独合结合"学习过程中,通过问题转化式学习探索获得了成就感,增进了对数学新知开展"独合结合"探究的兴趣,锻炼了运用化归思想进行梳理、概括的能力,提高了学习数学的积极性。

(二) 教师方面

一是自己经历了课题之主题式案例成果总结的过程,提高了相应的能力;二是促进了自己的教学反思,增进了反思意识;三是启示了自己在以后的数学教学中,需要实化、细化教学设计,注意加强有意识的主题化教学探索,积累探索资料;四是需要加强对成果总结的行为落实。

(三) 学校方面

一是丰富了学校"独合结合"课题的主题式案例类成果,二是启发了其他数学教师关于本课内容与化归思想的教学,三是丰富了教与学的方式方法。

四、反思

本探索的反思主要为"四个需要加强":一是需要加强课前对学情、课标和教材"三情"的分析把握,理清教学设计思路;二是需要加强对教学目标分类的设计,细化数学学科本体教学目标及与课题研究主题相对应的目标;三是需要加强教学过程设计,实化、细化相应教学过程、环节的师生活动安排和对课题研究的指向预设;四是需要加强案例的撰写,及时完成,固化研究成果。

五、意义

"无限循环小数化为分数"一课的探索实践,能够取得良好效果,主要意义有以下几点。

(一) 符合建构主义理论

本节课的片段1,通过组织学生复习已经学过的"分数转化为循环小数和有限小数"以及"有限小数转化为分数"内容,促使学生对旧知再认知,并发现新知"无限循环小数化为分数",激发了他们先独立思考,再进入新课学习的环节,有效地提升了学生学习未知知识的欲望;同时,激发学生探索新知的兴趣,更主要的也是为后续与新学知识,与无限循环小数化为分数的规律1和规律2之间建立联系,构建框架,奠定旧知与新知间的勾连关系。

皮亚杰的建构主义理论认为,知识是主观的,是每个人主动建构的结果,学习是人主动建构意义的过程,而不是直接接受现成结论的过程,教师要帮助学生从现有的知识经验出发进行意义建构。显然,所复习的旧知与将学的新知间有着一定的联系。我在教学时,关注新旧知识衔接,以旧知识为基础引导学生进入新知识的领域,既帮助了学生减少对新知识的陌生感,激发起"独合结合"学习新知的兴趣,也有助于后续引导他们对无限循环小数化为分数的规律1、规律2进行小组讨论、梳理和归纳,并与旧知之间建立联系,建立更加清晰的知识框架。

可见,这符合皮亚杰所阐述的"学习是人主动建构意义的过程"和"教师要帮助学生从现有的知识经验出发进行意义建构"。因此,教师要重视新知识中存在的旧知识,做好新旧知识衔接,既提高教学效果,又促进学生主动建构已学与新学知识间系统联系,内化学习经验。

(二) 符合从具体到抽象的教学原则

在片段 2 和片段 3 中,教师引导学生小组合作讨论解决几个具体的循环小数转化为分数的问题后,针对各类循环小数,引导学生讨论、梳理、得出了抽象的转换规律 1 和规律 2,帮助学生顺利地获得对于规律的感性认识。

上述过程,解决具体的转化问题,是调动学生的具象思维;而对规律 1、规律 2 的讨论归纳,训练的是学生的抽象思维。具体的学习内容,更能引起学生的兴趣;而抽象的规律概括,能够促进学生应用意识的提高和思维向更高水平发展。这符合从具体到抽象的教学原则,是需要继续加以坚持的。

(三) 符合讨论法和及时总结原则

在片段 2、片段 3 和片段 4 中,教师分别引导学生小组讨论、梳理,及时地对规律 1、规律 2 和整节课的学习内容、方法与情感进行了归纳总结,既促进了学生对本课重难点的有效把握,学习过程比较主动愉悦,还有机锻炼了学生的讨论交流、梳理归纳转化规律和对全课学习总结的能力,这离不开有效运用讨论法和及时总结原则。

讨论法是我们教学活动时常用的一种引导学生为解决相关问题而进行探讨、辨明是非真伪,以获取知识的方法。讨论法在上述三个片段中的运用,发挥了学生小组合作学习时的主动性、愉悦性,使学生得以分享各自的经验,培养了独立思维能力、口头表达能力;课尾集中进行的小组合作小结,是引导学生对全课(含课前预习)所学内容及时进行回忆、梳理、讨论和归纳总结,及时将已学和新学知识点连成线、结成网,促进自主建构。这样,学生对知识的理解更加系统化、规律化、结构化,日后运用起来才更联系畅通,思维活跃;同时,我还注意引导学生及时总结学习策略、方式、方法和小组、个人的独特经验与体会,促进内化。

可见,本课较好地发挥了讨论法和及时总结原则的价值。这同样是需要加以坚持的。

参考文献
[1] 柴影.问题导学法在初中数学教学中的应用[J].教育教学论坛,2016(20):271-272.
[2] 赵晓英.初中数学教学中数学思想和方法的渗透[J].学周刊,2014(11):201.
[3] 许芬英.学为中心的初中数学课堂特征和教学基本模式初探[J].课程.教材.教法,2014,34(05):53-57.
[4] 张伟刚,孙文建.小组合作学习模式在初中数学教学中的应用[J].才智,2015(2):150.
[5] 李艳妮.初中数学教学应如何渗透数学思想和数学方法[J].赤子(上中旬),2015(12):286.
[6] 皮亚杰.发生认识论原理[M].北京:商务印书馆,2011.
[7] 成有信.教育学原理[M].郑州:河南教育出版社,1993.
[8] 孙微.实施"五策" 提高数学单元复习和自我监控能力培养实效[J].浦东教育研究,2018(2):48-51转7.

实施"独合结合"任务驱动式学习
提高学生英语深度阅读实效

——以牛津英语"8A Unit 7 Nobody Wins"教学实践与分析为例

◎ 上海市进才实验中学　王晓娴

一、背景

根据英语学习规律和《牛津英语》(上海版)教材的编排特点:先听说,后读写,从八年级开始,每单元的主要教学内容是一篇阅读文本。一方面,受到课时限制和考试压力影响,英语阅读教学的重点停留在词汇和语言知识点,阅读理解多停留在文本大意理解和细节信息理解上,而文本背后的意义和语言的综合运用,则常常被忽视。另一方面,八年级教材阅读文本的长度和难度与六、七年级相比有很大的跨越,学生两极分化现象愈加明显,少数学生对英语学习尤其英语阅读,产生了一定的畏难情绪。

《上海市中小学英语课程标准(2011年版)》(简称《英语课标》)指出:英语课程应从学生的学习兴趣、生活经验和认知水平出发,倡导任务型的教学模式,让学生在教师的指导下,通过感知、体验、实践、参与和合作等方式,实现任务的目标,感受成功。在学习过程中,进行情感和策略调整,以形成积极的学习态度,促进语言实际运用能力的提高。《英语课标》还倡导自主、合作、体验、探究的教学方式,在真实语境中提升学生英语综合运用能力。可见,任务驱动式教学符合英语课标的要求,能为学生提供体验、实践和感悟问题的情境。国内外已有的相关实践表明:围绕任务展开学习,以任务的完成结果检验和总结学习过程等,能改变学生的学习状态,使学生主动建构探究、实践、思考、运用的学习体系。任务驱动式学习,使学生带着真实的任务在探索中学习。在这个过程中,学生会不断地获得和积累成就感,可以更大程度地激发他们的学习欲望,并培养独立自主地完成学习任务的能力。

初二年级学生已具备了一定的英语阅读能力,经过前期的运用"独合结合"方式进行阅读的指导和训练,掌握了一定的独立学习与合作学习的技能,能在课堂上根据教师的指令和要求,以"独合结合"的方式完成课堂阅读任务。因此,对教学中采用"独合结合"任务驱动式学习,已具备良好的基础。但学生之间存在能力差异,部分学生所知词汇有限,且缺乏对句型基本结构的辨认能力,影响了整体阅读速度和正确率的提高,他们的思维还停留在理解文本表层意思上,不能挖掘到文本的内涵。另外,通过前期的问卷调查,教师发现有很大一部分学生对于长篇幅的英语阅读文章存在畏惧心理,还没开始,就已经失去了对阅读的信心和兴趣。学生学习的主观能动性不强,不能全身心地融入课堂,积极参加课堂互动,导致课堂效率低下。因此,学生的英语阅读素养,尤其是深度阅读能力有待提升。课堂上,需要教师通过组织学生"独合结合"参与任务驱动式学习,创设便于小组成员之间交流的语言环境,引导学生主动、积极地开展语言交际活动,提升相应素养。

基于上述情况,我决定在参加学校"基于独立学习与合作学习相结合的教与学方式研究"的区级课题实践探索中,尝试实施"独合结合"任务驱动式阅读学习,以培养学生英语深度阅读的能力、习惯和兴趣"三素养"。下以牛津英语八年级第一学期 Unit 7 的课前、课中和课后"三程"教学实践与分析为例,说明如何运用"独合结合"任务驱动式学习,来提高学生英语深度阅读的"三素养"。

二、实践

本次实践以"独合结合"的任务驱动式学习——在课前、课中和课后"三程",教师运用"独合结合"任务驱动式阅读学习方式,组织学生完成共 26 项(课前 3 项+课中 18 项+课后 5 项)阅读、交流等任务,锻炼学生独立与合作相结合的文本整体阅读,获取细节、关键信息和进行深度理解等能力以及独立说明和合作交流素养——作为整体教学思路。

(一)课前

1. 学生独立完成回顾和复习 Unit 6 内容的任务,培养良好的复习习惯和为顺利进入 Unit 7 的学习做好准备

《牛津英语》(上海版)八年级第一学期 Unit 6 和 Unit 7 的阅读部分别是一个故事的前后两部分。后半部分"Escaping from Gork",讲述了 Captain King 和他的组员如何在被抓后,巧妙地击伤怪物 Gork,成功地逃离山洞,回到地球的故事。两篇文本篇幅较长且生词量较多(全文均达到 350 个词以上,生词的比例约有 5%,而通常初二学生习惯阅读的文章篇幅在 200 个词左右,生词量在 3% 左右),对阅读速度和获取阅读信息的能力要求都比较高,给师生的教与学提出了一定的挑战,学生在短时间内完全理解并掌握文本有困难。

因而,在开始进行新单元 Unit 7 的教学前,教师先布置学生独立完成回顾和复习 Unit 6 的故事内容的任务,为顺利进入新课的学习做好词汇和背景知识储备,以帮助学生养成课前复习的良好学习习惯。

2. 学生小组合作完成 Unit 6 自选片断的角色扮演活动两项任务,加深对 Unit 6 文本的理解

教师要求学生以小组为单位,根据自己的兴趣选取 Unit 6 中不同的场景片断,完成角色扮演活动任务,以加深学生对文本和故事人物的理解。小组合作形式降低了任务难度,减轻了学生需要背诵较多台词的心理负担。同时,给予学生一定的空间以发挥其想象力和创造力,为 Unit 7 的深度阅读打下了基础。

(二)课中

1. 在读前任务(Pre-reading)环节,学生独立快速回顾故事中人物和上一单元的故事情节,以激发阅读下文的兴趣

师:借助多媒体展示 Unit 6 故事中人物和相关故事情节的图片,激活学生的相关记忆,锻炼学生快速回忆阅读内容的能力。

生：将人物图片与人物名字进行迅速配对，以及看图进行简单的 summerizing（概括大意），迅速回想起上一单元故事中的人物和故事内容，激发起阅读下一单元故事的兴趣。

学生通过观看图片、概括、思考，完成回顾 Unit 6 中故事第一部分的人物和情节的任务，激活思维，有效地锻炼了看图快速回忆阅读内容的能力。

2. 在读中任务（While-reading）环节，学生运用"独合结合"预测情节发展，整体理解文本内容，关注文本细节，锻炼提取关键信息的能力

1) 师：借助多媒体展示 Unit 7 文本标题和插图，请学生据此对文本内容作简单预测。提出下列问题请学生回答：(1) Will Captain King escape from Gork？(2) Are all of his crew going to live or die？(3) Will Gork be killed or hurt？(4) Will Gork's friends try to save him or be tricked by Captain King？(5) Will the kangaroos let Captain King and his crew go？

生：独立阅读标题和插图，对全文的内容作简单预测。独立思考上述问题，预测第二部分中故事的发展走向；并就上述问题，小组讨论交流。这使学生在完成独立阅读、预测、合作讨论交流学习 3 项"独合结合"任务的过程中，有效地锻炼了通过阅读标题和插图，预测文本内容及围绕问题进行合作讨论与交流的能力。

2) 师：请学生运用 skimming 的阅读策略，独立略读全文，找出帮助 Captain King 成功逃离的三个要素（物件），并在此基础上再次略读、组内讨论、作比较，找出这三个要素各自发挥的作用。

生：独立完成标记段落、略读全文，按情节发展把故事分成三部分并在小组内进行讨论、核对比较三个要素各自发挥的作用。

学生通过完成上述 4 项"独合结合"的任务，较好地锻炼了关注文本关键信息，整体把握文本大致内容的能力。

3) 师：请学生精读，以帮助 Captain King 成功逃离的要素将文本划分为三个部分，用多媒体展示 Peters 的一些想法，请学生判断是否正确，并在文中找出判断依据。

生：对文本的三个部分逐一进行独立阅读，通过 detailed-reading 来理解故事的发展。学生独立精读第一部分 1～5 段，通过在文中找出相应的 supporting details，判断 Peters 的想法是否正确；然后，参与组内合作讨论与交流。

学生通过完成独立阅读和参与组内交流 2 项任务，锻炼独立阅读、合作讨论与交流和关注文本细节的能力，提升对文本内涵的理解能力。

4) 师：请学生通过角色模仿朗读理解情节的发展。

生：独立精读 6～10 段，预测 Captain King 是如何逃脱的；小组合作通过角色扮演思考预测问题。

学生通过完成精读后开展思考预测问题和小组角色扮演 2 项"独合结合"任务，体会到了文本描述的情境，进一步锻炼了深度理解文本的能力。

5) 师：用 summarizing 的形式，让学生理解故事的结局，带领学生把 Captain King 成功逃离的步骤作梳理和总结。

生:独立精读 11~14 段,完成 Captain King 逃跑过程的描述;并在小组内进行讨论与交流,总结 Captain King 成功逃脱的 4 个步骤。

学生在完成精读后对逃跑过程的描述和组内合作讨论总结交流 2 项任务中,再次锻炼了对文本进行深度理解的能力;梳理总结和交流 Captain King 成功逃脱的 4 个步骤,锻炼了理解文本关键信息的能力。

3. 在读后任务环节,学生在独立理解文本整体和细节的基础上,小组合作讨论故事人物性格,对文本进行深度理解

师:引导学生讨论故事中人物性格并从文中找出相应的事实依据。

生:在理解全文的基础上,挑选自己感兴趣或印象深刻的人物,思考他的性格,并在文中找出事实依据,把自己的想法在小组内进行交流。也可以全组选定一个人物,进行集中讨论与交流。学生在完成讨论人物性格并从文中找出事实依据的任务的过程中,锻炼对文本的深度理解能力和将内化后的阅读信息输出的能力。

这个环节任务的完成,进一步锻炼了学生"独合结合"梳理、讨论与交流阅读信息,提炼、总结和深度理解课文内涵的能力。

(三) 课后

要求学生完成课后小组合作续写和编演新故事等 5 项"独合结合"的任务。

师:请学生独立阅读文末斜体字部分;思考故事可能发生的后续情节;在小组中进行讨论与交流;合作续写一个新故事;把新故事改编成课本剧,和小组成员一起排练,准备于下一课中进行表演。

生:独立阅读和思考,参与小组讨论与交流;课后合作续写、编演新故事和进行排练,做好表演准备。

这 5 项任务对学生有一定的挑战,学生需要在理解文本的基础上合理思考,用自己的语言写出一个情节合乎逻辑的后续故事,对学生的深度阅读能力、思维能力、表达能力、写作能力、创造力和想象力、合作能力均是考验;同时,学生也拥有较大的自由创作的空间,因此,他们的学习热情和"独合结合"学习意识被较好地调动起来,对深度阅读、思维、表达、合理想象尝试创编新故事并改编为课本剧和合作排练课本剧、进行扮演准备等英语综合运用能力的提升,起到了很好的推动作用。

三、实效

(一) 学生方面

1. 学生运用任务驱动式学习,结合 skimming 阅读策略对文本进行整体阅读,在获取细节、关键信息并进行主旨理解和深度理解等能力方面得到了有效的锻炼

根据对学生的课后反馈调查,大部分学生认为通过完成课前、课中及课后多项独立及合作阅读、讨论与交流任务,对猜词、略读、寻读、概括、推测、判断、辩证思考等阅读策略的多次运用,锻炼了对文本进行整体理解及以较快的速度获取细节、关键信息的能力。通过教师的问题引导、与合作同伴间思维的碰撞,学生提高了对文本深度阅读和理解的能力。

2. 学生英语自主与合作阅读及讨论与交流的兴趣得到增强

在与教师的课后交流中学生们表示:在独立阅读时,往往不能确定自己对文本的理解是否正确,导致完成任务的积极性不高,尤其阅读能力较弱的学生会对自己的理解缺乏自信,在看到长篇文章时会产生畏难情绪,导致阅读时缺乏主动性和低效。而通过"独合结合",逐步完成难度高的阅读理解任务,可以把自己在阅读中获取的信息和自己的理解,与同伴无压力地进行交流,在信息分享、交换的过程中,确认与完善自己的理解。因此,他们会倾向于主动、高效地完成阅读任务,以便和同伴讨论与交流,对阅读的兴趣和自信心也相应得到了增强。

(二) 教师方面

1. 提升了课题研究素养

1)"独合结合"任务驱动式学习设计与组织方面

从教师的课后自我反思和学生的课后任务完成情况中得出:通过"独合结合"任务驱动式学习的设计与实施,教师了解了这种方式的实施框架和实施要素以及如何利用任务驱动式学习,有效地去激发学生的阅读、深度理解和讨论与交流的兴趣,增强学生的课前、课后复习的意识,注重培养学生深度理解和分析问题、解决问题的能力,提高学生独立学习及合作学习的能力;也为英语教学其余课型的运用积累了经验。

2)课题研究素养方面

在参与学校课题研究的过程中,在完成子课题的文献综述研究、本案例的设计、实施和撰写等过程中,一直得到课题研究专家曹明老师一对一的指导,结合参加学校课题研究中的集体培训、课题研究课的观课—评课—总结等的实践体验和自主学习、反思改进等,教科研意识明显增强;自身的文献研究能力,课题研究课设计、实施和案例撰写等能力,都有了显著的提高。

2. 提升了学科专业素养

在英语阅读教学中,运用任务驱动式学习方式和多种策略,使自己组织学生阅读、深度理解课文内涵、有效地加以讨论与交流等专业素养得到了提升。如针对不同类型的阅读文本,能够采用切块拼接、小组竞赛和合作讨论、梳理、概括和交流等策略,对英语阅读教学活动中学生"独合结合"学习任务的设计能力,也得到了显著提升。对课程标准的理解、学情的把握、教学目标的设定和教与学方式、策略的选择与运用等能力,也有了明显的提高,从而使自己的教学设计变得更科学与规范、更合理、更符合学生发展的需要和更具创造性,提高了日常教学,尤其是阅读教学的实效。

四、经验

本次实践是教师运用"独合结合"任务驱动式学习(包括组织学生课前、课中和课后完成相关的"独合结合"学习任务)来锻炼学生的整体阅读、深度阅读和合作交流等阅读及交流素养。实践证明,学生能以较高的主动性投入到各个环节的学习任务中,有效地完成了难度较高的阅读任务,提高了深度阅读的实效性;并在合作的过程中,增强了英语阅读的愉悦感和成就感。基于本次实践,有以下三点思考(也是经验)。

1. 课前、课中、课后"三程"结合的任务驱动式学习,是提高学生英语深度阅读能力的关键

本次实践选用的文本是一篇逻辑性和故事性较强的文章,采用连续的任务形式,对阅读内容进行有机分解,避免破坏其连贯性,更有利于促进学生对文本内容的整体和细节理解,从而进一步促进深度理解。本课通过课前、课中、课后"三程",使学生在"独合结合"完成26项任务的过程中,主动地学习和运用语言。学生课前自选前一单元的故事片断进行合作表演,为阅读后续的故事做好了准备和衔接。课中"独合结合"完成承前启后的任务,帮助学生猜测、思考、判断、理解以及有效激发起阅读的兴趣。这些任务把课文中的知识与学生的经验联系起来,帮助学生从正确的角度对文章进行理解、思考,在阅读过程中不断对自己的猜测和理解进行判断、修正与评价,使得课堂环节得以顺利推进。课后的续写故事及合作编排课本剧的任务,有效地内化了课中阅读所得,为学生提供了使用目标语言的机会。因此,事先合理设计"三程"中的任务,对提高学生英语深度阅读实效起到了非常关键的作用,值得进一步深思、实践和总结经验。

2. "独合结合"的学习方式比单纯合作的学习方式,更能增强英语阅读教学的实效性

在本课中,学生既有较多的独立学习的时间,又有与同伴合作讨论、交流与参加全班分享的机会。独立学习,让学生运用多元阅读策略,去收集文本内有价值的信息和资料;合作学习,让学生经历预测、讨论、梳理、交流、分享、创编和表演的过程,不仅让学生更好地了解了对方的观点,而且学会了表达自己的观点,并在此基础上学会讨论问题的要领和方法,从而培养了学生的合作意识和合作学习能力,提升了合作交流素养。可见,"独合结合"的学习方式,比起单纯合作的学习方式,更能增强英语阅读教学的实效性。

3. 英语阅读教学中反复编演的任务,更能促进学生对文本进行深度阅读、理解和有效输出

本课在课前、课中、课后"三程"中,均设置了由学生"独合结合"编演故事的任务。实践结果证明:这类编演任务的完成,能有效促进学生对文本的深度阅读和理解。学生在故事续编与课本剧编写、表演设计与记诵台词、进行表演准备的过程中,为保证质量,需要对原文进行充分的阅读与理解。这些环节的实施,都促成了学生对文本的深度阅读、理解与输出。编演任务还为学生创设了真实的合作交流的语言运用情境,在激发学生的学习兴趣、促进合作学习、提高学生的语言运用能力、丰富词汇积累、培养学生的发散思维方面,均起着积极的促进作用。

参考文献

[1] 王坦.合作学习——原理与策略[M].北京:学苑出版社,2001.
[2] 曾琦.合作学习的基本要素[J].学科教育,2000(6):33-34.
[3] 盛群力.小组互助合作学习革新评述[J].外国教育资料,1992(2-3):9-10.

［4］曹英晖.英语小组学习法初探[J].新课程研究(基础教育),2007(9):99.

［5］何小波."自主互助学习型教学模式"下的初中英语课堂小组合作学习初探[J].成功(教育).2009(9):102-104.

［6］罗莉.浅谈初中英语课堂中任务驱动教学法的应用[J].英语教师,2020(4):108-111.

［7］陈杰.任务型教学在初中英语课堂活动中的运用策略[J].上海课程教学研究,2020(4):39-42.

［8］夏子.指向深度阅读的初中英语阅读多元文本解读路径[J].海外英语,2021(8):194-195.

［9］谢萌.初中英语深度阅读策略研究[D].武汉:华中师范大学,2019.

"独合结合"实施"三程·十七步"提升学生英语原声电影欣赏海报制作实践式素养的探索

——以"I Love Films"（我喜爱电影）探究课教学实践与分析为例

◎ 上海市进才实验中学　张　玲

一、问题提出

现代英语教学倡导听说读写的全面融合，强调学生的英语运用能力。随着多媒体技术在英语教学中的广泛应用，具有直观、生动、形象等特点的英文电影，也逐步成为初中英语教学的一种辅助教学方式。《上海市初中阶段英语课程标准（2017年版）》（简称《英语课标》）的课程基本理念明确提出，语言学习需要大量的输入；英语课程应创造性地开发和利用现实生活中鲜活的英语学习资源，积极利用音像、广播、电视、书报杂志、网络等，拓展学生学习和运用英语的能力。《英语课标》还要求改进师生教与学的方式，倡导自主、合作、探究、体验学习，强调结合实际语境，综合运用英语。

本校位于浦东联洋国际社区，大部分学生对英语学习的兴趣较浓厚，英语口头表达能力较强，愿意运用英语进行交流。我在参加学校"基于独立学习与合作学习相结合的（简称"独合结合"）教与学方式研究"的区级课题探索时，根据上述《英语课标》的精神，从学生入校开始，就注意结合教材以及每学期的学科探究和展示活动，尽可能多地为学生创造在真实语境中运用语言的机会，结合实践、体验、探究和合作等方式，鼓励学生自主发现语言规律，掌握语言技能，调整情感态度，形成有效的学习策略和方式，发展综合学习能力。

在此，以初一下学期的探究课"I Love Films"（我喜爱电影）为例，说明在为期8周的一轮探究课教学中，教师带领学生开展英语原声电影欣赏、海报制作实践式学习，培养学生课前、课堂和课后"三程""独合结合"，遵循"十七步"进行英语原声电影欣赏和海报制作、展评，促进学生培养实践式学习的意识、能力和良好行为习惯，直观了解东西方文化的差异和其对中国文化的影响，进而提升学生英语综合素养中所做的探索。

二、实施基本步骤——"三程·十七步"

（一）制作准备阶段（第一周：五步）

1. 了解探究主题，明确任务

《牛津英语》（上海版）七年级第二学期 Module 1 Unit 2 的 Reading 部分 "Going to See

A Film",旨在教授学生关于电影话题的一些固定表达法和不同电影的种类。但是,由于电影过时、内容简单,不能激发学生太大的学习兴趣。而如果花大量课时加以拓展,又会影响教学进程。于是,教师结合探究课开展主题为"I Love Films"(我喜爱电影)的英语探究课教学(每周1节课,共8节课)。全班同学将自由分为6组,每组8人,由组长负责分工、分配任务、关注进度;运用已经学过的英语电影话题的知识,每组选取一部电影,通过制作PPT展示推荐影片,制作和展示电影海报及评选最佳推荐,以提高学生英语原声电影鉴赏、写作、海报制作、口头表达和评价等能力。

2. 准备相关知识

通过对原声英文电影赏析、写作、海报制作、展示评价的相关探究,使学生多角度而直观地了解到东西方文化的差异和其对中国文化的影响,并且提升他们"独合结合"完成相应探索任务的能力。为此,既要求学生"独合结合"做好完成相关任务的知识和技能准备;教师也在设计中,注意提供相关知识(参考资料、查找方式),以解决学生可能遇到的问题。这为此次探究课的顺利开展做好了知识准备。

3. 提供适合推荐电影

教师通过提供模板电影和启发讨论,让学生明确在选择推荐影片时,要注意以下三点:①符合认知水平。应尽量选择符合初中生认知水平、情节有趣的电影,如 Harry Potter(《哈利波特》)、Alita Battle Angel(《阿丽塔:战斗天使》)等。②符合能力水平。在选择推荐影片时,需选择发音准确、语速中等的影片,以有字幕的为好。这样,学生在电影中欣赏中遇到陌生的语句,可以联系字幕、对白和影像进行理解,增加词汇量、锻炼听力水平、提高语言理解能力。③具有教育意义。应尽量选择具有一定教育意义和励志作用的电影,如 Wonder(《奇迹男孩》)、Coco(动画片《寻梦环游记》)。

4. 明确影片推荐步骤

带领学生一起学习电影推荐的4个环节和步骤:

(1) 各小组成员在分工合作制作PPT进行电影推荐之前,要各自在家独立观看相关电影,全面掌握电影内容,包括背景知识、内容提要、人物关系、经典台词等。

(2) 各小组成员一起讨论推荐方式。教师建议学生可以放电影介绍片、节选电影片段等,以更好地吸引同学观看。如 Forrest Gump(《阿甘正传》)中的经典台词"Life was like a box of chocolates. You never know what you're going to get."可以让主人公身上的单纯、执着和电影积极、健康的主题,一下就能抓住观影者的心。

(3) 各小组成员一起商量推荐理由,为自己小组能得到最佳推荐而增加筹码。

(4) 组长分工,让组员在家分别完成各自负责部分;然后,在校一起来改进确定最后展示内容。

这一过程,既增进了学生独立完成自己承担任务的意识,又锻炼了学生小组协商、讨论能力,还让学生对于电影及推荐步骤有了具体的认知。

5. 整理素材

学生一起学习如何利用多媒体或者PPT推荐电影、如何更好地制作电影海报。教师在这个环节,注意提供海报制作评价标准,让学生能一目了然地清楚制作与交流的要求,做好推荐电影的图文介绍和交流用海报制作的能力准备。海报完成制作后,相关电影推荐的PPT,各小组也需要提前准备好。教师注意提示学生:推荐词撰写和PPT的制作中的文字,都要注意言简意赅,语言可以风趣一些,可以适当配画,这样更能让大家感兴趣。这个环节,学生对于如何写好推荐词、做好海报,如何推荐电影,都有了更直观的了解,对制作实践产生兴趣。

(二) 制作实践阶段(第二至五周:六步)

1. 尝试设计(想一想)

第二周,学生在组长带领下合作学习,先集思广益,确定选择内容健康、难度适宜、语言丰富的影片。确定了推荐电影后,组长分配任务:组内每个同学在家独立观看好影片后,各自从电影的剧情、主人公人物特征、影片的意义和影响几个方面进行思考,分头寻找相关材料。这一环节,锻炼了学生们头脑风暴合作讨论、通过电影欣赏学习语言和自主选择、梳理概括推荐材料的能力。

2. 参与交流(议一议)

第三周,学生小组成员在组长带领下,在校集中交流各自所收集的材料。组内交流后,大家一起讨论对所收集的材料如何有效地加以展示。这一环节,有效地锻炼了学生参与小组交流、比较的能力,激发起展示各自擅长能力的兴趣和责任意识,增进了合作精神。

3. 改进设计(改一改)

第三周,学生各合作小组根据大家集思广益后的意见,分别作出改进,使得材料准备得更加合理和丰富齐全。这使学生们学会了聆听别人的分享和建议,并加以比较和作出合理选择,在自己组内交流改进PPT和提升制作电影海报的能力。

4. 进行制作(做一做)

第四周,学生各合作小组将各位组员的材料汇总,修改完善推荐影片的PPT简介、影片片段集锦、海报等。尤其是海报中的主要说明性文字,必须包括剧情简介、主题图片、片名、主演、导演以及上映时间等,既要有影片信息,又要注意美观,注意借助独特的表现手法,激发更多人的观影欲望。这样,学生们学会了分工合作、互相配合,为了同一个目标而共同出力;有效地锻炼了小组合作能力,能注意海报制作中要素的完整性和加以美化、突出创意等要点。

5. 自主欣赏(赏一赏)

第四周,采用学生组内独立欣赏、合作交流以及邀请家人欣赏等方式收集针对影片推荐材料的宝贵意见,取其精华去其糟粕,争取实现精益求精。这个"独合结合"欣赏、交流、再改进和分享、交流环节,使学生的欣赏能力、表达能力和聆听能力,都得到了提高。

6. 完善制作(定一定)

第五周,学生在参加小组展示前,全体组员再次对各自负责的板块进行了完善,也将设想的"答记者问"的各类问题做了汇总和补充,以争取自己组的作业能成功获评"最佳影片推荐"。通过这个"独合结合"的环节,学生们增进了合作中的个体责任感、合作精神和团队意识;锻炼了综合吸收他人意见、完善相应成果的能力;增进了交流兴趣和做好交流的自信。

(三) 作品展评阶段(第六至第八周:六步)

1. 展评准备

第六周,各学生小组内合作分工进行展品准备——有的撰写交流文字稿,有的制作参加展评的电影PPT,有的整合多媒体素材,有的做参与现场交流的准备,有的研究评价标准等。通过"独合结合"展评准备环节,每个学生认领了自己的任务,将小组展评准备工作落到了实处,锻炼了"独合结合"制作展示材料修改完善和准备工作的能力,增进了做好展评的自信。

2. 参与展示

第七周,各学生小组全体成员依次到班级的讲台处,分别借助PPT介绍了本组所推荐电影的价值、剧情,向全班同学展示节选视频和电影海报。组长作为发言人在"答记者问"中,对下面同学的踊跃提问给予了及时回答。通过这一合作学习环节,锻炼了每个学生参与展示成果、进行答辩的能力;发扬了互相配合、分享交流的精神,进一步锻炼和提升了合作学习能力。

3. 参与评价

第七周,各学生小组对于其他小组的电影海报展示,根据评价标准(表1)打分,表达出自己的喜好,用英语说出打分原因。学生通过"独合结合"参与评价,有效地提升了英语表达的兴趣和沟通、交流能力,提升了各组学生根据标准进行评价和注意挖掘特色进行评价的能力。

表1 "独合结合"英语原声电影欣赏、海报制作评价标准

评价内容			评价要求及分值	评分			小计
I	II	III		自评分	组员互评分	组长评分	(取均分)
制作准备阶段	明确此次探究主题和任务	明确探究主题和分组模式	1. 认真聆听 认真(5),较认真(4),一般(3),不太认真或不认真(2~0)				
			2. 积极提问及讨论 积极(5),较积极(4),一般(3),不太积极或不积极(2~0)				
		自由分组	1. 主动报名做组长 主动(5),较主动(4),一般(3),不太主动或不主动(2~0)				
			2. 积极报名参与小组活动 积极(5),较积极(4),一般(3),不太积极或不积极(2~0)				
		明确探究任务	1. 认真聆听 认真(5),较认真(4),一般(3),不太认真或不认真(2~0)				
			2. 积极提问及讨论 积极(5),较积极(4),一般(3),不太积极或不积极(2~0)				

(续表)

评价内容			评价要求及分值	评分			小计
Ⅰ	Ⅱ	Ⅲ		自评分	组员互评分	组长评分	（取均分）
制作准备阶段	明确所需的电影欣赏和海报制作能力	提升电影欣赏能力	1. 认真观看 认真(5),较认真(4),一般(3),不太认真或不认真(2~0)				
			2. 专心聆听 专心(5),较专心(4),一般(3),不太专心或不专心(2~0)				
			3. 积极提问及讨论 积极(5),较积极(4),一般(3),不太积极或不积极(2~0)				
		提升海报鉴赏能力	1. 认真观看 认真(5),较认真(4),一般(3),不太认真或不认真(2~0)				
			2. 专心聆听 专心(5),较专心(4),一般(3),不太专心或不专心(2~0)				
			3. 积极提问及讨论 积极(5),较积极(4),一般(3),不太积极或不积极(2~0)				
	明确原声电影推荐标准	观看老师推荐的电影	1. 认真观看 认真(5),较认真(4),一般(3),不太认真或不认真(2~0)				
			2. 专心聆听 专心(5),较专心(4),一般(3),不太专心或不专心(2~0)				
			3. 积极提问及讨论 积极(5),较积极(4),一般(3),不太积极或不积极(2~0)				
		讨论推荐标准	1. 积极参与讨论 积极(5),较积极(4),一般(3),不太积极或不积极(2~0)				
			2. 认真聆听并做好记录 认真(5),较认真(4),一般(3),不太认真或不认真(2~0)				
			3. 积极组织有序讨论 积极(5),较积极(4),一般(3),不太积极或不积极(2~0)				

(续表)

评价内容			评价要求及分值	评分			小计
Ⅰ	Ⅱ	Ⅲ		自评分	组员互评分	组长评分	(取均分)
制作准备阶段	明确原声电影推荐标准	总结推荐标准	1. 认真聆听 认真(5),较认真(4),一般(3),不太认真或不认真(2~0)				
			2. 积极提出补充意见 积极(5),较积极(4),一般(3),不太积极或不积极(2~0)				
			3. 积极组织有序总结 积极(5),较积极(4),一般(3),不太积极或不积极(2~0)				
	明确原声电影推荐步骤	讨论推荐步骤和推荐电影题材	1. 积极参与讨论 积极(5),较积极(4),一般(3),不太认真或不认真(2~0)				
			2. 认真聆听并做好记录 认真(5),较认真(4),一般(3),不太认真或不认真(2~0)				
			3. 积极组织有序讨论 积极(5),较积极(4),一般(3),不太积极或不积极(2~0)				
		欣赏电影并认领各自任务	1. 认真自主观看 认真(5),较认真(4),一般(3),不太认真或不认真(2~0)				
			2. 积极认领任务 积极(5),较积极(4),一般(3),不太积极或不积极(2~0)				
		讨论推荐方式和推荐理由	1. 积极参与讨论 积极(5),较积极(4),一般(3),不太积极或不积极(2~0)				
			2. 认真聆听并做好记录 认真(5),较认真(4),一般(3),不太认真或不认真(2~0)				
			3. 积极组织有序讨论 积极(5),较积极(4),一般(3),不太积极或不积极(2~0)				

(续表)

评价内容			评价要求及分值	评分			小计
Ⅰ	Ⅱ	Ⅲ		自评分	组员互评分	组长评分	（取均分）
制作准备阶段	学习电影欣赏、海报制作评价标准	学习电影赏析评价标准	1. 认真观看 认真(5)，较认真(4)，一般(3)，不太认真或不认真(2～0)				
			2. 专心聆听 专心(5)，较专心(4)，一般(3)，不太专心或不专心(2～0)				
			3. 积极提问及讨论 积极(5)，较积极(4)，一般(3)，不太积极或不积极(2～0)				
		学习海报制作评价标准	1. 认真观看 认真(5)，较认真(4)，一般(3)，不太认真或不认真(2～0)				
			2. 专心聆听 专心(5)，较专心(4)，一般(3)，不太专心或不专心(2～0)				
			3. 积极提问及讨论 积极(5)，较积极(4)，一般(3)，不太积极或不积极(2～0)				
制作实践阶段	尝试设计（想一想）	组长带领集思广益确定推荐影片	1. 积极参与讨论 积极(5)，较积极(4)，一般(3)，不太积极或不积极(2～0)				
			2. 认真聆听并做好记录 认真(5)，较认真(4)，一般(3)，不太认真或不认真(2～0)				
			3. 积极组织有序 讨论积极(5)，较积极(4)，一般(3)，不太积极或不积极(2～0)				
		居家观影自主选择材料	1. 认真自主观看 认真(5)，较认真(4)，一般(3)，不太认真或不认真(2～0)				
			2. 积极自主选择材料 积极(5)，较积极(4)，一般(3)，不太积极或不积极(2～0)				
	参与交流（议一议）	组内交流收集材料	1. 积极参与交流 积极(5)，较积极(4)，一般(3)，不太积极或不积极(2～0)				

（续表）

评价内容			评价要求及分值	评分			小计
I	II	III		自评分	组员互评分	组长评分	（取均分）
制作实践阶段	参与交流（议一议）	组内交流收集材料	2. 认真聆听并做好记录 认真(5)，较认真(4)，一般(3)；不太认真或不认真(2~0)				
			3. 积极组织有序交流 积极(5)，较积极(4)，一般(3)，不太积极或不积极(2~0)				
		组内讨论选择哪些材料及每人负责哪块展示	1. 积极参与讨论 积极(5)，较积极(4)，一般(3)，不太积极或不积极(2~0)				
			2. 积极主动认领任务 积极(5)，较积极(4)，一般(3)，不太积极或不积极(2~0)				
			3. 积极服从任务安排 积极(5)，较积极(4)，一般(3)，不太积极或不积极(2~0)				
			4. 积极组织有序讨论 积极(5)，较积极(4)，一般(3)，不太积极或不积极(2~0)				
	改进设计（改一改）	根据组内讨论结果对自己材料进行改进	1. 虚心接受别人建议 虚心(5)，较虚心(4)，一般(3)，不太虚心或不接受(2~0)				
			2. 对自己材料做有创意的修改 很有创意(5)，较有创意(4)，一般(3)，不太有创意或没有创意(2~0)				
		根据组内讨论结果着手自己负责的内容筹备	1. 认真主动完成自己认领的任务 认真(5)，较认真(4)，一般(3)，不太认真或不认真(2~0)				
			2. 认真根据组内讨论对自己的内容做相应修改 认真(5)，较认真(4)，一般(3)，不太认真或不认真(2~0)				
	进行制作（做一做）	将各自材料汇总制作推荐影片的展示PPT	1. 主动分享自己准备的材料内容 很主动(5)，较主动(4)，一般(3)，不太主动或不主动(2~0)				
			2. 认真聆听别人的分享 认真(5)，较认真(4)，一般(3)，不太认真或不认真(2~0)				

(续表)

评价内容			评价要求及分值	评分			小计
Ⅰ	Ⅱ	Ⅲ		自评分	组员互评分	组长评分	(取均分)
制作实践阶段	进行制作（做一做）	将各自材料汇总制作推荐影片的展示PPT	3. 积极参与讨论对汇总材料做评价选择 积极(5)，较积极(4)，一般(3)，不太积极或不积极(2~0)				
			4. 积极参与合作制作PPT 积极(5)，较积极(4)，一般(3)，不太积极或不积极(2~0)				
		海报制作	1. 主动分享自己准备的材料内容 很主动(5)，较主动(4)，一般(3)，不太主动或不主动(2~0)				
			2. 认真聆听别人的分享 认真(5)，较认真(4)，一般(3)，不太认真或不认真(2~0)				
			3. 积极参与讨论对汇总材料做评价选择 积极(5)，较积极(4)，一般(3)，不太积极或不积极(2~0)				
			4. 积极参与合作制作海报 积极(5)，较积极(4)，一般(3)，不太积极或不积极(2~0)				
	自主欣赏（赏一赏）	组内独立欣赏	1. 主动自主欣赏 很主动(5)，较主动(4)，一般(3)，不太主动或不主动(2~0)				
			2. 主动思考改进意见 很主动(5)，较主动(4)，一般(3)，不太主动或不主动(2~0)				
		组内合作交流	1. 积极参与讨论交流 积极(5)，较积极(4)，一般(3)，不太积极或不积极(2~0)				
			2. 认真聆听并做好记录 认真(5)，较认真(4)，一般(3)，不太认真或不认真(2~0)				
			3. 积极组织有序交流 积极(5)，较积极(4)，一般(3)，不太积极或不积极(2~0)				
		回家邀请家人欣赏	1. 主动认领拍照或者将相关资料发群，便于成员邀请家人欣赏 很主动(5)，较主动(4)，一般(3)，不太主动或不主动(2~0)				

（续表）

评价内容			评价要求及分值	评分			小计
Ⅰ	Ⅱ	Ⅲ		自评分	组员互评分	组长评分	（取均分）
制作实践阶段	自主欣赏（赏一赏）	回家邀请家人欣赏	2. 主动及时邀请家人欣赏，并对家人提出的宝贵意见予以记录便于反馈 很主动(5)，较主动(4)，一般(3)，不太主动或不主动(2~0)				
	完善制作（定一定）	反馈家人意见和组员意见汇总	1. 积极参与讨论交流 积极(5)，较积极(4)，一般(3)，不太积极或不积极(2~0)				
			2. 认真聆听并做好记录 认真(5)，较认真(4)，一般(3)，不太认真或不认真(2~0)				
			3. 积极组织有序交流 积极(5)，较积极(4)，一般(3)，不太积极或不积极(2~0)				
		进一步完善	1. 虚心接受别人建议 虚心(5)，较虚心(4)，一般(3)，不太虚心或不接受(2~0)				
			2. 主动对自己材料做有创意的修改 很主动(5)，较主动(4)，一般(3)，不太主动或不主动(2~0)				
作品展评阶段	展评准备	分工展评准备：撰写交流文字稿；制作参加展评的PPT；整合多媒体素材；做参与现场交流准备；模拟记者采访等	1. 主动认领展评工作 很主动(5)，较主动(4)，一般(3)，不太主动或不主动(2~0)				
			2. 积极准备认领的相关展评工作 积极(5)，较积极(4)，一般(3)，不太积极或不积极(2~0)				
			3. 积极组织有序认领展评工作 积极(5)，较积极(4)，一般(3)，不太积极或不积极(2~0)				
		模拟展评环节，组内演练	1. 认真参与展评模拟演练 认真(5)，较认真(4)，一般(3)，不太认真或不认真(2~0)				
			2. 认真观看展评模拟环节，并对于展评模拟环节出现的问题提出改进措施 认真(5)，较认真(4)，一般(3)，不太认真或不认真(2~0)				

(续表)

评价内容			评价要求及分值	评分			小计(取均分)
I	II	III		自评分	组员互评分	组长评分	
作品展评阶段	展评准备	模拟展评环节，组内演练	3. 积极组织有序模拟展评演练 积极(5)，较积极(4)，一般(3)，不太积极或不积极(2～0)				
	参与展示	按照各自认领的任务上台展示	1. 主动一起上台参与展评工作 很主动(5)，较主动(4)，一般(3)，不太主动或不主动(2～0)				
			2. 认真完成展评工作 认真(5)，较认真(4)，一般(3)，不太认真或不认真(2～0)				
			3. 积极组织有序展示环节 积极(5)，较积极(4)，一般(3)，不太积极或不积极(2～0)				
		全体上台互相配合	1. 主动对台上出现的突发情况及时补救 很主动(5)，较主动(4)，一般(3)，不太主动或不主动(2～0)				
			2. 主动对台下出现的情况进行合理解决 很主动(5)，较主动(4)，一般(3)，不太主动或不主动(2～0)				
	参与评价	对于其他小组的展示评价在组内讨论打分	1. 认真观看其他小组的展评内容 认真(5)，较认真(4)，一般(3)，不太认真或不认真(2～0)				
			2. 积极主动参与讨论，给出打分意见 积极(5)，较积极(4)，一般(3)，不太积极或不积极(2～0)				
			3. 积极组织有序讨论打分 积极(5)，较积极(4)，一般(3)，不太积极或不积极(2～0)				
		给出打分原因(用英语表达)	1. 积极主动用英语说出自己的打分理由 积极(5)，较积极(4)，一般(3)，不太积极或不积极(2～0)				
			2. 专心聆听组内成员给出的打分理由，表达观点 专心(5)，较专心(4)，一般(3)，不太专心或不专心(2～0)				
			3. 积极组织有序讨论并总结打分理由 积极(5)，较积极(4)，一般(3)，不太积极或不积极(2～0)				

(续表)

评价内容			评价要求及分值	评分			小计
I	II	III		自评分	组员互评分	组长评分	(取均分)
作品展评阶段	参与总结	在组长带领下有序对展示环节做分析总结	1. 积极参与讨论交流 积极(5),较积极(4),一般(3),不太积极或不积极(2~0)				
			2. 认真聆听并做好记录 认真(5),较认真(4),一般(3),不太认真或不认真(2~0)				
			3. 积极组织有序交流 积极(5),较积极(4),一般(3),不太积极或不积极(2~0)				
		讨论其他组的优缺点,并思考值得借鉴的地方	1. 积极主动用英语讨论其他组的优缺点 积极(5),较积极(4),一般(3),不太积极或不积极(2~0)				
			2. 专心聆听并表达观点 专心(5),较专心(4),一般(3),不太专心或不专心(2~0)				
			3. 积极组织有序讨论并总结值得借鉴地方 积极(5),较积极(4),一般(3),不太积极或不积极(2~0)				
	反思改进	再次对本组的海报和PPT做微调	1. 虚心接受别人建议 虚心(5),较虚心(4),一般(3),不太虚心或不接受(2~0)				
			2. 主动对自己材料做有创意的修改 很主动(5),较主动(4),主动性一般(3),不太主动或不主动(2~0)				
		再次模拟展示实战演练	1. 主动一起上台参与展评工作 很主动(5),较主动(4),一般(3),不太主动或不主动(2~0)				
			2. 主动对台上出现的突发情况及时补救 很主动(5),较主动(4),一般(3),不太主动或不主动(2~0)				
			3. 认真完成展评工作 认真(5),较认真(4),一般(3),不太认真或不认真(2~0)				
			4. 积极组织有序展示环节 积极(5),较积极(4),一般(3),不太积极或不积极(2~0)				

(续表)

评价内容			评价要求及分值	评分			小计
I	II	III		自评分	组员互评分	组长评分	(取均分)
特色加分(共25分)							
推荐的原声电影现场做翻译(5~0)							
推荐过程加入了配音表演(5~0)							
海报制作原创手绘(5~0)							
其他特色(自填):_____(10-0/2-0 条)							
总分(分)				等第			

评价说明:1.满分:为500分。2.特色加分的处理:总分25分,记入总分;计入后的总分,不超过满分。3.评价主体的权重:一致。4.分数与等第间的转换:各评价主体总分,除以人数后的绝对值(不超过满分),按以下占比转化为等第:500~450分:优;449~375分:良;374~300分:合格;299~0分:须努力。

4. 参与总结

第七周,学生各小组在组长的带领下有序地做总结,对于本组成员在展示环节表现出来的优缺点,各自做了分析和总结,肯定自己的优势;在其他组完成总结交流后,一起讨论其他组的优缺点;改进自己的电影欣赏和提问。通过这个合作学习环节,学生的反思、判断总结、交流、分析和改进能力都得到了一定的提高。

5. 反思改进

第八周,在参加最佳影片推荐之前,学生各小组内成员再次将海报、介绍的PPT等相关元素作了微调,为获得"最佳影片推荐"做最后的努力。通过这个"独合结合"环节,学生的集体荣誉感得到提高,团队精神得到进一步加强。

6. 投票发布

第八周,学生各小组成员参与投票,决出了"最佳影片推荐"获奖组;获奖组成员发表获奖感言;举行颁奖仪式,教师提出寄语。"独合结合"的颁奖过程,锻炼了各组学生合理投票的能力;获奖小组代表即兴发表感言,增进了展评交流的自信;内化了团队协作精神。

三、主要成效

(一) 学生方面

1. 学生英语电影欣赏海报制作素养方面

1) 提升了学生英语原声电影欣赏能力

本次8周十七步的英语实践式学习的探究课,紧紧围绕英语原声电影欣赏和海报制作、展示交流PPT展开,重点实施了"选、赏、写、制、展、评"环节,使全体学生提升了英语原声电影欣赏的能力；也促进了学生英语口语表达能力和英语综合运用能力的提升。

2) 提升了学生电影海报欣赏制作素养

学生普遍按照三大原则和展评量表，欣赏和选出符合要求的英语原声电影，尝试撰写推荐词、制作电影海报和交流展示用的PPT，提高了相关能力。全体学生很好地认识到了制作一份出色的英语原声电影海报需要团队合作，增强了团队合作意识；78%左右的学生，在英语原声电影海报制作的过程中，体会到个人对团队的影响，增强了责任意识。

3) 提升了学生"独合结合"参与海报展评素养

全体学生通过参与电影海报评价、总结、反思、改进，提升了海报展评素养和综合能力，52%左右的学生初步养成了用英语进行思维、交流沟通的习惯，70%左右的学生初步养成了兼顾全局以及细节进行思考的习惯，78%左右的学生进一步提升了分工合作的独立学习与合作学习相结合的学习习惯。

2. 学生英语综合素养方面

1) 增强了英语学习兴趣

英语原声电影情节取材于生活，影片中有大量展现讲英语国家的社会生活、风俗习惯、工作娱乐的场景。这种具有真实性的社会场景，会让学生在观看过程中产生愉悦感，激发他们的求知欲，极大地调动学生学好英语的兴趣。

2) 提高了英语语用能力

（1）听说读写能力方面。原声电影丰富、标准的语言输入，包括一些书面上甚少出现的口语语素，在英语教学中创造了一个立体的语言环境，为学生提供了灵动而真实的场景；而电影推荐、电影海报介绍词和海报制作、推荐电影发布会、答记者问、"最佳影片推荐"评选以及写影评，让学生身临其境，进一步提升了听说读写的综合语用能力。

（2）话题交流能力方面。欣赏原声电影之后，小组需要合作完成推荐影片的PPT，海报制作等，这需要学生提高自己的口语、会话能力，同时培养他们的动手、动脑能力，培养团队合作的意识和创新精神。而电影欣赏海报、推荐PPT发布会、答记者问这些步骤，有机地锻炼了学生的相关话题交流能力。

3) 促进了英语良好学习行为习惯养成

（1）课前：学生独自在家看电影，小组内分享观后感，讨论商议展示内容和材料，培养了"独合结合"及时完成所定英语学习任务的习惯。

（2）课上：共同上台、分工展示，让学生初步养成了用英语思考、用英语表达的良好习惯，也培养了学生的团队合作能力和协作精神。

（3）课后：反思改进，培养了学生的团队合作能力，做事有商有量的良好习惯。

3. 学生跨学科学习素养方面

（1）审美素养方面：通过原声电影欣赏、海报制作和赏评，提升了学生艺术美感。

（2）信息技术方面：学生通过英语电影选择、欣赏、电影海报展示和介绍用的PPT制作等，锻炼了信息技术的应用能力。

（3）人际交往方面：学生通过在同学面前进行影片推荐，有效地锻炼了口头表达能力以及增强了心理自信。

（4）责任与协作意识方面：学生通过分工与合作完成 PPT 制作、电子海报制作、电影发布会、答记者问等任务，培养和锻炼了各自的责任意识以及团队合作精神。

4. 英语学科学习成绩方面

通过 8 周的实践式探究课学习，教师发现学生的英语在口头表达和书面表达方面的测试成绩，都有不小的提升。

（二）教师方面

1. 提高了教师小课题研究能力

在本次的教学过程中，教师首次与学生共同体验了将西方电影欣赏、海报制作、展评与英语学科实践式探究课学习相结合的这种学习形式，了解了欣赏、介绍与评价原声电影对学生英语学习的全方位促进作用，体验了电影推荐、海报制作、推荐电影发布会、答记者问等环节，明确了如何指导学生"独合结合"选定合适的英语电影欣赏—推荐电影—组织电影发布会—自制电影海报—评选最佳影片等，有效地设计和组织、协调实施。在研究课题的选题、设计和实践方面的素养也得到提升，积累了经验。在专家曹明老师的精心指导下，对主题式案例研究的设计依据、学生素养发展目标、实施举措、具体实施过程等方面，都进行了认真细致的思考、设计、实践、反思、改进和总结，对小课题的研究能力也得到一定的提升。

2. 提升了教师英语专业素养

本次的英语原声电影欣赏和海报制作实践式探究课教学不同于日常教材课文的教学，需要教师准备相关材料给学生做出相应指导。在这个过程中，教师查阅了大量资料，观看多部原声电影，这些都对自身的英语专业素养提出了较高要求，同时也增进自己的学习动力，提升了学科专业素养。

3. 发展了其他专业素养

在本次实践式探究学习过程中，一直得到专家指导，比如：如何根据课堂实践撰写主题式案例；将研究结果与日常教学结合，尝试实践和进行反思改进。在本学期新一轮实践式探究课开展前，教师提出了食文化的探究子课题，教研意识和能力得到了不同程度的提升。

（三）学校层面

1. 促进了英语食文化探究课的研究

本次英语电影欣赏海报制作实践式探究课，设计、实施、完成的时间较早，对后续其他学科类似主题式案例的研究实施，尤其是成果总结，起到一定的引导和借鉴作用。

2. 丰富了学校区级课题成果

本次英语原声电影欣赏、海报制作实践式学习采用"独合结合""三程·十七步"实施，提升了学生英语综合素养，为"独合结合"英语综合实践式学习子课题的研究，提供了有效的实践与成果样例，丰富了学校区级课题研究成果。

四、若干反思

本课题的研究,存在以下三点不足:课题前期显性设计不够充分,"三程·十七步"实施中过程性研究材料的收集和整理不够充分,评价标准规范性和细化的先前一步设计不够充分。这需要在以后的探索中,注意改进。

参考文献

[1] 熊梅.当代综合实践活动课程开发的理论基础[J].教育研究,2001(3):40-46.

[2] 徐永军.初中英语综合实践活动课的建构与实施[J].基础教育,2013(8):75-80.

[3] 孙微.实施"五策" 提高数学单元复习和自我监控能力培养实效[J].浦东教育研究,2018(2):48-51,转7.

[4] 黄国雨.美术在线教学把握"十步" 提升初中生表现表达素养——以"抗疫公益广告设计"教学为例[J].浦东教育研究,2020(4):42-44+45.

[5] 曾春华.浅析英文电影欣赏在初中英语教学中的应用[J].新课程(中),2017(1):139.

初中生英语单词复习素养：
在"独合结合"PBL 探索中提升

◎ 上海市进才实验中学　高　红

一、探索背景

在初三年级学生英语学习中，如何在有限的时间内高效地进行英语单词、词组（简称词汇）的复习是一个很大的问题。对于这个问题成因的调研表明，主要是学生存在"两单两缺"现象。

（一）"两单"方面

一是单纯死记硬背：大多数学生复习单词、词组主要是单纯重复背诵强记，期待在极短的时间内记住所需复习的词汇，结果事与愿违，就如人们常说的"前背后忘记，后背前忘记"，造成了既浪费时间，又效果不佳。二是单纯个体背：这里有两层意思，一层为学生独自一人默默地背、默词汇；另一层为对单词、词组的理解是孤立的，缺乏对"为什么要记住这个单词、词组，怎样记效果更好"问题的思考。长此以往，学生的思维和视角都被钳制，他们的习得较难产生与单词、词组在不同语境下的有关语用时的迁移性和创生性。

（二）"两缺"方面

一是缺语境：学生对词汇的复习采取抄、背、默，使词汇学习脱离了真实的语境。而词汇学习的最终目的恰恰是为了语言的运用。因此，虽然学生花费大量的时间及精力进行词汇的抄、背、默，但结果往往事倍功半。二是缺有意义的记忆：英语单词大量的一词多义增加了学生的记忆负担。部分学生在复习词汇时，将单词的信息在大脑中杂乱无章地加以堆砌，没有经过系统的整理和有效的一词多义的规范分类；更有一些学生自我暗示记忆单词、词汇是件极其痛苦的事，缺少巧记英语词汇、分类记忆词汇或与同学、家长合作记忆词汇，在语用中记住词汇等的主动探索行为。

上述英语词汇复习中学生的"两单两缺"现象表明：我所任教的初三学生的英语单词、词组复习素养多数停留在浅层的"默写→订正→默写"阶段，离较高层次的"理解→运用→再创造"阶段还有一定的距离。因此，我通过学习理解学校承担的区级课题"基于独立学习与合作学习相结合的教与学方式研究"（简称学校区级课题）的相关内涵、学生素养发展培养内容和教与学的相关方式的要求，以及参加浦东教发院组织的项目化学习实验校骨干教师培训之后，在初三英语单词复习教学中，尝试引入项目化学习方式"六要素"：即引导学生自己提出"如何高效地进行英语词汇复习"问题→每个学生确定自己的词汇复习目标→学生以小组为单位进行组内讨论,提出解决办法→分阶段"独合结合"分模块(四个模块)加以实施→"独合结合"对学习结果进行过程性监控与调整→最后检测单词、词组复习实效和以小报的方式来分享项目化学习成果。在这个过程中,教师由过去单一授课者的角色转变为学生词汇复习问题提出的助力者、项目化复习兴趣与目标定位的激发者、解决问题过程中的引导者、实施过程中监控的引导与参与者和学生词汇复习项目化学习成果发布的参与组织、引导、发布与评价者等多重角色,以逐渐培养初三年级学生"独合结合"借助项目化学习方式进行英语单词、词组复习的相关意识、能力和良好行为习惯的养成,提升学生的整体英语学习素养。

下以我组织任教的初三学生"独合结合"进行两个阶段英语单词、词组复习记忆的项目化学习的不同层次复习策略与学习方式的探究学习过程(整合简化后的PBL"六要素")教学探索为例,说明本探索的实践操作与产生的相关成果、实效和价值。

二、实践开展

(一) 问题提出:通过头脑风暴产生驱动性问题

一个好的问题能够激发学生的注意力,使其主动投入项目化学习探索中。同时,给学生提供多向度的探索空间,既能激发学生学习的内在动力,也能提纲挈领地指出持续思考、自我探究的方向。

所以,在教学之初,我先与学生进行头脑风暴:"初三的英语学习,哪一部分对我们来说最重要?"同学们积极参与,有的认为阅读很重要,因为每一道阅读题的分值为 2 分;有的认为语法很重要,因为如果语法学不好,作文会被扣很多分;有的认为作文很重要,因为好的作文与差的作文,得到的分数差距很大;有的认为词汇很重要,如果不熟悉单词,一切均为零。

经过一番讨论后,关于这个项目的驱动性问题浮出水面:"如何在有限的时间内,高效地进行英语单词、词组(或称词汇)的复习?"

(二) "独合结合"规划英语词汇复习方案(含复习目标)——"两阶段·传统方式有限改进和四模块·三活动"探究方案(内容和目标)

驱动性问题形成后,我组织学生一起规划了英语单词、词组复习"独合结合"项目化学习的方案,分为两个阶段:阶段一,为小组分工下的个人探索与合作梳理概括,形成小报(1)阶段;阶段二,为利用高阶策略,7个小组分别探究"四种模式·三类活动"的单词记忆方式。

学生两个阶段的"独合结合"开展探究学习的状况、时间分配、主要内容与复习目标如下:

1. 阶段一

利用两天时间,每个人根据所在组的任务,尝试传统的方式强记、默背单词、词组→总结不足之处→各自回忆、梳理自己经历过或听到过、学到过的单词、词组有效的复习方式方法→在组内进行交流、讨论→小组梳理、概括出本组成员单词、词组有效的复习方式方法(形成与原状相比,包含了小组成员共同智慧的低层次第一阶段的探究成果:初步小报)。

2. 阶段二

利用近三周的时间,小组成员合作复习单词、词汇,分模块(四个模块)加以实施→"独合结合"进行复习过程性监控与调整→检测单词、词组复习实效→集思广益,探究并总结出自己小组的成果,最后在班级以小报的形式进行交流和公开评价,促进全体学生有效掌握初三所要求的所有英语单词、词组表之单词拼写、读音、中文意思和词性"四要素";小组梳理、概括出本组成员单词、词组有效的复习方式方法(高层次第二阶段的探究成果小报);发展"独合结合"进行单词、词组有效复习的"理解→运用→再创造"的意识、能力和"三素养"良好行为习惯的养成。

(三)"两阶段·传统背默强记改进模式和'四模块·三类活动'方式"的实施

1. 阶段一

1)第一步:独立背默强记,3个小组分工尝试对三种方式进行传统单词、词组记忆有限改进的探究实践

(1)基本操作过程

表1为给出完整音标和不完整的单词,学生独立写出中文与英语词性(第一组)。

表1　第一组作业要求

音标	单词	中文	词性
[əˈbɪlɪtɪ]	ab＿＿lity		
[kənˈsɪdə]	consid＿＿		
[əˈtæk]	att＿＿ck		
[ˈbrɔːdˌkɑːst]	br＿＿adcast		

表2为给出完整的单词中文,学生独立写出单词、词性和音标(第二组)。

表2　第二组作业要求

中文	单词	词性	音标
能力			
仔细考虑			
攻击			
广播节目			

表3为给出完整的单词拼写,学生独立写出单词的音标、词性和中文(第三组)。

表3　第三组作业要求

单词	音标	词性	中文
ability			
consider			
attack			
broadcast			

(2) 实践结果

虽然,三个组的英语单词、词组的复习形式给出的设定条件与需要得出的结果侧重点不一,也有小组分工不一(加入了分组复习的元素),但对每位学生来说实质不变,还是单纯地围绕词汇的"四要素"进行反复背诵、默写。这能够使学生在短时间记住一些单词,也是大家比较容易接受的一种方式;但时间久了,不少学生感到枯燥乏味,出现一定的厌学情绪,遗忘率也较高。

于是,有了下面第一阶段第二步的探究实践。

2) 第二步:"独合结合"探究单词、词组有效的复习策略与方式、方法,形成探究成果小报(a)

(1) 基本操作过程。要求原来3个小组的学生,先独立回忆、梳理自己经历过或听到过、学到过的单词、词组记忆方面有效的复习方法;然后,在小组内进行分享、讨论;小组成员在组长的带领下,梳理、概括出本组成员在复习单词、词组方面若干有效的策略与方式、方法;最后,以探究成果小报(1)的形式在班内进行交流和评议。

(2) 实践结果:3个小组的学生,一是能够总结出一定的单词、词组记忆的策略与方式、方法,最后,在教师的引导下进入阶段二,利用高阶策略进行四种方式的单词记忆新实践;二是参与总结的兴趣和效率,普遍有了提高。加上受到凌蕙的论文中"词汇的积累不仅是一种习惯,也是一种方法,只有将词汇学习激活才能有真正的积累。激活的原则是在词汇学习过程中增加趣味性,竞争性,成就感和亲切感"(2014)的启发,我设计了三类活动,试图将学生的"词汇学习激活"之探索的重点,借助三个小组合作探究性的词汇复习活动,来"增加趣味性,竞争性,成就感和亲切感",以提高学生词汇记忆的效果和素养。

2. 阶段二:利用高阶策略分7个小组分别探究"四种模式·三类活动"的单词记忆方式

这一阶段,学生合作复习小组由原来的3个变为7个。其中,前4个小组学生围绕语境创设促记忆的探索,分别尝试词块、句子、句群和段落记忆的短语分类记忆"四个模块"的探究实践;后3个小组学生对"激活"短语记忆的"三类活动"进行探究实践,以提高小组在合作复习下独立进行词汇有意记忆的兴趣和实效,并形成小组合作探究成果小报(b),提高运用高阶策略"独合结合"进行单词、词组有效复习英语词汇的"理解→运用→再创造"的意识、能力和"三素养"良好行为习惯的养成。

1) 语境创设促记忆——运用高阶策略小组合作探究分"四模块"方式进行单词记忆

(1) 词块记忆(第一小组)的探究

① 基本操作过程。一是小组成员分工,分别独立承担初中一定阶段的英语短语(词块)的整理任务;二是组内分享,汇总整合初中阶段的词块;三是小组成员合作讨论、甄别,选出容易混淆的短语,如:put out, put up, put on, put off;四是创设简单的情境,初步尝试合作并加以运用;如:put out the fire, put up the hands, put on the hat, put off the meeting;五是扩大短语语境运用范围,组内检测每位组员对相关词块"四要素"的掌握情况和结合语境实际运用的实效;六是小组合作梳理、概括好本组"词块记忆"探究成果小报(b);七是参与全班分享交流,公开发布探究成果小报(b);八是组织评价,即按"独合结合"英语词汇复习项目化学习探究小报(b)制作类成果评价标准(个人用)表,先由学生个人对7个小组的探究成果小报(b)的前面四个模块(对应第一到第四组)的结果,按四个层次的要求进行判断,作出分层次的评价,再依据评价要求,整合不同对象的评价结果,得出小组的最终结果评价;九是

活动后,各组学生自主开展反思改进,注意完善小报探究成果和巩固复习词汇的实效。其余三个模块小组的基本操作过程基本同第一组,后续略。

② 实践结果。通过以词块的形式复习词汇,有利于培养学生的自主复习能力,让学生在复习过程中发现和总结规律。以下撷取的是模块记忆小组所发布的词汇有效复习探究成果小报(b)(图1)。从中,我们可以感受到:只有先充分吸收和熟悉语言知识,才有可能将它们转化成语言产品。所以,以词块的形式,先大量地进行识记、语料背诵、掌握、使用和创造,这种方法很符合中国学生复习词汇的特点。

图1 词块记忆小组发布的词汇有效复习探究成果(b)

(2) 句子记忆(第二小组)的探究

① 基本操作过程。句子是语言运用的基本单位,对于初三学生来说,大部分学生已经掌握了句子的基本用法,而且对单词有了一定量的积累。这时,学生通过句子的方式来复习单词不但高效,而且在语境的情况下会对单词有更深层次的理解,记忆更加牢固。如:6A 中的 take, spend, pay, cost 这4个单词容易记忆,但用法复杂。除 take 之外,其余3个单词均可以翻译为"花钱"。但究竟怎样用,何时用哪个单词,还要具体问题具体分析。对于 take 和 spend 两个单词,都有"花时间做某事"的意思,但是,spend 这个单词又比较特殊,什么情况下用作"花时间",什么情况下用作"花钱",部分学生对此一直难以区分。学生通过小组合作探究,用句子的方式来区分这一单词的用法,效果比较理想。

② 实践结果。图2撷取的是句子记忆小组所发布的词汇有效复习探究成果小报(b)。

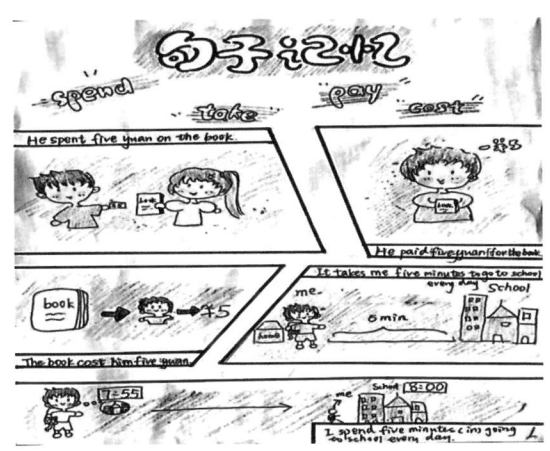

图2 句子记忆小组发布的词汇有效复习探究成果(b)

这组学生还设计了通过读音和拼写的角度来复习单词,使单词的应用更加灵活,而且丰富了单词的宽度。

What _____ /[ˈhæpənd]/ in your neighborhood last night?

The door _____ /[ˈsʌnlɪ]/ opened and a group of children came in.

A strong wind may blow away flower pots _____ /[ˌaʊtˈsaɪd]/ people's flats.

(3) 句群记忆(第三小组)的探究

① 基本操作过程。在初中英语中,许多表示方向和位置的介词是学生学习的难点之一。如 across,through 和 on,over,above 的用法一直是学生学习的难点。所以,这组学生就利用立体图来巧妙地记忆此类单词。而且,他们还利用句群记忆一些易混介词。具体的基本操作过程步骤:略。

② 实践结果。图 3 和图 4 撷取的,是句群记忆小组所发布的词汇有效复习探究成果小报(b)之 1。

图 3　句群记忆小组发布的词汇有效复习探究成果(b)之 1

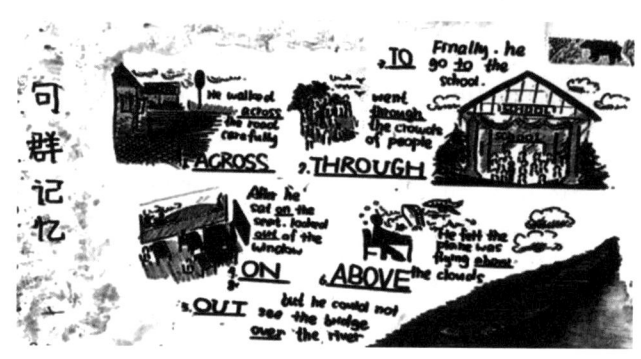

图 4　句群记忆小组发布的词汇有效复习探究成果(b)之 2

可见,学生通过立体图和小文章还是很直观地区分了单词 across(指在平面的穿过),through(指在空间的穿过)和 on(指在上面,但两件东西要有接触面),over(指垂直在上)和 above(指在物体的上方)的不同用法。在英语中,有些词汇虽然拼写不同,但却有着相同的中文含义,这给学习者带来很多困惑。单纯的语言描述和讲解听着明白,但容易忘记,如果把他们放在一起借助于图片,这些词汇在意义上和用法上的区分就变得很清晰了。

(4) 段落记忆(第四小组)的探究

① 基本操作过程。这个小组的学生很巧妙地把初中所学相似话题的单词(如 6A

M2U4 What would you like to do? / 6B M2U5 What will I be like/ 7A M2U4 Jobs people do)放在一起形成段落。这种方式不但复习了单词,而且还复习了相关的词组和语法。这也是一种微写作,虽然难度不大、体量小,但它能紧扣文本主题,运用目标词汇,容易激发学生的写作欲望,充分调动他们的知识储备,学生能很轻松地体验到成就感,而且提高了英语的运用能力。具体的基本操作过程步骤:略。

② 实践结果。图5和图6撷取的是句段记忆小组所发布的词汇有效复习探究成果小报(b)。

图5 段落记忆小组发布的词汇有效复习探究成果(b)之1

图6 段落记忆小组发布的词汇有效复习探究成果(b)之2

他们还设计了一个小段落的听力材料来巩固目标词汇,学生不仅锻炼了对目标词、也练习了听力的掌握能力。

2) 趣味性活动促巩固

在第一到第四小组分四个模块进行英语词汇复习记忆有效性探究的同时,第五到第七小组借助活动所具有的天然趣味性,分别进行知识类、娱乐类和任务单促记忆类活动(简称"三类活动")的探究,以提高"独合结合"实施分类活动的效果,提升词汇记忆的实效和有机锻炼学生相应的意识、能力及"三素养"良好行为习惯的养成。

(1) 知识类活动(第五小组)

第五小组学生把以前学过的单词排列组合制成纵横字谜,再给出线索提示;然后,小组成员合作完成单词的拼写。这不仅调动了学生复习与记忆单词与词组的主动性,更培养了学生独立思考、梳理总结的能力,而且这个方法很受学生欢迎。

Clues down:

① We get money from it.(bank)

② We usually swim and play with sand near it.(beach)

③ We have different activities or learn new things withother friends in it.(school)

Clues across:

① We have it in the park at the weekend and usually have delicious cooked meat.(barbecue)

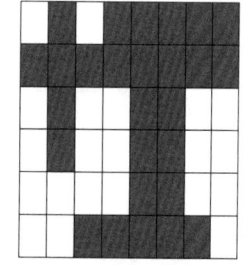

图 7 知识类活动小组发布的通过纵横字谜有效复习词汇探究成果(b)之 1

② He is your father's brother.(uncle)

如上所述,学生将教材 6A 前几个单元的部分单词拼成一组纵横字谜(图 7);遇到不熟悉的单词,学生通过查字典、查笔记或者翻教材等方法来解决,不仅牢牢地记住了词汇,同时也乐在其中。

本组学生还尝试用谚语复习相关词汇(图 8),如:Don't trouble until trouble troubles you.这三个拼写基本相同的单词,中文解释却耐人寻味,让原本枯燥的单词复习变得生动有趣。

图 8 知识类活动小组发布的借助谚语有效复习词汇探究成果(b)之 2

（2）娱乐类活动（第六小组）

英文歌曲最先打动学生的可能不是它优美的歌词，而是它的旋律。学生在不经意之间就会积累大量的单词，同时也锻炼了学生的口语和听力。娱乐类小组很用心地找到澳洲歌手 Lenka 演唱的 *Trouble is a friend* 这首歌："Trouble is a friend. He's there in the dark. He's there in my heart. He waits in the winds. He's gotta play a part. Trouble is a friend. Yeah trouble is a friend of mine oh oh. So don't be alarmed if he takes you by the arm. I won't let him win but I'm a sucker for his charm……"歌词朗朗上口，难易度正好与学生的知识水平相吻合，最关键的是歌词中所蕴含的道理，让学生在轻松的哼唱中，受到潜移默化的影响，明白了生活中麻烦无处不在，而且麻烦可以锻炼一个人处理事件的能力。

（3）娱乐类任务单促记忆类活动（第七小组）

从初二开始，我就有意识地让学生每周阅读原版英语书至少 30 页，根据阅读任务单（表4）所提供的问题，每周一上交一份读书报告。学生们从最初的不接受，到现在的完全认可，是一个很大的进步。课上，我问过这组的学生："为什么读原版书可以复习单词？"他们认为：读原版书的时候，单词重复的频率很高，无形中对重复的单词就复习了多遍，而且对一词多义的单词了解更多。最重要的是，他们的阅读能力也在不知不觉中得以提升，语感也得到加强，读原版书成了最好的复习单词的方法之一。

表 4　娱乐类任务单促记忆类活动（第七小组）一周阅读任务单

Homework for the week: Read books. Book list for the week: 伊索寓言（2） You can choose one or more books. Questions 1: What's the story about? (Chinese is ok.) Questions 2: Who are in the story? Questions 3: Which passage or dialogue is impressive? Questions 4: Have you met what we have learned words, phrases or some good sentences? (write them down)

三、公开成果

（一）外显性成果方面

1. 学生小组词汇有效复习记忆 PBL 探究成果(a)和(b)的公开发布

学生经历的"两阶段·传统方式有限改进和四模块·三活动"PBL 探究活动中的公开发布探究成果(a)和(b)，已分别在上述过程作了展示，此处不再重复。

2. 本课程的总结性评价

一是过程积累方面。通过师生当堂及时激励、生生互评，对个人和小组分别记录与积累。二是整个 PBL 活动基本结束时，展示之前准备的资料和当天的课堂展评，教师根据每组展示的情况及时点评，积极肯定学生在"独合结合"PBL 英语词汇复习素养中展现的点滴进步，同时也对可改善的地方提出意见。所有组别展示过后，通过表 5 进行组间互评。最后,评出所有小组的结果为:每个小组都获得奖项。其中,第二小组获最佳创意奖。

表5 "独合结合"英语词汇复习项目化学习探究小报(b)制作类成果评价标准(个人用)

班级:_____;评价者:_____评价时间:_____年_____月_____日

组别	评价内容与分值(分)	评价要求	评价内容序号	各组各项得分	合计得分	改进建议
第一组			1			
			2			
			3			
			4			
			5			
			6			
			7			
第二组	1. 内容贴合实际,实用性强(10) 2. 主题鲜明突出(25) 3. 图文并茂、生动活泼(25) 4. 版面设计合理性、简洁性、趣味性、丰富性(10) 5. 对于本组小报的介绍准确、语言流利、表达清晰、仪态大方、有感染力(12) 6. 小报推介小组合作分工合理、全员参与、互助默契;交流(18) 7. 特色加分(10)——理由	1. 符合(10~9),较符合(8~7),一般(6),不太符合或不符合(5~0) 2. 符合(25~22),较符合(21~18),一般(17~15),不太符合或不符合(14~0) 3. 同上述"1."和"2." 4. 同上述"1."和"2." 5. 符合(12~11),较符合(10~9),一般(8~7),不太符合或不符合(6~0) 6. 符合(18~16),较符合(15~13),一般(12~10),不太符合或不符合(9~0) 7. 特色明显(10~9),较明显(8~7),一般(6),特色少或无(5~0)	1			
			2			
			3			
			4			
			5			
			6			
			7			
第三组			1			
			2			
			3			
			4			
			5			
			6			
			7			
第四组			1			
			2			
			3			
			4			
			5			
			6			
			7			

(续表)

组别	评价内容与分值(分)	评价要求	评价内容序号	各组各项得分	合计得分	改进建议
第五组	1. 内容贴合实际,实用性强(10) 2. 主题鲜明突出(25) 3. 图文并茂、生动活泼(25) 4. 版面设计合理性、简洁性、趣味性、丰富性(10) 5. 对于本组小报的介绍准确、语言流利、表达清晰、仪态大方、有感染力(12) 6. 小报推介小组合作分工合理、全员参与、互助默契;交流(18) 7. 特色加分(10)——理由	1. 符合(10～9),较符合(8～7),一般(6),不太符合或不符合(5～0) 2. 符合(25～22),较符合(21～18),一般(17～15),不太符合或不符合(14～0) 3. 同上述"2." 4. 同上述"1." 5. 符合(12～11),较符合(10～9),一般(8～7),不太符合或不符合(6～0) 6. 符合(18～16),较符合(15～13),一般(12～10),不太符合或不符合(9～0) 7. 特色明显(10～9),较明显(8～7),一般(6),特色少或无(5～0)	1			
第五组			2			
第五组			3			
第五组			4			
第五组			5			
第五组			6			
第五组			7			
第六组			1			
第六组			2			
第六组			3			
第六组			4			
第六组			5			
第六组			6			
第六组			7			
第七组			1			
第七组			2			
第七组			3			
第七组			4			
第七组			5			
第七组			6			
第七组			7			
评价说明	1. 满分:100 分 2. 特色加分:满分 10 分,计入总分,但最高分数不得超过 100 分 3. 分数与等第间的转换:优(100～90),良(89～75),中(74～70),合格(69～60),需努力(59～0) 4. 最佳小组:_____(按合计总分为最高数的小组)					

(二) 素养性成果方面

1. 记忆词汇的速度加快而且记忆牢固

学生在不断了解、尝试、探索和总结的过程中,发现记忆词汇不再是一件很难的事情,只要自己投入其中,不但记忆速度快,而且长久不忘。

2. 词汇的运用变得有创见性

图-文结合词汇复习任务单的运用,使学生对英语词汇的复习具有了一定的创见性。他们打破传统,把各种感觉器官和运动器官动员起来,协同配合,共同参与,在尽可能短的时间内,达到了好的记忆效果。

3. "独合结合"PBL 探索兴趣普遍增强

由于学生在"独合结合"PBL 探索有效复习、记忆单词、词组方面有了切实的成效体验感,不但克服了记忆词汇的畏难情绪,还能有效地复习了词汇、提高了阅读能力和培养了语感,从而激发起在英语学习中继续开展对"独合结合"PBL 探究的兴趣。

四、主要成效

(一) 学生复习单词的素养方面

上述两类公开成果,已经证明了本项探索实效明显。

此外,从几次测验结果也可以看出:学生对单词、词组的复习素养得到程度不一的、较为明显的提升。主要表现在以下两个方面:

一是在项目化学习运用之前:大部分的学生认为复习单词、词组只要背默即可,无需太多方法。所以,在初三之初的单词、词组测试中,只有 1/3 的学生默写可以一次获得通过。在经历项目化学习后,一模考试中的单词、词组测试,有 1/2 以上的学生都能获得通过。

二是在加强复习和"独合结合"实施项目化学习的共同作用下,二模考试中绝大部分学生的单词、词汇拼写都能获得通过,而且部分学生的阅读能力也有很大的提高,对英语的学习兴趣也越来越浓厚。

(二) 学生独立学习与合作学习相结合的项目式学习素养方面

根据教师对学生的课堂学习观察和单词、词汇检测可知,学生"独合结合"以单词、词汇复习为载体的项目式学习的素养有了较为明显的提升。主要表现在以下三个方面:

一是课前:几乎所有学生都能独立完成老师所要求的单词、词汇复习与巩固任务。

二是课上:大部分学生在参与互动交流、探究之后,能够总结出适合自己的有效的单词、词汇复习方法。

三是课后:全部学生能自主完成单词、词汇复习,并参与小组互评,合作完成小组评价表;大部分的学生,独立学习和合作学习相结合的良好学习行为习惯得到进一步的培养。

四是大部分学生初步掌握了项目化学习方式的"六要素"。

(三) 课堂结构清晰,学习活动设计有梯度

浦东教发院在校蹲点指导的科研专家曹明老师认为:本项目化学习探索的成果基本结构清晰,学习活动设计有梯度。主要表现在:

"两阶段·传统方式有限改进和四模块·三活动"探究方案四类"独合结合"以项目式学习活动的设计,使学生在有梯度的活动设计中层层递进,推进过程,完成任务,逐步从体验性的感性认识上升到理性的思维训练,较好地促进了学生对"独合结合"技能的运用。除了丰

富了英语词汇的学习材料,还激发了学生的学习兴趣,拓展了学生的思维,并培养了学生独立思考的能力。

五、结论

一是"两单两缺"和实践中第一阶段的传统词汇复习记忆模式,虽然加入了小组合作的元素,有了一定的改进,但效果不佳,说明传统的词汇复习记忆模式确实需要加以改进。

二是学生"独合结合"探索英语单词、词组有效复习时,借助项目化学习方式,开始摆脱传统的复习单词、词组的方法,逐步向创设语境,开展相关文娱活动等多种方式进行复习转化,合作的意识得到增强。说明这一探索转变了学生的理念,促进了学生"独合结合"对复习单词、词组的方式进行变革,增进了探索意识。因此,这样的探索在转变师生对英语单词、词组有效复习与记忆的教与学方式方面是有价值的,也是需要继续坚持开展和探索下去的。

三是学生普遍提高了单词记忆和灵活运用的熟练程度,学生对相关单词、词组、句和段有了更深刻的感受。大部分学生掌握了多种复习的策略和方式、方法;学生对于化整为零进行复习记忆的意识也得到增强。学生借助PBL"六要素"尝试解决英语词汇有效复习、记忆问题的探究能力和交流能力得到提升,尤其是探究成果总结能力、公开发布能力和评价能力有了较为明显的提升。说明这一探索具有合理性和科学性。后续,可以将心理学、多种复习策略和方式、方法并用,借助PBL"六要素"对提高英语词汇有效复习、记忆兴趣与实效方面的科学原理加强探索与总结,以提高探索的科学性和普适性。

参考文献

[1] 朱姗姗.如何有效复习初中英语词汇[M].上海:上海教育出版社,2021.
[2] 李志河,张丽梅.近十年我国项目式学习研究综述[J].中国教育信息化·基础教育,2017(16):52-55.
[3] 凌蕙.新课程理念下的英语词汇教学[J].中小学外语教学(中学篇),2014(2):8-13.
[4] 夏雪梅.项目化学习设计:学习素养视角下的国际与本土实践[M].北京:教育科学出版社有限公司,2018.
[5] 倪铮.如何指导初中起始年级学生记忆英语词汇[M].上海:上海教育出版社,2021.

一道实验小题的测试结果引发的优化实验过程探索
——以"验证阿基米德原理"实验教学实践与分析为例

◎ 上海市进才实验中学 张 蕾

一、问题提出

(一)物理课程标准要求重视物理实验课程

教育部《义务教育物理课程标准(2011年版)》提出,物理课程是一门注重实验的自然科学基础课程。义务教育阶段的物理课程,应注意让学生经历实验探究过程,学习科学探究方法,提高分析问题和解决问题的能力。其中,科学探究包含学会提出问题,进行猜想与假设,会根据实验目的设计实验方案与制订实验计划,进行实验与收集证据,对实验结果进行分析与论证;还强调改进教与学的方式,倡导自主学习、合作学习、探究学习和体验学习,倡导信息技术与课程实施相整合。

(二)课堂检测结果表明需要优化物理实验课堂

实验课一直是学生较为热衷的课堂活动。以前的实验课,一般是教师根据实验目的作讲解并演示,学生据此完成模仿实验,教学双方都能积极参与实验学习并有效完成实验。然而,从浦东新区初三中考二模考的一道关于探究阿基米德原理实验题的答案的统计结果来看,全校学生的正确率不及50%。这说明,学生对实验过程的理解仍停留在浅表识记和知道层次,一段时间后,往往又重新回到早期对问题部分错误或全部错误的直觉认知状态。一旦涉及对实验过程的理解,又迅速回归到初始的概念状态。这就需要改变教师为主的实验演示教学的方式,注意优化物理实验过程教学,丰富学生的实验过程体验,并挖掘物理实验中学生的科学思维的深度。

(三)问题串的设计助力深化物理实验思维

相关研究发现:当学生有兴趣并能自由参与探索与创新时、当学生被鼓舞和被信任时、当学生能学以致用时、当学生感到教学内容能用多种形式呈现时,都能使学生的学习效果得到极大提高。实验教学中的"问题串"就具有上述类似的价值,是指教师为完成实验教学目标,根据学生的知识水平,将待学习的核心知识和技能转化为一系列问题,这些问题之间存有关联并呈现一定的梯度,对学生的能力要求逐步上升,涉及的问题对学生的挑战性逐步加强,意在激发学生的探索性学习欲望,积极参与实验过程,在问题的解决中逐步完成学习目标,助力优化实验课堂,深化学生实验思维。

(四) 学校课题研究推动物理实验课程改进

在参加学校"基于独立学习与合作学习相结合(简称'独合结合')的教与学方式研究"的区级课题实践探索中,我试图以"验证阿基米德原理"实验教学为例,希望从实验设计、实验过程操作、数据处理和实验评价这四个角度,开展将"问题串"来引领学生"独合结合"参与实验过程的主题式案例研究,以增进学生"独合结合"的实验意识,提高实验能力,促进良好实验行为习惯的养成,进而将思维向深度发展。

二、实践探索

(一) 独立学习课前"问题串"预习单,理清实验思路,优化实验设计方案

教师课前下发"问题串"预习单,引导学生复习阿基米德原理的内容,知道验证阿基米德原理实验需解决的三个问题。学生独立根据实验目的,从实验超市中选择相应的实验器材,在解决"问题串"的过程中逐步理清实验思路,初步了解实验流程,规划实验计划和记录表格设计,从而优化实验设计能力。教学过程片段如下:

师:借助课前预习单,要求学生独立完成对阿基米德原理内容的复习,帮助学生了解到验证阿基米德原理实验需解决的三个问题是:测量浸没在液体中的物体受到的浮力、排开水的重力及如何验证的问题。

生:独立阅、忆、思、填。

师:通过课前预习单展示实验器材超市(见下)供学生选择,引导学生为解决上述问题选择实验器材。

生:独立阅、忆、思、选。

实验器材超市:液体(水,酒精,盐水),弹簧测力计,天平,量筒,溢水杯,小水桶,烧杯,待浸物块(沙瓶),装有少(大)量铅粒的塑料瓶,长(短)铝块或其他自备器材。

师:通过预习单呈现以下"问题串"(包含6个问题),引导学生在"问题串"的引领下,根据选定器材,初步设计实验方案。

问题1:验证阿基米德原理实验,需要测量哪些物理量?
问题2:满足什么条件,阿基米德原理才得以验证?
问题3:测量这些物理量,拟选择什么实验器材?
问题4:如何来测量这些物理量?
问题5:初步写出测量这些物理量的实验操作步骤。
问题6:绘制实验拟测物理量数据记录表格。

生:独立观、忆、思,根据"问题串"的引导,视个人能力基础完成全部或部分问题的回答和设计。

这一过程,较好地培养了学生独立及时认真地完成预习单任务的良好行为习惯;程度不一地锻炼了学生合理选择实验器材、理清实验思路的能力和优化实验设计方案的能力;为课堂"独合结合"快速高效完成相应实验任务,奠定了良好的基础。同时,问题的层次性和梯度性,适应了学生自身的个体能力差异,也使课堂学习中和同伴的合作与交流变得有意义。

(二)独立展示预设实验设计方案,交流实验操作,优化实验过程细则

课前预习单属于独立完成部分,考虑到班级里学生的学习能力和个性的不同,学生实验器材的多元选择,课堂教学初始,教师将学生分为六个大组,每大组分为两个小组,教师用PPT展示"问题串",每大组四名同学针对"问题串"结合预习单的实验设计方案进行交流,并选派代表准备抢答。被抽中的学生小组,派一人表述实验步骤,另一人演示,每正确回答一个问题得1分,其余同学倾听,大组内纠正不扣分,组外纠正的由展示组转移2分于纠正组。由于实验设计方案不止一种,所以,有多组代表作了设计方案的展示。通过组内合作与组间交流,各组不断优化实验操作过程设计,完善了实验设计方案的细则。教学过程片段如下。

师:将班级同学按两人一小组,四人为一大组,组内异质,组间同质进行分组。

师:借助PPT呈现以下"问题串"(7个),组织组内讨论、交流预习单设计方案。

生:参与小组讨论与交流(2分钟),大组内推选一组代表,准备参与班级展示。

问题1:实验方案中你选择了何种液体?选择了何种浸入物块?

问题2:验证阿基米德原理实验需要测量哪些物理量?

问题3:满足什么条件,阿基米德原理才得以验证?

问题4:你选定什么器材,来分别测量排开液体的重力和物体所受到的浮力?

问题5:具体展示并说明实验操作的步骤?

问题6:准备设计怎样的实验表格来记录数据?

问题7:物体所受到的浮力和排开液体的重力,如何用你所测出的物理量来表示?

师:组织抽签,决定展示组——大组代表展示组内讨论的方案,选择的实验器材,并作同步演示。

生:展示组一人表述并记录实验数据,另一人演示,其余学生独立观察、思考、修正。

师:作随机激励与引导。

师:借助PPT呈现以下学生待回答"问题串"(8~11)。

问题8:展示者实验设计方案和演示的亮点是什么?

问题9:展示者在实验演示中,存在科学性、规范性问题吗?如何改进?

问题10:还有其他实验操作方案吗?

问题11:较前面展示方案,自己小组实验方案的优势和劣势是什么?

生:独立观察、思考。

生:组内合作交流,提出对实验过程中出现的科学性、规范性问题及改进方法。

师:注意倾听,作随机激励与引导。

抢答成功生:表述并演示其他实验方案。其余生:独立观察、思考并修正。

师：作随机激励与引导。
师：借助多媒体和板书，口头说明最终的实验方案。
生：独立听，组内合作交流，确定得分情况。

在学生小组代表独立展示的过程中，展示者语言表述和实验操作能力得到了训练，而其余学生也学会了如何正确倾听他人的交流说明，注意主动筛选和组织信息。在大组代表演示、说明过程中，组内和组间的同学很好地发挥各自的主观能动性，能及时对不同实验操作设计方案、细节等展开讨论和交流、相互补充，不断地作修正和调整，完善了验证阿基米德原理的实验方案，优化了实验操作步骤，为下一步正确完成实验操作、处理数据做好了准备。

（三）小组合作完成实验操作过程，分析数据信息，优化处理实验数据能力

教师根据以上学生合作优化后的实验过程方案，将实验器材分为两组：一组为弹簧测力计、量筒和烧杯；另一组为弹簧测力计、溢水杯和小水桶。待浸物块也有多种，液体分别是水、酒精、盐水。另外，各实验组都配有记录数据的 iPad。由小组代表自选相应的实验器材。组内成员分工合作，用平板电脑记录实验数据并进行数据分析。这种分组形式，既尊重了个体的选择，又兼顾了实验现象的随机性，有助于使实验最终结论具有普适性。教学过程片段如下。

师：在大组内的两个小组选择和分配器材，要求按所选实验方案完成实验。
生：合作实验、观察、思考；iPad 记录实验数据；组内交流实验情况。
师：借助 PPT，呈现以下"问题串"(3 个)：
问题 1：你所记录的实验数据，能否很好地验证阿基米德原理？
问题 2：实验过程中，出现过什么新的问题？你是如何解决该问题的？
问题 3：在现有的实验器材下，能否实现多次测量？
生：独立阅读，思考，组内讨论与交流（1 分钟），选派代表准备回答问题。
相关生：抢答，根据回答情况，全班集体决定该大组是否获分。

从上述实验过程来看，绝大多数组的学生都能很好地爱护和整理做实验用的仪器。组内成员能各司其职，在限定的时间内按照实验要求，有序地进行实验探究，记录相应的实验数据；通过实验操作体验，学生的观察能力、动手操作能力、合作能力都得到了有效的训练；由实验结果来看，大多数组实验数据在误差允许的范围内，较好地验证了实验结论；少数小组浸在液体中的物体受到的浮力和排开液体的重力影响存在较小的差异，个别小组的记录数据存在错误。有的小组出现了物块不能全部浸没在液体中的问题，但学生们仍能尊重实验事实，实事求是地反映实验结果。

针对实验中的这些问题，教师组织了对以下生成性"问题串"（4～9）的处理（过程片段）。

师：课堂随机生成了新的问题。
生：针对数据分析，提出新的课堂问题。
问题 4：阿基米德原理，是否只适用于全部浸没在液体中的物体？

问题5：部分浸没在液体中的物体，能否验证阿基米德原理？
问题6：漂浮时，排开液体的重力/浮力，又该如何测量？
问题7：物体所受的浮力与排开液体的重力数据间的微小/明显差异，可能源于哪里？
问题8：你对设想的误差来源，如何作出可能性分析？
问题9：你拟如何设计实验方案，来证明你的猜想？

在学生实验的过程中，实验结果与预设的差异更容易引发学生思考并形成新的问题；同时，实验数据结果也可能与预设存在着或大或小的差异，学生对可视化的实验数据的读取、分析、对比、归纳后，再次提出了新的问题。通过对这些新的问题的讨论与解决，更加直观地将整个实验思维过程可视化，很好地培养了学生的实验验证思维、发散思维，有效促进了物理实验学习的思维深化，也培养了严谨求实的科学精神。

（四）组内合作猜想实验误差来源，组间合作分析讨论，深化学生思维能力

实验误差来源分析是本节课的难点。教师组织学生组内合作猜想实验中哪些步骤和操作可能引起实验误差；小组代表可以抢答表述实验误差的可能来源，组间合作分析误差来源的可能性，初步筛选出若干来源；通过小组实验加以验证，以锻炼学生合作猜想、分析、讨论、交流和筛选误差来源可能性的能力；并不断深化实验思维能力。

在猜测解决问题和验证问题的期待中，有了以下紧张而有序的新的验证解决实验数据误差的过程片段：

生：小组合作讨论误差来源（1分钟）。→师：组织学生抢答。

生：抢答误差来源分析，并说明是实验仪器还是测量方法带来的不可避免的实验误差。→师：注意倾听；待学生抢答完成后，借助PPT呈现预设误差来源"问题串"（1～4），学生说中的标为蓝色，补充的标为红色。

问题1：实验前或实验中物体上附着水，对实验结果是否存在影响？
问题2：实验前或实验中小桶上附着水，对实验结果是否存在影响？
问题3：浸入物块时溢水杯内未盛满水，对实验结果存在怎样的影响？
问题4：浸入物块后未待溢水杯不再溢出就进行下一步操作，对实验结果存在怎样的影响？

师：借助PPT呈现以下"问题串"（5～6）。→生：大组交流与讨论（1分钟）。

问题5：以上那些分析，是实验误差还是实验错误？
问题6：如何设计实验来验证你对误差来源的猜想？

生：抢答。→师：倾听，作随机激励与引导。→生：注意倾听、思考、内化。

生：根据小组成员回答情况，决定该大组是否获分。

师：组织各大组抽签选择验证误差来源验证，大组内两小组成员交换实验仪器，大组间实验材料轮转。→生：合作完成实验，组内交流实验结果。

生：班内分享实验结果，根据小组成员回答亮点，集体决定该大组是否获分。

上述过程，既培养了学生通过合作对数据误差来源的猜想、实验、分析、梳理与交流能力；又有效地培养了学生直面误差、猜测可能原因和用实验来解决问题的能力；还使学生有

了更多的机会去经历实验的整个过程,进一步提高实验操作能力;学生实验时的主观能动性、积极性和严谨求实的精神,也在平等轻松的环境中得到了培养。

(五) 组内同伴相互点评共同提升,促进学生自我评价,优化学习评价机制和提升实验评价素养

这是指教师通过引导学生个体和小组自我评价和评价他人/他组,将评价情况也作为组内合作成效的一个重要组成部分,并优化学习评价机制和提升实验评价素养。以下为评价过程的实践片段:

师:借助 PPT 呈现以下"问题串"(6 个)。→生:独立阅读,参与小组讨论、交流和合作评价。

问题 1:通过本节课的学习,你获得了哪些新的知识?
问题 2:你从小组同伴身上,受到了什么启发?
问题 3:你从其他组的同学身上,受到了什么启发?
问题 4:在小组合作过程中,你有哪些值得点赞的做法?
问题 5:在小组合作过程中,你的同伴有哪些值得点赞的做法?
问题 6:在同学展示过程中,他们有哪些值得点赞的做法?

生:根据教师要求,参与全班交流。→师:倾听,作随机激励与引导。

生:独立听、思、内化;根据小组代表回答情况,决定是否获分。→师:借助多媒体和板书,口头说明,进行随机激励与引导。

生:独立观、听、思、内化。

学生通过自我评价和小组互评,发现了同伴身上的闪光点并告知对方,让受到赞扬的同学更主动地参与课堂学习,教师应注意固化受赞行为,促进学生亲社会性行为的养成。由于学生评价角度的多元化,挖掘到组内、组间同学各自的闪光点和内在潜力,更有利于尊重不同学生个体的差异和个性发展,提高他们学习的积极性,发挥非智力因素在学习中的作用。在此过程中,学生的自评、互评素养也得到了锻炼和提升。

三、主要成效

(一) 学生方面

1. 学生实验素养方面

1) 实验意识

一是实验预习和方案设计意识得到增强。从执教者对学生课前预习单的检查、课堂展示的实验方案观察与统计可知,73.91%的学生能在实验课前基于实验目的和"问题串"预习单,独立选择实验器材并进行实验方案的初步设计。二是运用多种实验器材的求证意识得到增强。表现在各小组的实验设计方案中的器材选择,呈现出多元化的特征。三是实验求

证意识得到增强。表现有四：一为全部学生在交流与展示实验方案后，能在课堂的小组合作中参与实验过程，愿意用实验数据来验证原理；二为当实验出现数据误差，甚至是错误后，能实事求是，尊重事实；三为学生能积极参加小组合作，猜测造成误差或错误的可能来源，并用实验加以验证；四是自主探究意识及和组内、组际成员的合作意识得到增强。

2）实验能力

一是课前，学生在观察和预习时，能够发现问题和提出问题，能拟定初步的实验方案。二是课堂中，各小组的学生能够相互配合，有效地讨论、交流实验方案，并从中撷取有效信息，"独合结合"完善小组的实验方案设计。三是能够按照实验方案，不同的组选择设想的实验器材，按步骤进行实验操作，注意观察实验情况，正确记录实验数据，讨论和分析数据并梳理和概括数据，得出实验结果。三是针对部分小组出现的实验数据误差和有的小组出现的错误，多数同学能听取别人的意见，猜测出现误差或错误的可能来源，调整和修正自己组的实验方案，培养了学生发现问题、提出问题并初步提出如何解决问题的能力；四是锻炼了学生根据猜测的可能来源和调整的实验方案，有序地进行再实验，得出正确结论的能力。五是从课后学生完成自、互评表可知，在他人展示和误差分析的过程中，67.39%的学生具有自我反思的能力，提高了分析问题、解决问题和能运用科学研究方法的能力。六是从自评结果来看，54.34%的学生初步掌握了"独合结合"下"问题串"引领下实验学习的一般方法并获得了相关的知识，科学探究学习的素养有了较为明显的提升。七是从后续的实验来看，学生基本具备了实验设计、操作、据实分析数据和概括结果等的实验迁移运用能力。八是从实验考成绩来看，经历本次案例实践研究的班级，与年级其他班级对前述同一道实验题目进行考察，其他班级正确率为71.42%，案例实践研究班的正确率为91.31%，高出19.89%。

可见，学生实验能力的变化是显著的。

3）实验良好习惯

一是学生初步养成了实验前预习的习惯。由于学生从中感受到通过预习，对实验有一个初步认知和规划，带着问题去做实验，能有效提高实验效率，因而提高了实验前独立做好预习的自觉性。二是初步养成了良好的合作实验行为习惯。如根据学生情况，选好实验小组长，让他们在实验中起到引导和管理的作用；实验前，做好组内成员的分工；在实验中，组员之间注意相互配合，保证实验的有序、规范开展；实验后，注意加强小组成员个体和集体反思，注意扬长避短。三是初步养成了实验"三程"的基本规范。①实验前——注意做好实验方案设计，小组成员合作做好实验设备、器材的合理摆放等准备。②实验中——注意按步骤开展实验操作；小组成员注意做好配合，有序开展实验操作、观察、数据记录和结果分析、梳理概括；并注意观察和记录实验中出现的异常现象、问题等。③实验结束后——注意及时将实验设备、器材归位，整理、清洁实验台和地面。四是注意遵守实验操作中的安全规范——注意保持实验时的纪律良好、操作按步骤开展和操作方法正确。五是初步养成了爱护实验仪器和规范操作的习惯，如物块注意轻放入量筒，读数时的视线与液面相平等。六是初步养成了认真观察，并准确表达自己观点的习惯；能听取他人意见，有团队意识；有实事求是对待实验误差、错误的习惯和对实验方案及时修正、重新加以实验求证的习惯。七是初步养成了实验自评、互评的习惯。

2. 学生深度学习素养方面

一是从课前预习单的完成情况看,多数学生能够独立完成实验方案的初步设计,锻炼了实验的设计思维。二是从学生课后完成的自评、互评表可知,学生能够发现他人在实验过程中的优点与不足,纠正实验设计并优化实验操作,加深对实验器材选择、方法控制和操作细节等实验数据结果关联性的印象,培养了严谨、细致、求真的科学精神。三是从实验中的"独合结合"方式看,既培养了学生实验时的个体责任,又发扬了组内成员、组际互助互纠互评精神,有效地调动了实验过程中各自的主动性和积极性,保证了实验质量。四是从学生课前、课堂思考、讨论与交流实验情况等的观察与统计来看,"问题串"的问题很好地激发了他们"独合结合"学习的主动性;引导了课前预习、答问,课堂交流预习实验方案、小组合作开展实验验证、纠误纠错猜想和进行再实验验证猜想;课尾合作小结全课所学内容和实验体会,保证了整个实验过程的顺利实施和学生思维逐步向深入发展。

总之,通过这种"独合结合"优化的实验教学的形式,使得实验教学活动的重心由教师向学生传授固有知识,转向通过问题引导、学生"独合结合"尝试实验求证,来培养学生实验"三素养"和深度思维能力,发展创新思维。

(二) 教师方面

1. 课题研究素养方面

1) 从观课老师的评价来看

整个研究课层次清晰,教学有序,学生学得既高效又愉悦。

2) 从自身的经历和切身感受来看

我在本次研究课和主题式案例总结的过程中,得到了专家的耐心指导和帮助,同时也搜索到并学习了不少教学专著和相关教学论文。我通过这,一是不断增进了教科研意识;二是对主题式案例的成果进行总结,从主题推敲、框架构建到案例片段选择与具体写实,实效的分类、事实的梳理到具体概括,以及反思的视角与案例的背景、拟做与指向、实践片段所提供事实间的关联性、反思角度的针对性、贴切性,在全文的文字、细节的表述等方面的成果总结能力,都得到了切实的锻炼,水平得到显著提高。

2. 其他专业素养方面

1) 日常教学方面

一是研究课后,我对每节课学生的学习目标,在预习中就注意加以体现。

二是课前、课中与课后"三程",老师根据学生的认知水平和最近发展区,能够注意设计、提出层次鲜明富有预设和随机引导性的"问题串",分解这些目标,引导学生逐步接触课的核心知识、化解课的难点。

三是能够注意引导学生自己发现问题,"独合结合"分析、讨论、交流如何解决问题,并付诸实践加以解决。

四是初步树立了借助实验,尤其是组织学生"独合结合"开展实验来验证和探索相关物理问题的倾向。

2）角色定位方面

改变了过去教师把控课堂,学生被动接受知识的教学方式。教师逐步变为课堂教学的组织者,在关键时刻给予学生适当点拨启发的引导者,学生合作学习中的参与者,学习过程中学生提出问题、课堂"独合结合"学习中主动发现和生成问题、解决问题的鼓励者。这样,既使学生成了物理"三程"学习的主人,又激发了他们提出问题的积极性,还锻炼了"独合结合"思考、分析、讨论和解决问题的能力,更好地提高了学生物理学科的核心素养。

（三）学校方面

通过本次开展的有针对性优化实验教学的主题式案例研究,丰富了学校基于独立学习与合作学习相结合的实验改进式研究成果。同时,对其他主题案例研究,具有抛砖引玉的作用。

四、若干反思

（一）学生良好习惯养成方面

学生规范的实验行为、良好的实验习惯是长期形成的结果。目前学生具有的七个方面的良好实验习惯都是初步的。教师应在今后的每节实验课中,重视对学生实验习惯的培养,为提高学生的实验思维、归纳总结和求实的科学探究能力打下基础,从而高质量地完成实验探究任务。

（二）问题链设计方面

好的问题链设计,能帮助学生更好地建构知识。教师（有时包括学生）如何提出有效的合适的问题,并借助"问题串"引导学生解决问题就成了实验教学的关键。本设计的实验教学中,"问题串"的设置,也许还可以设计得更为精细一些,更接近于学生的最近发展区,以期更好地发挥引导实验的价值,促进学生实验的顺利开展和更快更好地把握学习重点、突破难点、掌握关键点。

（三）教学评价方面

本设计在评价方面,关注到了学生同伴间的相互评价和部分教师的评价。教师备课时,可关注学生各小组在实验设计方案展示时,做到各组难度接近、机会均等,以保证评价的客观、公正性。同时,教师的表扬用语要简洁,给小组的课堂评价打分要在展示结束后、问题解决后顺势、顺带而为。另外,由于课堂容量的限制,学生部分评价只能放在课后进行,教师也可以在下一节课开始时,继续对学生课后的评价情况组织反馈。再有,学生的实验课堂效果体现在多个维度,有的评价指标——如"实验探究能力",不容易在短时间的实验过程中全面表现出来,给评价造成了一定的困难；在实验操作考核中,实验设计对于学生来说难度大。今后的评价,能否采用"平时评价（30%）＋实验报告评价（20%）＋操作考核评价（30%）＋期末笔试评价(20%)"的要素,以此构成物理实验综合评价指标体系。

(四) 深化研究方面

在基于独立学习与合作学习相结合的教与学方式研究之问题引领下,我的实验教学实践仍然是初步的,需要进一步将独立学习与合作学习同实验教学有机结合起来开展探索。后期,可以将这种教学方式与线上实验室相结合,既保证学生经历更多的实验,又能提升学生物理实验素养。这预计需更长周期的探索与实践,实施更为精准的独立学习与合作学习相结合去引领学生开展实验过程,从而取得更为明显的教学效果,更好地促进学生实验思维向深度发展。

参考文献

[1] 教育部.义务教育物理课程标准(2011年版)[M].北京:北京师范大学出版集团,2011.
[2] 温伟新.优化实验教学,构建高效课堂[J].数理化学习,2014(2):60-61.
[3] 崔洪珊,熊言林.基础化学实验教学评价体系的探索与研究[J].安徽理工大学学报(社会科学版),2007(4):85-88.
[4] 李树祥.高阶思维能力培养:物理教学中的良构问题的劣构化[J].中小学教材教学,2020(3):49-52.
[5] 王巍.物理探究性实验中培养学生高阶思维的研究[J].物理教学,2019(9):31-34.
[6] 李雪奎.促进高中物理深度学习的"问题链"策略研究[J].中学物理教学参考,2019(9):1-4.

"独合结合"实施实验式教学"四变"提升学生化学核心素养

◎ 上海市进才实验中学　陈伶俐

一、问题提出

在教学中,我们经常看到,迫于考试压力、统一教学的要求,单向灌输知识往往是初三任课教师常用的教学方式,常常出现教师"高效"地讲授,学生低效地吸收,有些内容根本听不懂。与此同时,为了顺应新时代对人才的需求,落实"立德树人"的根本任务,教育部提出了发展学生核心素养,需要倡导启发式、探究式、讨论式、参与式教学,激发学生的好奇心,培养学生的兴趣爱好,营造独立思考、自由探索、勇于创新的良好环境,让学生学会发现学习、合作学习、自主学习。在当前无法改变的客观存在的班级授课制、学生水平存在差异的背景下,完善教与学的方式、提升教学效益成为我们研究的课题之一。

本校的区级课题"基于独立学习与合作学习相结合的教与学方式研究"引领教师开展课堂教与学方式改进的实践探索。我基于自身多年的教学积累,在化学教学中注意从"四个方面的变化"(简称"四变")去改进,进行实践探索,以改变单向知识灌输为主的教学方式,尝试探索学生独立实验式、小组合作实验式、师生合作实验式和教师示范实验式,从中有机落实学生在化学学习中的主体地位,提升"独合结合"实验意识、能力和良好行为习惯,进而发展化学核心素养;促进教师积极探索教与学方式的改进实践,提高课题研究和其他专业素养。

二、"四变"实践

(一)变纸上谈兵为学生独立实验

上海教育出版社(简称上教社)出版的初中阶段的化学教材,一共编排了五个主题式的化学实验活动,包含10个具体的学习内容。其中,需要学生独立完成的实验约有10个。所谓"变纸上谈兵为学生独立实验",是指教师对教材中未要求的实验或者情境进行设计,变成学生可操作的实验。这类实验,可以利用学生的生活经验、利用家庭中常见的物件来完成。此类实验,不拘于实验的器材和方法,在安全的前提下,由学生进行设计并实施,当学生感受到化学离他们很近的时候,他们将慢慢学会从化学的视角看待社会生活、看待物质世界,加强实验探索,从而提高用实验方法解决相关化学问题的能力,并增进实验意识。

例如,上教社版化学九年级上册的"燃烧与灭火"一课中,学生在学习了燃烧条件后,就要探究如何根据燃烧条件进行灭火。"纸上谈兵"式的教学一般是这样的:教师先罗列出各种灭火方法:(1)扑灭森林火灾可将大火蔓延线路前的一片树木砍掉;(2)炒菜时锅里的油起火,可以用盖锅盖的方法灭火;(3)堆放杂物的纸箱着火时,可用水灭火。然后,请同学们分析利用的是哪些灭火原理。而"学生独立实验"的教学过程如下:教师先请学生讨论并设计实验方案——有哪些方法可以使一个燃着的蜡烛熄灭;学生通过讨论实验方案,并利用教师所提到的家里都有的相关实验器材进行实验,如用水浇灭、用剪刀剪掉蜡烛芯、用嘴吹灭……在实验结束后,再对这些方法的灭火原理进行归类。在分析灭火原理后,教师进一步提出问题:"为什么同样用一把扇子扇蜡烛和篝火,蜡烛熄灭了而篝火却越来越旺?"这就一下子激活了学生的思维、调动起合作探索的兴趣。通过一系列的活动,促进了学生主动用实验探究解决问题的学习倾向,锻炼了学生设计和动手实验操作的能力。

(二)变教师演示为学生合作实验

所谓"变教师演示为学生合作实验",是指对教材安排的教师演示实验进行适当的改变,由学生或师生合作设计,改进成学生合作实验,发动学生合作优化实验方案来完成实验操作,通过观察、记录实验信息,进行加工并获得结论,培养学生合作实验能力及尊重事实和证据,独立思考,敢于质疑和勇于探究的精神。

例如,在"氧气的性质"一课中,有教师的演示实验——利用带火星的木条检验氧气,以验证氧气具有助燃性。该实验操作比较简单,实验现象明显,学生也知道原理,但是如何制作带火星的木条?木条放在集气瓶的哪一个位置?这些问题,由于学生从来没有尝试、体验过,所以未在头脑中形成明确的答案。这类实验,非常适合改为学生合作实验(图1)。具体过程如下:一是教师先组织学生讨论检验氧气的方法,学生很容易回顾之前在教科书里所学的知识——用带火星的木条。二是教师追问如何制作带火星的木条?部分学生会陷入迷茫,但经过讨论,可以得出制作方法。三是教师请学生表达整个实验操作过程,提示注意木条放置的位置,经过讨论,可能并不能达成一致的意见。四是学生在明确了实验的基本步骤后,合作完成实验——即尝试将木条放置在不同的位置(瓶中和瓶口),观察不同位置的实验效果。五是学生在实验结束后,归纳总结检验氧气的方法和在实验操作时的注意事项。

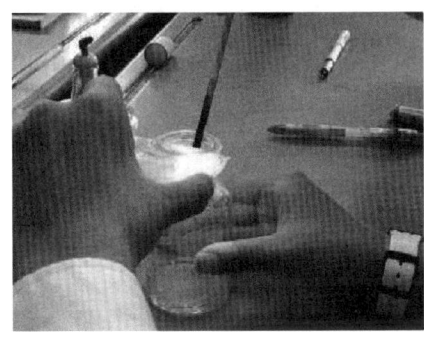

图1 教师指导学生用带火星的木条检验瓶中的氧气

教师将初中化学中的一些授课内容,尤其是简单的演示实验大胆地交给学生,由学生

"独合结合"去发现问题、设计实验方案、尝试实验、纠正实验中的错误、解决问题,较好地发展了学生的实验兴趣和能力。

再如,在"溶液"一课中,有"比较硝酸钾在不同溶剂、不同温度下的溶解性"的拓展实验——假设和控制变量法的使用。在量取液体和称量固体时,要注意量筒和电子天平的使用规范性;用酒精灯加热时,要注意使用安全。在学生自主探究、自行设计实验方案后,分工合作开展实验。具体过程如下:

(1)学生甲负责量取液体,分别量取15毫升水和酒精,逐一盛放在烧杯中。

(2)学生乙负责每次称取1.0克硝酸钾固体,放到盛有水和酒精的烧杯中。

(3)学生丙负责搅拌并观察物质是否溶解,并告知学生乙是否需要继续称量硝酸钾。若加入的物质溶解,则继续加入1.0克硝酸钾搅拌,直至不再溶解为止。

(4)学生丁搭建加热装置,对其中一只盛有冷水的、有未溶解物质的烧杯进行加热,搅拌并观察现象。

(5)学生甲在量取液体后负责记录数据,并在实验完毕后整理桌面。

由学生自己动手做实验,在尝试、探索、交流、感悟中,体验了科学探究的过程,感受了控制变量法的价值,培养了批判性思维、实验探究意识和实际操作能力。

(三)变教师演示为师生合作实验

针对一些复杂的教师演示实验,将教师单独演示改成师生合作实验,让学生有代入感,并更加关注实验的基本步骤、实验细节、操作的规范性及同学间的相互配合等,落实科学探究核心素养中规范实验操作技能和培养良好的实验习惯。

例如,将铁丝在氧气中燃烧的实验步骤和注意事项比较多,如果有哪一个细节没有做到位,实验就可能失败。该实验原本是教师演示实验(图2),通过教师的改进(图3),变为师生合作演示,使实验现象更持久、更明显,也为学生今后独立完成该实验奠定了基础。具体实验操作过程如下。

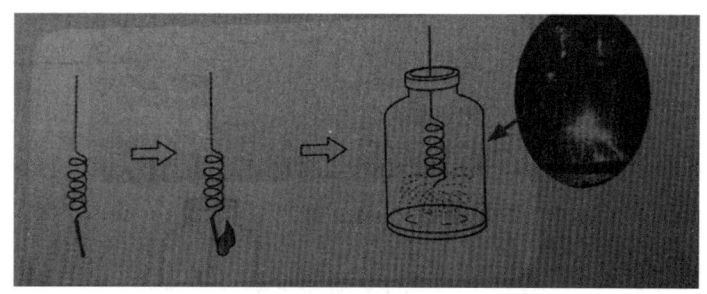

图2 教材设计的"铁丝在氧气中燃烧"的实验操作示意图

(1)教师搭建图3实验装置,在三颈瓶中装少量水,以没过1处导管口为准。1处连接氧气袋,2处用塞子塞紧,3处塞单孔塞并与大气相通。

(2)学生甲缓缓挤压氧气袋,观察产生气泡的速度;学生乙制作一个带火星的木条,放在3处导管口,检验瓶中气体是否收集满。

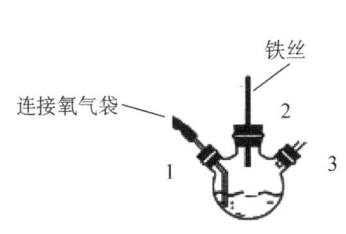

图 3　改进设计的铁丝在氧气中燃烧的实验装置和师生合作实验

（3）教师指导学生丙将火柴梗缠绕在一根细铁丝上，点燃火柴梗；待将要燃尽时，将装有铁丝的塞子替换 2 处的塞子。

（4）学生甲继续缓缓挤压氧气袋以提供足量的氧气，使铁丝充分燃烧。

（5）师生一起合作完成实验后，回顾实验过程，讨论以下问题：①火柴的作用是什么？②为何将铁丝绕成螺旋状？③为何待火柴即将燃尽时，再将铁丝伸入氧气瓶中？④为何预先在集气瓶中装少量水或在瓶底铺一薄层细沙？

复杂的实验，每一步的操作是否规范，会影响到实验的成功率，学生一开始往往无法独立或合作去完成。通过师生合作，教师引导学生作观察和对比，理解实验操作必须遵守规范的原因，在合作中获得了实验的成功，极大地激发起学生对化学学科的兴趣。学生和教师一起完成实验，教师给学生做规范性的演示，在操作技能上为后续学生独立或合作实验奠定了基础，并强化了实验规范性的意识。

（四）变教师口号式说教为示范实验

所谓"变口号式说教为示范实验"，是指将一些"口号"，比如"尾气要处理""防止污染""防止爆炸""防止腐蚀"等内容，设计成示范实验，让学生真正感受到这些"口号"的重要性。

例如，二氧化硫是导致"酸雨"的主要组成物质，教材安排"硫在氧气中燃烧"的实验设计（图4），其实验装置会导致大量的二氧化硫泄漏，不利于环境保护和师生健康。结合"铁丝在氧气中燃烧"的改进实验，师生讨论得出：可以用图 5 的实验装置进行硫燃烧实验。即在三颈瓶中装水，实验过程中不断鼓入氧气，使硫在氧气中燃烧的现象更加持久（图6）；同时，将产生的二氧化硫鼓入装有氢氧化钠的广口瓶中，处理有毒的气体；第二

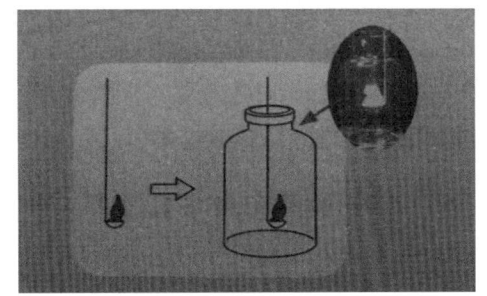

图 4　教材设计的硫在氧气中燃烧的实验操作示意图

个广口瓶中，装石蕊试液，从而检验二氧化硫是否被吸收完。不管是谁进行实验装置设计，

都需要注意考虑实验者的健康和对环境的保护。这一细节示范过程,让学生体会到教师对学生的人文关怀,加强了环保意识,有机地培养了"科学态度与社会责任"素养。

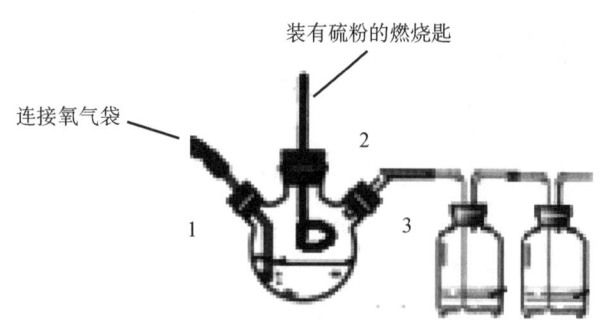

图5　改进设计的硫在氧气中燃烧实验的示意图

图6　师生合作演示改进设计的硫在氧气中燃烧的实验

三、主要成效

本案例中,教师以"四个变化"为抓手,通过完善、转变教学方式,探索在化学教学中落实学生核心素养培育目标。以课题为抓手,将学校办学理念落实在教学方式的改进与优化中,较好地促进了学生发展个性化、教师发展专业化、学校发展特色化的协同发展。

(一)学生发展方面

1. 落实了学生的主体地位

通过转变四类实验操作、教学组织形式,让学生与同学、老师一起在一定任务目标的驱动下,经历设计和论证实验方案、实践操作、观察记录、得出结论等过程,在合作实验中感受到完成自己承担的分工任务对整体任务目标达成的重要价值。使学生增加了交流发言、表达阐述的机会,从倾听同学、老师的交流中获得启发,建构知识。通过转变学习方式,学生的积极性得到极大的激发,直观体现就是学生在化学课中身体动起来了、话更多了、人更快乐了。教师成为学生学习过程的组织者、引导者、支持者,学生的课堂主体性地位得到了有效回归,成为课堂真正的主人。

2. 提高了学生的"独合结合"实验"三素养"

1)实验意识方面

学生通过实验预习、实验方案的设计和做好实验准备等学习活动,增进了实验前的预习意识、方案设计先行意识和做好实验前的相关物化准备意识;认识到只有事先科学统筹实验活动任务中各种要素间的关系,合理规划实验活动的步骤与方法,才能顺利达成实验的目的。

2)实验能力方面

课堂观察与师生感受表明,这样的"四变"培养了学生以下四个方面的实验能力:一是较好地锻炼了学生讨论并设计实验方案的能力,独立利用家里有的相关器具进行实验的能力和"独合结合"分析归纳实验原理的能力;二是锻炼了学生合作优化实验方案,完成实验操作,观察、记录实验信息,进行梳理、归纳并获得实验结果的能力;三是学生掌握了实验的基本步骤,提高了实验时操作的规范性;四是锻炼了合作实验组员间的相互配合、有序讨论与交流和更好地开展实验的能力。

3) 实验良好行为习惯

课堂观察学生的实验情况和学生的自我总结中提到,一是学生对上述"四变"欣然接受,很有兴趣地参加实验;二是遇到问题,在可能条件下,乐意用实验来进行探索或验证;三是实验前,能够注意方案设计先行;四是基本养成了按照实验的基本步骤、安全规范、操作细节等进行实验操作的良好习惯;五是通过在分组实验中的分工合作,认识到科学研究,既需要独立思考,又离不开群策群力、集思广益,因而需要正确看待学习中的竞争与合作,初步养成了实验时团结协作、互助互纠的研究习惯;六是通过对实验现象的观察和实验结果的收集、加工、处理,认识到事实和证据对于科学研究的重要性,因而注意养成实事求是、耐心细致、严谨务实的行为习惯。

3. 发展了学生化学学科核心素养

1) 变化观念方面

化学学科可谓"变化"之学科,同时又是一门以实验、观察为基础的学科,因而化学实验是学生体验化学变化之奇妙,建立"变化与平衡思想"核心素养的重要载体与基础。比如,学生将吹出的气体通入澄清的石灰水中,看着溶液变浑浊后产生白色沉淀,这一变化而灵动的化学现象植根心田,化学无处不在的观念开始滋长。

2) 证据推理方面

本主题式案例围绕化学实验教学,探索了化学教学中教师注意从"四个方面的变化"(即"四变")的改进,尝试探索学生独立实验式、小组合作实验式、师生合作实验式和教师示范实验式,其实质都是基于实验证据得出相应的结论,从而较好地培养了学生"证据推理"核心素养。

3) 科学探究方面

"四变"的实践探索,涉及的都是采用相关实验的方法,进行相应实验内容的探究——其中,前三个方面的变,都是由学生"独合结合"完成实验;第四个变涉及的实验,虽然是由教师进行的演示实验,但遵循的还是化学的科学实验方法。因此,学生在真实的实验经历过程中,经历了由问题出发引入实验、设计(或改进)实验方案、进行实验准备和实际操作(或观看教师演示实验)、收集实验数据、进行梳理归纳得出实验结论的过程,就是采用一定的实验步骤和具体的方法进行科学探究的过程,从中直接或间接地培养了学生基于亲身"独合结合"实验,或间接实验(即观看教师演示实验)的科学探究核心素养。

4) 社会责任方面

一是学生在"独合结合""三程"相关实验过程中,需要严格按照实验预设步骤完成,这样才能获得最佳的实验效果;二是在小组合作实验中,学生独立承担着相应的实验任务;三是在合作实验中,小组成员间不得不学会彼此信赖、彼此有效交流、相互接纳与支持,接受或给予他人建设性建议等;四是在讨论如何科学处理剩余药品、实验残渣的过程中,不仅让学生理解化学反应原理,同时无声地提升他们的环保意识。这四个方面,都培养了学生"独合结合"实验过程中的不同方面的社会责任核心素养。

(二) 教师发展方面

1. 促进了教与学方式的改进实践

课题研究之前,我一直存有一个顾虑:初中化学在初三阶段开设,存在着教师须完成教学任务,学生面临毕业、升学考试的压力,如果组织学生再进行"独合结合"的实验探索,会不会耽误教学进度与考试成绩?通过探索、实践、实效、反思,发现其实不然。从教师组织的对学生相关内容检测的结果反馈来看,对于一些思维要求较高问题的理解变得更透彻,"独合结合"实验探索对学生解决问题能力是有明显促进作用的。究其原因,讲练为主的学习对学生而言是被动学习,学生主动参与学习活动程度低,高阶思维发生率低,少有内化、顺应的发生,在运用知识解决问题时难以发生有效转化。因而,从长久来看,"独合结合"的实验探索,包括日常的合作学习,减少了师生重复讲练的次数,提升了教学效率和学生的思维品质,这就增进了教师对教与学方式改进实践的自觉性。

2. 提高了课题研究和日常教研素养

基于课题研究,教师在听讲座、读理论论著、上研讨课、写课例、受指导和做交流的过程中,逐渐更新了话语系统、教学观念(接受、践行了独立学习与合作学习相结合的教与学方式),提升了科研素养(研究意识、研究能力和研究兴趣)。

与此同时,伴随着研究的推进,教师的教学行为悄悄发生着变化:如教学重难点把握能力、教材处理能力、课堂驾驭能力获得提升;上课更受学生欢迎;日常课的教学效益也相应得到提升。此外,日常教学中的教师角色也逐渐发生由改革的被动接受者向主动探索者、研究者与合作者的转变。

(三) 学校发展方面

通过"四变",促进了本校化学学科教与学方式改进的探索,丰富了学校区级课题主题式案例方面的成果,促进了学校其他学科主题式案例成果的总结。

四、若干反思

本次主题式案例的研究设计,事先未进行详细的规划,所以很多方面比较粗疏,影响了预设的科学性和实践的精准性。因而,在之后的研究过程中,要加强预设意识。另外,尚缺少课堂中学生学习情况多视角的显性、多元评价设计,后续会和教研组教师一起进行研讨开发。虽然,通过"四变",教师对教与学的改进进行了初步的探索,但是总体上只局限于实验方面,内容不够丰富。在今后的教学中,可以尝试选择多种形式和内容开展实践探索和总结。

参考文献

[1] 朱志江,孙琳,翁后虎."三个转变"推进课堂教学转型——以"原子结构"为例[J].中学化学教学参考,

2020(5):15-17.
[2] 孙领军.浅谈运用叶圣陶教育思想推进小学语文课堂教学转型策略[J].小学教学研究,2020(3):37-39.
[3] 叶伟生.一路初心:从静悄悄的课堂转型到慢慢来的课堂革命[J].小学教学研究,2019(31):13-18.
[4] 张树丽,童宏亮.教育现代化背景下学生观转型与课堂教学变革[J].池州学院学报,2019,33(4):121-125.
[5] 章小娥.素养为本的初中化学复习课教学设计——以"构成物质的微粒"专题复习课为例[J].化学教与学,2019(8):40-43.
[6] 张聪伟.变化观念与守恒思想视域下的物质转化习题教学研究——基于初中化学课堂教学转型视角[J].福建基础教育研究,2019(4):121-123.
[7] 洪伟,韩巧玲,金少良,等.让改革在课堂发生 让改革由教师主导——集团办学背景下的课例研究模式与教师角色转型[J].中国教育学刊,2018(S2):11-13.
[8] 周彬.指向核心素养的课堂转型研究[J].教师教育研究,2018,30(2):94-99.
[9] 钟启泉.最近发展区:课堂转型的理论基础[J].全球教育展望,2018,47(1):11-20+34.
[10] 王倩.从"教师的舞台"到"学生的沃土"[J].北京教育(普教版),2014(7):59.
[11] 谭庆仁.从"经验设计"向"实证设计"转型——对中学物理课堂教学设计的若干思考[J].物理教师,2014,35(4):18-19.
[12] 蒲生财.合作学习策略在中学化学教学中的实践与应用研究[D].兰州:西北师范大学,2004.

拼图式学习素养：在独立学习与合作学习中有机提升

◎ 上海市进才实验中学 杨 蕾

一、背景

当下，课堂教学形式的改革，要求构建以学生为主体、以学习为中心的课堂，更好地培养学生适应未来社会的素养。在初三化学传统讲授式教学方式中，学生主要的课堂行为包括听讲、记录笔记、回答问题、与同学讨论、做练习等；而教师的行为，主要是借助一定的教学媒体，围绕知识传授，作阐释，做演示，提出一些浅层次的问题，组织学生讨论、布置练习等。这样单向的知识灌输，很多时候课堂教学效果不佳，出现教师"高效"地讲授知识，部分学生低效吸收的现象。不同学习水平的学生，其学习参与度和效率参差不齐，随着学习难度的加大，导致两极分化增加。同时，课堂上的大多互动行为，往往是师生间的提问和回答，生生间的互动相对缺少。另一方面，在论述、填空等题型中，教师发现较多学生难以用符合化学学科素养的语言进行阐述和表达，日常课堂的听讲、记录不能有效转化为学生的内化知识结构。总体而言，学生的学习方式需要作进一步的改进并呈现多样化。

教育部《中国学生发展核心素养》(2016)提出，核心素养是学生应具备的、能够适应终身发展和社会发展需要的必备品格和关键能力。核心素养之一的"学会学习"，注重学生在学习意识形成、学习方式方法选择、学习进程评估调控等方面的综合表现，其中就包括如何独立学习、如何与人交流、如何与人合作，乐学善学。因此，基于核心素养的教育要求，教与学的方式同样需要变革。

2004年的《上海市中学化学课程标准（试行稿）》指出，要构建以培养学生的创新精神和实践能力为重点、以完善学习方式为特征、关注学生学习经历和促进每一位学生发展的课程体系。坚持全体学生的全面发展，为学生提供多种学习经历，丰富学习体验，确立学生在学习中的主体地位，关注学生学习的过程，帮助学生在学习过程中体验、感悟、建构、丰富学习经验，实现知识传承、能力发展、积极情感形成的统一。倡导自主探究、实践体验、合作交流的学习方式与接受性学习方式的有机结合，倡导"做""想""讲"有机统一的学习过程，实现学习方式的多样化。

学校以区级课题"基于独立学习与合作学习相结合的教学方式研究"引领教师开展课堂转变教与学方式的教学研究，以更好地提升课堂中学生的主体地位，增强学生学习动力，促进核心素养发展。

基于上述背景，本文尝试采用基于独立学习与合作学习相结合（以下简称"独合结合")的拼图式教学方式用于初中化学的教学实践。

拼图式学习(Jigsaw,中文翻译为"七巧板""拼图"),起源于美国("七巧板"源于中国宋朝,明清时已经较为流行;但作为学术研究的"拼图式学习"则源于现代的美国)。利用这种分组拼图形式(图1),学生将"输入"的知识,通过"输出"的方式再巩固,并共同完成对课程全部知识的把握。

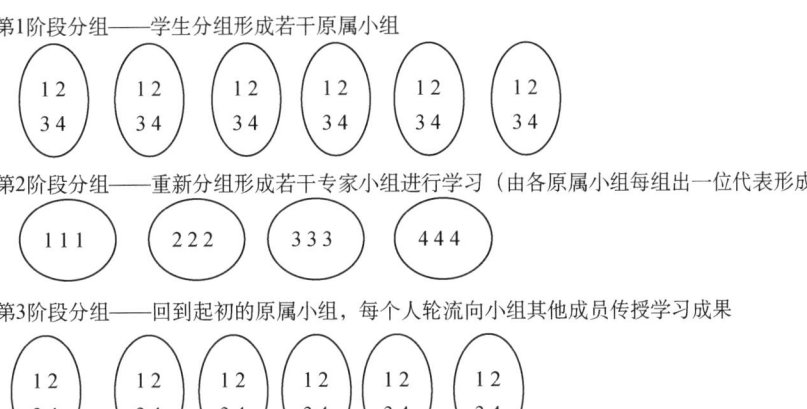

图1 拼图式合作学习法主要流程

拼图式学习,通过使每个学生负责小组内某一部分材料的教学方式,来增强全体学生的自学能力和合作学习能力,弥补传统教学中以教师为主体、缺乏学生与学生之间互动的短板。课堂里每个学生先后成为"原属小组"和"专家小组"的成员。拼图式学习以独立学习与合作学习结合的学习方式,调动学生的课堂参与度,培养学生的"拼图式学习素养"。

下以沪教版《化学》"中和反应的产物——盐"的教学实践中的四个实践片段为例,说明如何在化学教学中实施基于独立学习与合作学习相结合的拼图式教学,以及这种"独合结合"教学方式对学生课堂参与度、拼图式学习意识及能力和课堂互动行为等方面的影响。

二、过程

(一) 课堂片段1:讲授"独合结合"拼图式学习安排

1. 实践过程(片段1)

师:指导学生入座,25人共形成6个小组,前5组每组4人,最后一组5人。四列学生依次按列标记,分为专家A、专家B、专家A、专家B(图2)。

生:按照座位安排,有序入座。

师:向学生讲明本课要求掌握的知识分三个板块:盐的分类和命名、盐的分类、常见盐的溶解性。第一部分,作为基础知识,由老师讲解;后两个部分,采用拼图式学习,由各专家A、专家B学生分

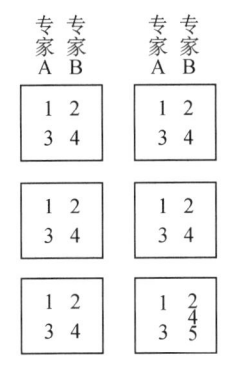

图2 分组形成原属小组

别学习后,轮流互相讲授、互教互学。

生:聆听本课教学安排,了解自己的学习任务。

师:提出本节课的合作技能要求,包括听从"专家"的学习指令,"专家"在教授同学时,要结合文字、图片开展;做实验时,要有讲解、要主动赞赏他人。

2. 效果简析

良好的秩序、清晰的步骤安排是保障合作学习有效顺畅进行的必备条件,让学生带着任务意识(包括知识学习任务及合作技能学习任务)开展课堂学习,增进了学生拼图式学习和合作学习的意识。

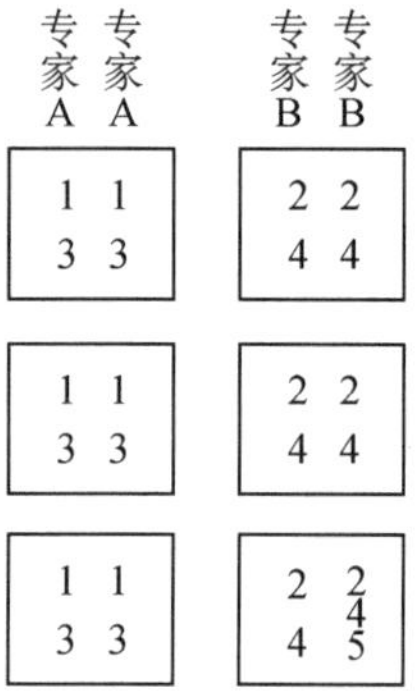

图3 重新分组形成专家小组

(二) 课堂片段2:学生在专家小组中,按照要求进行独立学习

1. 实践过程(片段2)

师:指导中间两排B组、A组学生交换座位,形成3个专家A组、3个专家B组。重新调整后的座位如图3所示。

生:按照老师要求迅速调整座位。

师:分别给专家A、B两个小组成员分发"专家A学习单"或"专家B学习单"(表1)。

生:6个小组根据学习单的指导,开展第一阶段的独立学习。专家A组负责学习盐的分类,专家B组负责学习盐的溶解性。

表1 A、B组专家学习单

组别	活动要求
A组正盐和酸式盐;水合物和无水盐	一、【划线】课本P35最后一段:酸式盐的概念和举例。 【笔记】补充酸式盐例子: | Na_2CO_3	碳酸钠(俗称:纯碱)	正盐
$NaHCO_3$	碳酸氢钠(俗称:小苏打)	酸式盐 | 二、【划线】课本P36第二段:结晶水合物的概念。 【划线、笔记】常见盐的水合物。 | 水合物	无水盐
$Na_2CO_3 \cdot 10H_2O$ 水合碳酸钠(俗称:石碱)	Na_2CO_3 碳酸钠(俗称:纯碱)
$CuSO_4 \cdot 5H_2O$ 五水合硫酸铜(俗称:胆矾、蓝矾)	$CuSO_4$ 无水硫酸铜 | 【实验】加热五水合硫酸铜,观察固体变白色的现象及试管内生成的水滴。注意:试管口略向下倾斜。 【划线】方程式:$CuSO_4 \cdot 5H_2O \xrightarrow{加热} CuSO_4 + 5H_2O$。 【笔记】现象:蓝色固体变白色,试管内有水滴产生

(续表)

B组难溶性盐和可溶性盐	【讲解】不同的盐在水中溶解性不同，如NaCl可溶于水，Ca(OH)$_2$微溶于水，CaCO$_3$难溶于水。 【划线】结合课本的常见酸碱盐溶解性表，理解盐的溶解性规律。 【活动】集体读盐的溶解性口诀，轮流背诵。 【练习】判断下列盐是否可溶，并与同学交流答案。 　　　BaCl$_2$　Ca(NO$_3$)$_2$　AgCl　Na$_2$CO$_3$　BaSO$_4$　NH$_4$Cl 【划线】硫酸钡和氯化银都难溶于水，且都难溶于稀硝酸。

2. 效果简析

由于教师在专家学习单上标明了动作指令，如笔记、画线、阅读等，学生可以根据指令记录笔记、划出书本上重要的知识点、阅读课本相应内容，实践独立学习的技巧，提升独立学习的能力；同时因要负责教授其他同学学习，责任感驱使每个人都在专注认真地学习。专家小组学生独立学习的情形及学习笔记示例如图4所示。

图4　第一阶段：专家小组学生独立学习及学习笔记示例

（三）课堂片段3：学生在专家小组中合作完成活动任务

在每个专家小组的学习单中，除了安排独立学习内容，同时还安排了小组活动。在本节课例中，专家A组学生的活动，是观看教师进行演示实验，即示范硫酸铜晶体的加热分解，B组学生活动安排的是轮流背诵盐的溶解性口诀。

1. 实践过程（片段3）

师：来到专家A组学生中间，召唤学生围在身边，开始实验示范，一边操作一边讲解重要的实验操作要领，如："加热固体时试管口要略朝下倾斜，避免生成的水蒸气在管口冷凝倒流使试管炸裂""观察实验现象，发现蓝色固体变白色，试管口出现小水滴"……

专家A组学生：围在教师身边，近距离地认真观看演示实验，一边小声讨论实验操作和实验现象，记录笔记，以方便稍后回到原属小组后作为"小先生"演示给组内的其他同学看。

师：巡视专家B组的活动，倾听个别组员的背诵，指点部分有困难的同学。

专家B组学生:热烈地互相出声背诵学习单上的溶解度口诀,基本没有聊天等与学习无关的活动,互相抽背,背得好及时给予对方肯定和赞美,背得不好则反复重背。

2. 效果简析

专家小组学生的活动,培养了学生仔细观看老师的演示实验操作过程、实验现象,并加以记录的习惯,为后续回到原属小组演示奠定了基础;也在观察与讨论中,增加了学生与学生间的课堂互动行为,提升了学生的合作技能,并增进了合作学习的意识和能力。

(四)课堂片段4:学生在原属小组中轮流讲解,合作完成学习内容

1. 实践过程(片断4A)

1)片段4之(a)

师:专家小组的活动时间结束,请各同学携带实验盒、专家学习单、笔记等,恢复原属小组的座位。

生:迅速交换,回到各自的原属小组。

师:指导学生明确接下来的学习任务,即每个小组的"专家A组"同学,将所学知识教授给"专家B组"同学;再作交换,由"专家B组"同学,将所学知识教授给"专家A组"同学。

生:两人(或三人)一组聚集在一处,进入互相教授、互相学习的合作学习阶段。负责讲授的"专家"同学指着课本,按照学习单上的指令给同学讲解,旁边的同学认真地倾听,一边在自己的课本上按照"小先生"的要求记录笔记、标记重点。讲授完知识点后,"小先生"开始给同学做演示实验。"小先生"一边操作,一边模仿着刚才教师的示范讲解,不时能听到他们说:"试管口要略向下倾斜。""你看到试管里的水滴吗?"学生脸上多是愉悦的表情,可以看出,他们正享受此时的学习状态,全班形成了合作学习的小高潮。

A组同学负责讲解的知识点结束后,进行角色互换,刚才的"学生",变成了专家B组的"小先生",刚才的"小先生"则变成了"学生"。专家B组的"小先生"们,终于等到自己大显身手的时刻,开始对自己的"学生"认真地进行讲解,督促他们记录笔记,带领他们一起背诵盐的溶解性口诀。

2)效果简析

在学生互教互学的合作学习过程中,教室里热闹而有秩序,互相轮流讲解知识点(图5)、演示讲解实验(图6),教师则在教室内巡视,对部分同学进行帮助和指导。

图5 第三阶段:原属小组学生合作学习(互相轮流讲解知识点)

图 6 第三阶段:原属小组学生合作学习(演示并讲解实验)

2. 实践过程(片断 4B)

1) 片段 4 之(b)

师生:学习结束后,教师提供测试材料,考核内容包括盐的溶解性口诀、盐的溶解性判断练习、无水合硫酸铜分解的方程式现象及操作要点等,组织学生课后独立完成测试题(表2)。

师:在下一节课的学习中,教师公布各个小组的平均分数,点评学习过程中学生的亮点和不足之处;再针对个别题目进行讲解、拓展。

表 2 "中和反应的产物——盐"测试材料

自我检测
1. ＿＿＿＿盐、＿＿＿＿盐、＿＿＿＿盐、＿＿＿＿盐都易溶于水,碳酸盐＿＿＿＿于水。 硫酸盐中只有＿＿＿＿难溶于水,盐酸盐中只有＿＿＿＿难溶于水。
2. 判断以下盐能否溶于水 硝酸银＿＿＿＿　　氯化钡＿＿＿＿　　氯化银＿＿＿＿　　硫酸钡＿＿＿＿ 硫酸铜＿＿＿＿　　氯化铵＿＿＿＿　　碳酸钾＿＿＿＿　　氯化铁＿＿＿＿
3. 写出化学方程式:五水合硫酸铜加热分解＿＿＿＿＿＿＿＿＿＿ 反应现象:＿＿＿＿＿＿＿＿＿＿ 实验操作:加热过程中试管要＿＿＿＿＿＿＿＿＿＿ 五水合硫酸铜的俗称是＿＿＿＿＿＿＿＿＿＿

2) 效果简析

经课后批改统计,本节课中约80%的学生能够正确回答全部测试问题,说明拼图式学习能够取得较好的教学效果。课前作业反馈提升了学生的小组荣誉感和个人责任感；帮助学生进一步理解和应用难点知识。

三、主要成效

（一）提升了学生"独合结合"拼图式学习素养

在基于独立学习和合作学习相结合的学生拼图式学习中，通过独立完成指导单任务，锻炼了学生独立学习的能力；通过互相交流、教学自己负责的那部分知识，锻炼了表达、交流、演示操作等合作技能，提升了"拼图式学习素养"。

后期问卷调查显示，学生对拼图式学习在以下方面给自己带来改变的认同度较高，包括：促进课堂有效学习行为、增进学习兴趣、增加同学间学习互动、促进合作技能发展。

1. 增强了学生"独合结合"拼图式学习的意识

"学习金字塔"理论告诉我们，学习中采用"听讲、阅读"的方式，学习内容平均留存率只有5%～10%，效率最低；而采用小组讨论、实际演练、教给他人的方式进行学习最高效，内容平均留存率达到了90%，提高了不同学习水平学生的课堂参与度。"独合结合"拼图式学习方式，给予学生做"小老师"的宝贵经历，使学生逐渐懂得要认真完成自己负责的学习任务，然后作为"老师"用心给其他组员讲解，用"拼图"的方式共同完成学习任务，从而增强了"独合结合"拼图式学习的意识。

2. 提升了学生"独合结合"拼图式学习的能力

1）锻炼了学生独立学习的能力

在日常课堂上，教师观察到原来有部分学生不能根据老师的要求进行笔记、划线等；即便在采用拼图式学习的初期，也常发现有些学生独立学习能力较弱，部分同学只对做实验感兴趣，导致自学环节不能很好地达到效果，也就不能很好地去教授其他同学。后期，教师在设计学习材料时，注意从能促使学生积极学习的行为入手，增加记录笔记、划线、做实验、做练习等行为指令；在最初几次进行合作学习时，教师示范如何使用专家学习单进行独立学习。经过训练，学生逐渐能够按照要求开展独立学习，在阅读文本的同时辅以划线、记录笔记、完成练习等。这种学习单的方式，很好地引导了学生的独立学习，锻炼了相应能力。

2）锻炼了学生向他人讲授的小技巧和整体能力

拼图式学习初期，部分学生不会帮助别人学习，有的原属小组成员在讲解环节，学生间直接互换材料单；在实验示范环节，作为"小先生"的"专家"不善于向其他同学讲解实验现象和操作要点。后期，教师在设计专家学习单时，加入了部分讲解式的行为指导，例如"提问""讲解"，指导"专家"讲授知识的方式和技巧；实验部分，改进为教师在专家组的学习环节示范如何操作和讲解。模仿是孩子的特长，学生能够很好地还原教师的讲解，甚至是语气、动作；同时，他们对于这样的"角色扮演"也乐在其中。经过几次训练，对比原来的茫然无措、毫无章法，作为"小先生"的"专家"逐渐掌握了向他人讲授知识的技巧和沟通能力。

3) 提升了学生合作技能的水平

下课前,教师会发合作技能发展自评表(表3),由学生根据实际情况,对自己本节课的合作技能的实践情况,按五个档次(依次记为1~5分,满分为5分,分别标记为1★至5★),自主进行评价、填写。课后,由教师统计各项技能的班级平均分。自评表中所选的5项技能,来源于该班级学生在开展"独合结合"拼图式学习前,进行的合作技能自评调查结果中得分偏低(平均分在4.0分以下)的合作技能。统计结果见表4。

表3 学生合作技能自评表

合作技能达标自评表
(按实际情况给相应数目的☆涂色或打钩)

非常失望(1分) ★☆☆☆☆	比较失望(2分) ★★☆☆☆	一般(3分) ★★★☆☆	比较满意(4分) ★★★★☆	非常满意(5分) ★★★★★	
1. 别人讲解时,我会听从指导进行阅读、记录、背诵等工作					☆☆☆☆☆
2. 我在发言时,能够很有条理地向别人讲述要讲解的内容					☆☆☆☆☆
3. 除了使用语言,我还结合文字、图片、实物、操作等多种方式,向别人讲述学到的内容					☆☆☆☆☆
4. 如果对方做得很好,我会主动赞赏					☆☆☆☆☆
5. 当对方遇到困难或题目做错时,如果我有能力,也会进行鼓励并提供指导帮助					☆☆☆☆☆

表4 学生课堂合作技能自评结果统计

合作技能自评结果	前测(20人)	后测(18人)
1. 别人讲解时,我会听从指导进行阅读、记录、背诵等工作	3.25	4.35
2. 我在发言时,能够很有条理地向别人讲述要讲解的内容	3.25	4.06
3. 除了使用语言,我还结合文字、图片、实物、操作等多种方式,向别人讲述学到的内容	2.95	4.00
4. 如果对方做得很好,我会主动赞赏	3.80	3.83
5. 当对方遇到困难或题目做错时,如果我有能力,也会进行鼓励并提供指导帮助	3.55	4.06

统计结果显示,第1,2,3,5项的得分,相比前测有明显提高。其中,第3项变化最明显。这是由于在设计专家学习单时安排了相应环节,并且标明了动作指令,因此,学生作为听者角色时,必然需要记录、划线;扮演讲解者角色时,必然会利用到图片、实物、实验等方式辅助讲解。该结果说明:经过有目的、刻意地加以训练,学生的合作意识和能力是能够得到逐步提高的。此外,学生在专家学习单指导下进行文本材料的阅读、批注、自学,以及向他人讲解、指导他人学习,学生获取细节、关注关键信息和进行深度理解的能力得到了有效的锻炼,也提升了独立学习的实用技能。学习者的输出,往往是最好的学习,而且不同小组同学间的相互接纳与支持、交流表达,这些与人合作、交往技能的发展,超越了学科知识的学习,是留

在学生身上的关键能力和品格,有助于促进终身发展素养的积累。

3. "独合结合"拼图式学习提高了生生间课堂有效互动行为的频次

在传统课堂上,师生互动占有主要地位。为研究"独合结合"拼图式学习是否增加了生生互动,本次研究将学生的课堂行为分成以下五类:①与学习相关的互动性行为(与同学讨论、表达、观看或演示等)。②与学习相关的非互动性行为(倾听、记录、独立操作、实验等)。③与学习无关的互动性行为(聊天、做无关实验等)。④与学习无关的非互动性行为(发呆、睡觉、看课外书等)。⑤拼图式座位调整。利用课堂录像,每30秒时间观察、判断并记录学生的互动行为类型,最终计算互动行为频次。具体统计方式如下:回放课堂录像,选取第四组4名学生进行课堂行为统计(表5),最后统计每类行为频次占所有行为频次的百分比(表6)。

表5 学生课堂互动行为记录表举例

时间(min)	学生A	学生B	学生C	学生D
0.5	B	B	B	B
1	C	C	D	D
…	…	…	…	…
40	…	…	…	…

例如:某学生的A类互动行为频率=A类行为次数/全部行为次数×100%

表6 第4组学生课堂互动行为分析

行为类型	学生A	学生B	学生C	学生D	平均值
A	23.9%	22.4%	22.4%	17.9%	23.0%
B	68.6%	61.1%	62.6%	71.6%	65.6%
C	0.0%	7.5%	7.5%	3.0%	3.6%
D	0.0%	1.5%	0.0%	0.0%	0.3%
E	7.5%	7.5%	7.5%	7.5%	7.5%
AB和	92.5%	83.5%	85.0%	89.5%	88.6%
CD和	0.0%	9.0%	7.5%	3.0%	3.9%

该组4名同学平时化学成绩水平较低,上课效率和主动性不高,睡觉、发呆等D类行为较多。数据显示,在拼图式学习的课堂中,该组学生与学习相关的互动行为(AB之和)提高至88.6%,不利于学习行为(C,D之和)减少至3.9%。说明拼图式合作学习,对于改善学生的有效学习行为有较好的促进作用。

在"独合结合"拼图式学习中,通过第二阶段和第三阶段,学生需要认真掌握自己负责学习的知识再教授给别人,还需要听取其他同学的讲解。以上活动的设计和实施,明显增加了课堂学生间有效互动的频率。

(二)课题研究课促进了教师自我发展

1. 增强了教学组织能力

在"独合结合"拼图式教学中,教师课前的准备工作除了教学设计、座位安排、仪器药品准备,还要设计学习单、自测练习和合作技能自评表等,并打印整理;课堂上,要善于组织学生调整座位、开展合作学习活动、合作互教活动;课后,还要进行分数统计。与传统课堂相比,对教师的教学和管理水平提出了更高的要求,有助于增强教师的教学组织能力。

2. 提升了教学成就感

与传统的授课方式相比,在"独合结合"拼图式学习的前期,教师工作量较大,而把课堂交给学生,教学效果、课堂秩序对教师也是无形的心理压力。但如果设计得当,加上训练,随着学生独立学习、合作学习能力的逐渐提升,教师的教学成就感和满足感油然而升。

3. 提高了教师科研素养

在课题研究过程中,教师从研究者的角度不断发现问题、对自己提出疑问,又不断地解答疑问,寻找对策并探究效果,在不断的观察、反思、实践中,于提升自己的教育教学水平的同时,增进了教育科研的意识,提高了课题研究的选题、设计、实施、总结等能力,激发了开展课题研究的兴趣,并能够迁移运用到新的区级课题研究中。可见,课题研究促进了教师科研素养的全面提升。

(三)课题研究丰富了学校区级课题成果

"独合结合"拼图式学习的实践,丰富了学校"基于独立学习与合作学习相结合的教与学方式研究"区级课题的主题式案例成果,也为其他科目的任课教师,提供了一种可尝试的教与学方式的参考。

四、反思

化学课程中会涉及较多的学生实验,它们是很好的小组活动的载体,可以增加生生间的互动,培养学生各种合作技能。但由于初中学生首次学习化学,对实验过程比较陌生,部分学生对实验操作不熟练、速度慢、操作过于谨慎,容易导致小组活动时在实验环节花费时间过长,难以在规定时间内完成专家组的学习;而部分学生对实验操作过于兴奋,容易导致课堂秩序混乱;还有的学生回到原属小组再做一遍实验,感觉过于重复。对此,专家组活动部分的实验操作,可以改为由教师或事先经过学习的小组长进行示范。这样,能明显减少小组学习实验的时间,并提高学生回到原属小组后进行实验演示的速度和准确度,减少学生在实验中玩闹及发生其他与学习无关的课堂行为。

此外,由于课堂上前几个环节以 A、B 学生专家组之间互教为主,缺少板书,这不利于学生把握主要内容和建立知识点之间的连贯性。可以考虑在课尾,以思维导图的形式(包含一定的填空)帮助学生回顾本节课的知识点和强化记忆,弥补拼图式学习中缺少板书、知识点体系缺乏连贯性的缺陷。

最后,在拼图式学习中,教师可以将学习水平不一的学生分在同一专家小组,提供难度不同的学习内容,以适应不同水平学生的最近发展区。然后,在教师或小组长的指导下,帮助他们充分掌握知识点,保证他们回到原小组后能完成自己能力范围内的讲授任务;并在优等生的帮助下,完成其他难度较大的学习内容。这样,一定程度上有助于解决学生间水平差异问题。

在新时代背景下,教师可以尝试采用各种学习方式推进教学转型,以学生为主体设计各种促进学生发展的学习活动,给予学生愉悦的学习经历和体验。通过不断优化改进,假以时日,学生必然有质的改变,也一定能给教师带来更多的惊喜。

参考文献

［1］上海市教育委员会.上海市中学化学课程标准(试行稿)[M].上海:上海教育出版社,2004.
［2］高欣漫.基于拼图式合作学习的化学课堂教学[D].福州:福建师范大学,2014.
［3］宋怡.拼图式合作学习在化学教学中的应用[J].化学教学,2012(9):23-26.
［4］陆茜.基于化学学案的互助合作学习的研究[D].兰州:兰州大学,2011.
［5］陈昌兆,王兵,张晓森.拼图式教学法在原子物理学课堂教学中的应用研究[J].大学物理,2015,34(11):47-52.
［6］庞维国.自主学习:学与教的原理与策略[M].上海:华东师范大学出版社,2003.
［7］杨艳琦,张朝辉.浅谈大数据时代下学生独立学习的方法[J].科技视界,2018(32):158-159.
［8］吴仁英.合作学习中的生生互动研究[D].济南:山东师范大学,2005.
［9］陈瑶.课堂观察方法之研究[D].上海:华东师范大学,2000.
［10］哈维·斯莫基·丹尼尔斯,南希·斯坦尼克.合作学习技能35课:培养学生的协作能力和未来竞争力[M].冯鲁华,杨婷婷,译.北京:中国青年出版社,2016.

生命科学概念学习的"三高"是这样实现的

——以生命科学"独合结合"三节课任务驱动式学习教学片段实践与分析为例

◎ 上海市浦东新区进才实验中学南校　蔡希萌

一、背景

《上海市中学生命科学课程标准（试用稿）》(2004)（简称《课标》）指出，初中阶段的自然科学学习要增强孩子的好奇心，养成主动探究的习惯；严谨务实，尊重自然规律，敢于说出自己的见解；初步理解基本的科学概念和原理，对自然界的全貌有一个初步、整体的了解；能用比较准确的科学语言发表观点和展开交流，养成积极合作的态度；初步理解和关注科学、技术与社会的关系，有社会可持续发展的意识；保护自然，珍爱生命，具有社会责任感。由此可见，《课标》注重学生对于生命科学概念的理解和应用，特别关注人与自然的和谐相处，提倡学习的自主性、探究性、合作性。同时也指出，要大力推广信息技术的应用。

2019年4月，我有幸参加了进才实验中学区级课题"基于独立学习与合作学习相结合的教与学方式研究"的实践探索，并对其中的任务驱动式学习产生了兴趣。鉴于学生基于独立学习和合作学习相结合的（简称"独合结合"）对生命科学相关概念的理解和应用的意识、能力和良好行为习惯之"三素养"需要加以提升，我在生命科学相关概念教学中，注意结合学生课前、课中和课后"三程"的"独合结合"相关学习任务，在时间和空间上，较好地保证学生独立阅读、思考、讨论和实验、操作、梳理、概括、交流的时间，来驱动学生主动投入"三程"学习过程，教师有更多的时间去观察学生的学习状态，及时反馈，实现教学过程的"三高"——高主动性、高速性和高质性，并有机提升学生在概念学习中的理解和应用"三素养"。

下面以2020年先后开设的生命科学三堂研究课中四个实践片段为例，说明以引导学生完成"三程""独合结合"的相关学习任务作为主，其他教学形式为辅，来实现教学过程的"三高"和有机提升学生概念学习中的理解与应用"三素养"。

二、过程

2020年6月10日，我在进才实验中学南校（下同）的初二(1)班，开设了一节"种群数量变化及其规律"的公开研究课[简称研究课（一）]；同年11月12日和11月26日，分别在本校初二(2)班先后开设了随堂研究课"激素的作用"[简称研究课（二）]和"脑的基本组成"[简称研究课（三）]。这三节研究课，都是围绕学生"独合结合"任务驱动式学习，力求通过课前、课中、课后"三程"适当的独立与小组合作相结合完成相关概念学习与应用的层层递进的系列学习任务,实现教学过程的"三高",并有机提升学生概念学习时"独合结合"的理解与应用素养。以下撷取三节研究课中的四个实践片段,简要说明各自的操作过程与取得的实效。

片段一：课（一）中，在学生课前"独合结合"完成收集、整理"呼伦贝尔草原"网络资料任务时,调动他们先独后合作完成收集、整理该草原种群概念预习任务和对导入新课学习的主动性

课前,我邀请学生先独立收集、后合作整理各自收集的呼伦贝尔草原相关动物的视频、图片或歌曲,作为本课情境设计的素材。承诺学生,素材提供者和素材被采用者,都可获得平时成绩的加分,以此提高学生的参与度和积极性。

开课前一周,学生们都积极行动起来,约有1/3的学生参与度、任务完成的速度和质量有提高,他们从网络搜集、整理的资料,利用晓黑板学习软件向班内同学提供、分享了大量有关呼伦贝尔大草原和草原上多种动物的图片,以及不少的音乐和一些风土人情方面的视频资料。我从中精选了部分图片、一首乐曲,制作成2分钟左右的本土动态情境作为新课的引入。

当学生听着自己或同学收集的乐声,看着收集的图片,很快地融入到了对情境内容的探索中。

实效简析：课前,学生"先独后合"地完成了网络特定资源收集、整理任务,1/3左右小组成员所整理的资源被用于新课的导入情境,既有效锻炼了全体学生独立查找网络特定资料和小组合作进行梳理概括的能力,又让学生普遍提前关注了草原的生物,在脑海里初步形成了草原生物种类的大致印象,为后续学生学习"种群"这一重要概念,提高理解的速度和质量奠定了基础;同时,增强了学生"独合结合"参与课堂导入学习的兴趣,增进了提供情境网络资源学生参与导入教学的成就感,并普遍提升了学生后续参与课堂种群概念理解和应用学习的主动性,增强了学生完成"三程"学习任务,尤其是课堂学习任务时的主体性。

片段二：课（一）中，在学生课中完成"独合结合"绘制种群数量变化曲线并总结种群数量变化规律任务时,提高对种群概念理解的高速、高质和高主动性

课中,运用了教师设计的情境：草原牧民巴扎叔叔的羊群在五年里的数量变化。

学习任务如下。

（1）请学生在坐标图中独立绘制羊群种群数量增长曲线。

（2）通过小组合作,思考和总结种群数量持续发展的变化规律,总结得出种群数量变化"J"形曲线。

在"独合结合"学习任务的驱动下,大部分学生能先通过独立活动,在坐标图上找到五个种群数量变化的关键点。教师在此过程中,注意加强观察,对个别学习任务完成比较慢、有困惑的学生,进行特定的提示和辅导,并注意把握全班学生学习的进程。

接着,在教师的引导下,学生能用一条光滑的曲线独立将五个点连接起来——这时,种群数量变化就显而易见了。

再接着,教师抛出问题：如果羊群持续增长,会出现什么问题？

随后,布置小组合作学习任务：请小组合作,分析种群增长带来的问题。

此时,教师在每个小组进行聆听,收集学生不同的意见——注意掌握学生的思维动态。

最后,教师请不同小组派代表发言,请其他组进行点评。大家一起收集意见,师生共同讨论。由教师带领学生,一起绘制种群数量变化的"S"形曲线。至此,完满完成这一环节的"独合结合"任务驱动式学习的目标。

分析与思考: 种群数量变化规律的学习,"J"形曲线和"S"形曲线的理解和掌握,是本节课学习的重点和难点。

教师若不设计细化的学生"独合结合"学习任务,又会回到老路上,自己不停地作讲解、分析,生怕学生不理解、不掌握、不重视。很有可能课堂又会成为我的一言堂,学生只是被动接受。这既会耽误在课堂上学生"独合结合"进行自主探索的机会,相关素养也难以得到有效地发展。

因此,在实际教学中,自己围绕草原种群"J"形曲线和"S"形曲线的理解和掌握的两大任务,设计了"独合结合"的细化学习任务——学生在6~8分钟的时间内,通过独立思考、合作讨论和实际绘制等方式,结合听取教师的随机辅导,先是完成了绘制出种群"J"形曲线任务,大大增强了探索的成就感和学习动力,探索的兴趣普遍增强;接着,在问题即学习任务的驱动下,学生进一步思考,共同讨论得出了"S"形曲线及概念,加深了对其的理解和掌握,完美攻破了本节课的重、难点知识。

值得一提的是,在此期间,教师根据学生实际状态,不断地进行语言引导、口头表扬等。同时,教师利用PPT等多媒体手段,不断地与学生进行互动和学习任务的反馈。学生在经历了独立思考、小组合作、教师引导的过程后,不仅学习任务圆满完成,还提升了"独合结合"把握种群数量变化规律的高速、高质和高主动性。

片段三:在课(二)中,学生完成先独立思考→猜想、后合作讨论设计实验任务时,提升"独合结合"猜想→讨论→设计实验方案学习任务的高质性

在课(二)中,证明胰岛素有降低血糖作用的环节:我请学生们进行实验的设计,证明"胰岛素有降低血糖作用"这一猜想。我借助学生课堂学习单,布置了以下"独合结合"的系列任务:

(1) 请你独立思考实验设计方案。

注:教师提供了实验的三个步骤:实验对象、实验过程、实验结果(预设)。

(2) 请小组合作讨论各自的实验设计方案。

(3) 请每一个小组产生一个实验设计方案,并合作记录实验情况,填入学习任务单——包括实验对象、实验过程、实验结果(预设)。

(4) 合作交流实验方案。

(5) 独立听取教师提示,完善实验方案。

每个小组成员在明确学习任务后,都进行了独立思考;大约3分钟之后,小组成员陆续参与小组讨论,我开始走访每一个小组,听取他们各自的见解。

在走访中,我收集到以下一些重要信息:

(1) 在实验对象的选择上,有小组用了已患有糖尿病的患者;

(2) 在实验过程的设计中,有小组设想抽取少量糖尿病患者的血液,进行血糖量检测。

……

大约又过了6~8分钟,各组的讨论渐渐趋于平静。每个小组都汇总出自己的实验设计方案,并完成了学习任务单的填写。

教师继续走访,观察他们的汇总结果:

(1) 大部分小组能从讨论的结果中提取出最优方案,并完整地加以表达;

(2) 有个别小组讨论的内容丰富,但在执笔过程中,语言描述过于简单或是存在层次不清晰。

……

对此观察结果,教师作了随机激励与引导。

分析与思考:

一是学生在完成系列任务1~2时,通过教师对学生眼神、表情和讨论情况等的观察,在系列任务(1)中,他们都在积极响应、独立思考、勇跃发表自己的见解。通过此项任务,既锻炼了学生集中注意力,对问题积极进行独立探究、合理设计实验方案的能力,又培养了小组成员间相互交流、讨论、发表自己见解、合理吸收正确意见的能力。这一过程,初步体现了学生实验方案设计的高质性。

二是学生在完成系列任务(3)时,不仅能将多种实验方案进行对比,还能通过分析、交流、梳理,提炼出了本组的最优方案。这一过程,锻炼了学生合作进行讨论、对比、分析、交流、梳理、概括和完善本组实验方案的能力,增强了学生之间的合作精神,也再次提升了实验方案设计的高质性。

三是学生在完成系列任务(4)~(5)后,感受到了实验设计的严谨性,提高了实验设计的科学性,进一步提升了科学思维能力。这一过程,进一步体现了实验方案设计的高质性和思维发展的科学性。

四是教师的角色发生了变化:学生充分独立思考、小组讨论、交流、记录、对比、分析、梳理、优化实验方案设计的过程中,教师也有了更多的时间去深入了解学生的实验设计想法,为后续的实验设计总结收集素材,给学生提供更为及时和更有针对性的反馈和帮助。

后续,教师作出及时反馈:

(1) 一般而言,实验过程中不将患者作为实验对象。

(2) 将血液提取出来进行实验,是达不到你们预想的实验效果的。

为什么呢?这与胰岛素的作用机理密切相关。

顺势,我进入了下一个环节的教学:展示科学家的实验设计,与学生的实验设计相对比,并完成胰岛素作用的独立学习。

分析与思考: 通过这一环节的学习,学生深刻地体会到自己也是可以像科学家那样进行科学探究的,产生了深深的自我肯定;也激发起需要加强学习,提高实验设计科学性的愿望。

片段四: 在课(三)中,学生完成"独合结合"学习神经系统——脑的基本组成任务时,提升"独合结合"完成学习任务的高速性

课(三)的学习内容多属于记忆层次,但学生平时的相关积累较少,新名词既多又比较枯

燥。如果由教师直接讲授,学生不易记忆,又很乏味,还影响理解掌握的速度。所以,我设计了以下"独合结合"的五项任务,旨在既培养学生独立学习、合作学习的能力,又提高学生对人体神经系统组成的理解和掌握速度。

师:借助多媒体和学习单,呈现以下五项"独合结合"的自主探索学习任务:

(1) 独立阅读教材相关内容;

(2) 合作完成神经系统组成的表格填写;

(3) 独立填写学习任务单;

(4) 合作使用VR设备,学习脑的基本构成;

(5) 独立填写学习任务单。

在学习任务(1)中,我随机观察学生独立学习的进度和状态,并作一些提示,帮助学生关注于学习重点,促进学生的阅读、记忆。

在学习任务(2)中,我利用希沃电子白板技术,将神经系统的结构图展示出来,并将神经系统名词设计成为可手动拖动的标注。我请学生合作将神经系统名词拖拉到神经系统图片相应的位置,我随机做相应的激励、引导和反馈。

在学习任务(3)中,我请学生独立完成在课堂学习单的神经系统图片上,作神经系统构成名词的填写,强化神经系统构成的知识。

在学习任务(4)~学习任务(5)中,利用百度公司提供的VR设备,请每一组的学生在3D动态下合作进行人脑结构的学习。这一个过程,持续时间大约12~13分钟,我不停地进行设备的调控,并作巡视、询问、及时激励与反馈、引导。最后,请学生独立填写课堂学习任务单的相应内容,完成脑结构的自主学习。

分析与思考:如果在传统课堂中,这部分知识的学习需要一整节课的时间。但以学生"独合结合"完成五项分解的自主学习任务的形式,尤其是与运用学习单和VR设备相结合,学生的精力高度集中到学习任务的"独合结合"自主探索中。结果只用半节课的时间,学生不仅完成了全部学习任务,而且学得主动投入;从当堂观察、感受的效应与后续课上的反馈来看,学生对人体神经系统组成和脑结构的知识理解得透彻,掌握得牢固,在学习速度和质量上取得了以听讲为主的学习所难以想象的好效果;并且,学生在学习任务的驱动下,不断地进行独立学习和合作学习的转换,很好地发挥了"独合结合"的作用;在丰富的学习任务形式下,学生积极响应,对电子白板和希沃技术、百度VR设备均产生了浓厚的兴趣。由于他们通过动脑、动手、看、听和梳理、记录多种方式进行着主动学习,学习的速度和实效也就不一样了。

三、实效

(一) 实现了生命科学概念学习时学生完成"独合结合"相关任务时的"三高"——高主动性、高速性和高质性

生命科学概念的学习实现了学生完成"独合结合"相关任务时的"三高"目标:在以上三

节研究课中选取的四个实践片段的过程后,都已在相应实效或"分析与思考"中给出了交代,此处不再赘述。

(二)促进了学生生命科学完成"独合结合"相关任务时的"三高"目标的有效达成

通过教师对日常生命科学学生参与课前、课中、课后"三程"学习过程的观察、对学生预习和课后作业的检查反馈、随机和专项调查、听取听课教师的反馈和自己上课中的日常感受、统计对比等,学生完成学习任务实实在在地发挥了各自和小组学习的高主动性,实现了学习结果的高速性和高质性。

(三)增强了学生的学科意识

学生通过独立探究、独立思考等独立学习方式,和合作讨论、交流、实验、记录、分析、对比、梳理、概括等合作学习形式,不断地与知识进行碰撞,加深了对所学内容的理解,有效地锻炼了实验素养,从而增强了学科意识。

(四)促进了教师的改变

"独合结合"任务驱动式学习,是以学生多样化地完成相关"独合结合"自主学习任务为主线的学习过程,符合新课改的发展方向和发展学生学科核心素养的要求。这一探索的过程,促使自己的教学发生了以下五个方面的变化:

一是与"一言堂"教学传统告别。学生"独合结合"完成多样化自主学习任务的方式,需要教师把课堂还给学生,落实学生的学习主体作用。这就迫使教师杜绝了讲授为主的"一言堂"教学传统。

二是促进了教学设计的改变。在浦东教发院资深科研专家曹明老师的引导下,主要体现在教学设计三大方面的变化。首先,注意清晰地表述设计思路——主要是把握"三个明确",即一为明确设计依据,包括必写的学情、课标和教材分析"三情"依据外,还可以有其他依据;明确想要探索什么;明确思路究竟是什么。其次,注意清晰、具体、可落实地表述教学目标,尤其是注意将研究主题的指向本课化地加以实化、细化表述;再次,注意实化、细化教学实践过程的预设安排——注意与设计思路中的学生素养发展培养内容、落实举措的拟做与指向、教学目标相匹配;最后,是注意学生"三程"学习中相关"独合结合"任务的整体和分解细化设计——这还促进了引入学生"三程"学习学习单的设计、学生课内外信息技术的常态化运用设计。教师的教学设计改变最大之处,就是关注学生"独合结合"学习任务的设计和着力于落实"三高";注意有机融入学科核心素养的相关精神和具体要求——在"独合结合"的相关"三程"学习任务设计中,渗透生命观念、科学思维、探究能力和社会责任方面相关学科核心素养的发展目标。

三是促进了教学过程的改变。这方面教师的改变主要是:首先为注重学生课前"独合结合"学习任务的及时反馈。其次为注重导入教学时注意利用学生的课前学习资源。再次为教学过程展开中,教师退居"二线",在时间上,着力于保证学生的独立思考时间、合作探讨时间、实验证明时间、分析对比与梳理概括时间、交流分享时间、自我反思内化时间;在空间上,围绕任务的完成，多途入手，让学生"独合结合"进行自主探索。同时，教师有更多的时间去观察学生的学习状态，加强及时激励与反馈引导。最后为课尾，注重了对学生"独合结合"集中小结的引导——不仅小结学了什么，更注重小结学到的学习策略、方式、方法和自己独特的体会，注重小结结果的显性化、多样化表述和再利用。

四是促进了作业设计与反馈的改进——作业设计，不仅注重强化所学知识，更注重多样化的自主探索，还注意尝试让学生参与作业设计；作业反馈增加了及时性、面向全体性、激励性与引导性，还尝试让学生参与作业的反馈与点评。

五是促进了对教学经验的总结与反思——主要体现在相关课例、主题式案例的撰写方面。

四、反思

一是课（一）中：在课堂获得种群概念这一环节中，于巩固种群概念时，教师要求学生独立复述种群概念。占据课堂时间去操作一个简单的学习行为，实效性不够明显。这一环节可以省略，把更多的时间留给学生后续答疑、讨论，比如对"S"形曲线在生产上的应用环节，可以给学生留有更多点自主的时间；实验设计方案时学生的讨论时间，还可以延长1~2分钟；教师可以在小组走访中直接进行反馈，效果可能会更快更直接。

二是课（三）中：VR设备的使用过程，对于学生是否胜任运用该设备。教师有一定的心理负担。教师应该更轻松，不过度担忧学生和设备间的磨合，这本身也是学生的一个学习体验过程。

五、意义

以上四个片段，能够借助"独合结合"的任务驱动式学习为主和配合其他多元举措，实现"三高"的目标，其意义主要有以下两大方面。

（一）发挥了"独合结合"任务驱动式学习在促进学生自主学习方面的"五性"独特价值

1. 彰显了学习任务设计的科学性

案例片段一，学生独立查找网络特定资料关注草原生物。材料经过学生的筛选、过滤，在他们的脑海里留有大量关于草原的印象，包括动物品种、植被类型等。这些草原物种的印象，潜移默化地刻在学生的脑海里，比教师上课直接提供图片或视频，学生对草原的了解会变得更加全面、立体丰富，印象更为深刻，也就更具科学性。

案例片段二，学生"独合结合"绘制种群数量变化曲线，并总结种群数量变化规律。因为，种群变化曲线是科学家长期研究不同生物数量变化特征后总结归纳的，所以学生根据教师提供的情境完成学习任务，是模仿科学家的研究过程。这样的学习过程，符合生命科学核心素养的科学探究要求，具有更强的科学性。

案例片段三，学生探究"胰岛素的作用"学习任务时，也是学生依托学习任务，像科学家一样设计实验、预测实验结果,体验实验求证探究的过程,这具有极强的科学性。

案例片段四,VR设备的引入,大大地缩减了记忆性知识传授的时间。课堂上节省下的时间,由教师设计学生学习任务:利用脑的基本结构知识,解释生活中的现象,体现了更高层次的思维。在任务中,学生应用所学的知识和生活实际相联系——这就更好地体现了学习任务设计的科学性;从教学反馈来看,这促进了更高效和更高层次学习目标的达成。

可见,"独合结合"下的任务驱动式教学更具有科学性。

2. 落实了学习过程中学生学习地位的主体性

案例片段一,学生独立查找网络特定资料和小组合作进行梳理概括,关注了草原生物,在脑海里初步形成了对草原生物种类的大致印象,为后续学习"种群"这一重要概念、提高理解的速度和质量奠定了基础;增强了学生的"独合结合"参与课堂导入学习的兴趣,增进了提供情境网络资源学生参与导入教学的成就感,提升了学生后续学习的主动性,增强了学生完成"三程"学习任务,尤其是课堂学习任务时的积极性。

案例片段二,学生"独合结合"绘制种群数量变化曲线,并总结种群数量变化规律任务,合作总结得出种群数量变化"J"形曲线。

案例片段三,学生探究"胰岛素的作用"学习任务时,按照实验设计的关键要点,小组合作,用6~8分钟的时间完成实验探究任务,得出结论。

案例片段四,学生"独合结合"利用VR设备学习神经系统——脑的基本组成任务,较快又直观地了解了脑的基本组成。

在上述所列举的四个案例片段中,学习的主体都是学生,他们"独合结合"地进行学习,完成相应的任务。教师在此过程中,只是作随机帮助和引导。学生们沉浸在完成任务的探索中,最终得出了正确的结论,在后续的应用中也显得更为得心应手。

可见,当学生真正成为完成一项项学习任务的主体,教师放手让他们"独合结合"进行探索性学习时,完成任务的兴趣、速度、质量和后续效应都更好,也有助于落实学科核心素养,更重要的是较好地培养了学生独立学习和合作学习的素养。因而,这样的学习,应继续加以探索。

3. 体现了学习任务→知识体系的结构性

案例片段三,学生探究"胰岛素的作用"学习任务共有三项,任务之间是环环相扣的,有机地把整节课与激素相关的知识串联在了一起。随着学生"独合结合"完成内分泌腺的特点(胰岛的结构)→激素的释放(胰岛素的释放)→激素的作用(胰岛素的作用)的任务,这些看似一项项独立的"独合结合"探索性学习任务是分散的,实际上是相互关联的——就是把整节课中与激素相关的知识串联在了一起,从而使学生们实现了更高速、高质地对激素的作用之知识结构的理解加深与强化,又更富有逻辑性、系统性,构成了对"激素的作用"的完整认识,还促进了对"激素的作用"知识体系带有个性化的自主建构。

可见,"独合结合"任务驱动式的学习,有利于学生对全课知识体系的结构化的系统把握和个性化建构。

4. 实现了学习过程和结果反馈、激励与引导的及时性、多样性

这是指在每一个学习任务完成后,教师都有相应的反馈行为。比如,案例片段三,教师通过小组展示,证明胰岛素有降低血糖作用的实验时,进行了及时的反馈;期间,还巡视各小组适时作单独反馈;片段四,VR 使用学习脑的基本结构过程中,教师不断巡视检查学生设备使用情况,并要求学生完成相应学习任务单,再进行及时反馈;片段一和片段二,教师在课前、课中、课后的每个大环节,都对学习任务的完成情况进行及时的反馈。教师在高频率的反馈过程中,有激励、表扬,有设问追问,有提出建议,学生也会交流表达自己的见解和需求。学生和教师交流密切,形式多样,针对性强,实效明显。

这就使课前、课中、课后"三程"的学习活动开展过程中,师生、生生、学生和学习资源等之间,有更多的时空去互动、交流、反馈、反思与改进,增进了学生多元互动、判断、反思和改进意识,提升了学生学习的高速与高质性。

(二) 符合建构主义理论

建构主义的最早提出可追溯至瑞士的皮亚杰(J.Piaget)。他认为,儿童是在与周围环境相互作用的过程中,逐步建构起关于外部世界的知识,从而使自身认知结构得到发展。建构主义认为,知识不是通过教师传授得到,而是学习者在一定的情境即社会文化背景下,借助学习时获取知识的过程、其他人(包括教师和学习伙伴)的帮助,利用必要的学习资料,通过意义建构的方式而获得。

在上述三节课例中,教师都设计了不同的情境。比如案例片段一和二,我设计了一前一中两个情境。

第一个情境,教师带着学生欣赏草原。学生融入魅力无限的呼伦贝尔大草原,在享受其中的同时,顺利引出本节课的重点学习内容——种群概念。学生带着问题,在情境中独立带着问题学习,理解了"种群概念";第二个情境,我设计了草原巴扎叔叔的羊群在五年内的变化情境,学生带着问题,融入情境,开展独立和合作探究,完成了羊种群五年内变化之 T 形曲线和 S 形曲线的绘制,并与种群概念等建立联系,自主建构起对 T 形和 S 形曲线的理解,促进了后续的运用和进一步的内化。这样的学习过程,符合学生心理认知发展的过程,也完全符合上述建构主义的理论。

参考文献

[1] 王景花.基于生物学学科"大概念"的教学策略[J].生物学教学,2019(5):19-20.
[2] 刘锐.中学生应该知道的生物学史[M].合肥:中国科学技术大学出版社,2018:162-167.
[3] 道格·莱莫夫(DougLemov).像冠军一样教学[M].丁浩,赵婕,译.北京:中国青年出版社,2016:80-117.
[4] 李政涛.教育常识[M].上海:华东师范大学出版社,2012:191-198.
[5] 苏珊.A.安布罗斯,等.聪明教学 7 原理[M].庞维国,等,译.上海:华东师范大学出版社,2012:41-57,142-144.
[6] 曹阳阳.细菌生长曲线的模式拟合及聚类分析[D].上海:华东师范大学,2020:10-22.
[7] 李小勤.浅析在初中生物教学中树立学生的主体地位[J].天天爱科学,2016(18):25-27.
[8] 王玉金,孔祥岩.基于任务驱动的初中数学课堂教学模式研究[J].基础教育,2018(14):23-25.

"独合结合"事迹为基体验学写历史人物小传 提升学生历史解释素养

——以学写《拿破仑小传》的教学实践与分析为例

◎ 上海市进才实验中学　师　伟

一、背景

2016年9月,教育部发布了《中国学生发展核心素养》核心框架;2017年,又制定了《普通高中历史课程标准(2017年版)》,明确历史学科核心素养包括唯物史观、时空观念、史料实证、历史解释、家国情怀五个方面。其中,历史解释素养作为历史学科核心素养的重要内容,也是初中历史教学中需要培养学生的关键能力之一。《上海市中学历史课程标准(试行稿)》(以下简称《课标》)指出,"要从学生实际出发,引导他们将自主学习与合作学习结合起来,丰富学习经验,提高学习水平""体验以口头、书面、信息技术等方式表达思想的过程,在小组、班级等场合交流学习成果的方法"。教师在教学中,可以尝试把独立学习与合作学习相结合(简称"独合结合")的学习方式作为历史学习的重要方式,开展自主探究、实践体验、合作交流,满足学生多样化和个性化发展的需要。

历史人物教学是初中历史教学的重要内容。《课标》指出,学生要能够"理解重要历史人物的影响""了解重要人物的基本历史评价""体会历史人物的情感意志和道德情操""认识杰出人物在历史上的重要贡献"。教育部《义务教育历史课程标准(2011年版)》指出:"以唯物史观为指导,客观分析历史人物,要注意坚持正确的价值引领。""帮助学生逐步形成正确的世界观、人生观和价值观。""历史习作是考查学生搜集和处理信息的能力、思维能力、语言文字表达能力的方式。"上述表述对历史人物教学提出了具体的要求,并提供了学生对历史人物评价能力的培养要求。学写历史人物小传是一种体验式学习方式,即学生基于历史人物的主要事迹,通过老师的指导,开展学习、模仿、撰写人物小传的学习过程体验,有机锻炼相应素养。从教学实际来看,学生从未有过如此完整的学习经历;历史解释也存在着诸多的不足,经常出现脱离史实,单纯以个人喜好对人物进行评价,无法对历史人物形成客观、科学的评价等现象。

下面结合教学实践,以初二历史"法国大革命"一课"拿破仑帝国"教学环节中,引导学生学写拿破仑人物小传的教学实践为例,说明通过课前、课中、课后"三程"整合实施"独合结合"学写历史人物小传的体验式学习活动,来提高学生以唯物史观为指导,"独合结合"选择和运用相关史料,撰写特定历史人物小传的能力。并通过体验式学习增进学生对历史学习的兴趣,提升历史解释核心素养。

二、过程

(一)第一节课的实践过程

1. 课前:"独合结合"收集、梳理史料体验

1)收集、梳理史料

学生按照自己的兴趣搜集有关拿破仑的历史资料,包括文字和图片,内容非常丰富。有属于拿破仑早期生涯的,有拿破仑帝国建立后对外战争的,有关于拿破仑组织制订《法典》的,还有拿破仑走向失败的历史资料。此外,同学们还收集到了关于拿破仑的小故事,比如:拿破仑加冕称帝时主动上前急迫地拿取皇冠的故事,滑铁卢战役引发货币战争的故事。有的学生收集到了拿破仑对自己一生的评价,有的学生收集到了拿破仑的名言,还有的学生收集到了拿破仑所有的战争经历。

2)自主分组、自选任务和合理分工

老师引导学生将拿破仑一生的主要事迹分为四个小组。第一小组:崭露头角·政变夺权;第二小组:建立帝国·颁布《法典》;第三小组:对外征战·帝国鼎盛;第四小组:远征失败·兵败落幕。学生按照个人的兴趣爱好自主选择一组,并推选组长。

老师公布组长的职责和每个小组的学习任务,组长全面负责小组的各项学习活动。每组的学习任务主要有:分类汇总、梳理有关拿破仑生平故事及主要事迹等文字和图片资料,并将其业绩按照时间作分类归纳,制作PPT演示文稿进行展示交流。组长组织并协调组员按以下要求进行合理分工:主要考虑同学的学习兴趣,兼顾不同能力层次,组员也可以根据自己的特长,选择适合自己的任务。

据此,班级中每一名学生都领到了适合自己的学习任务,有利于提升他们完成相关任务的自信心和参与后续学习活动的热情。

3)"独合结合"作展评准备

学生按照任务分工的要求开展独立学习和小组合作学习,准备交流展示的PPT演示文稿。活动中,每名学生都能够从班级和小组的角度出发,认真完成份内的任务,责任意识逐渐增强,团队合作意识也得到提升。在此过程中,学生们进一步加深了对历史学科的认识,加强了对文字、口头表达和团队合作等评价基本要素的理解,感受到交流展示准备活动对促进自己语言表达能力和历史学科的综合学习能力提升产生了一定的积极作用。

2. 课中:初评、感受拿破仑体验

过程概要。

(1)学习"法国大革命"教学内容,了解拿破仑登上历史舞台的背景。

师:借助多媒体,讲述法国大革命的起因和过程,板书列出原因和重要事件。→生:听、记录笔记。

(2)组织小组合作交流展示,独立填写拿破仑大事记,巩固课前学习成果,初识历史人物形象,激发学生"独合结合"的学写热情师：组织四个小组借助多媒体，按照时间先后顺序进行交流展示。→生：听、思；按以下小组的顺序和内容进行展示。

第一组：崭露头角·政变夺权，重点介绍土伦战役和雾月政变；第二组：建立帝国·颁布《法典》，重点介绍法兰西帝国的建立以及《拿破仑法典》，角色扮演《拿破仑加冕》（突出两点：拿破仑把教皇叫到巴黎来为他加冕，而且迫不及待地夺下皇冠，自己戴在头上）；第三组：对外征战·帝国鼎盛，重点介绍拿破仑建立帝国后，通过进行一系列对外战争，使帝国的发展达到鼎盛；第四组：远征失败·兵败落幕，重点介绍拿破仑走向失败的重要战役，其中包括拓展内容——拿破仑背后的货币战争，说明对拿破仑的重大影响。

师：同时下发学习任务单，提醒学生注意观察和倾听，不参与展示的学生完善《学写〈拿破仑小传〉课堂学习任务单》（附表1）中的"一、拿破仑大事记"中相关内容，在已有的年代旁边，对应填写拿破仑的事迹。教师做出随机激励与引导。→生：听、记、思；内化。

（3）组织小组竞赛，内化教材知识，强化历史人物形象，激发学生集体荣誉感和团队合作意识。

师：借助多媒体，组织小组自选题目，进行竞赛。要求学生用不同的颜色表示不同的年代，请每个小组的组长选择颜色，并指定本组的同学回答某个年代拿破仑做了哪些大事。这里要求学生回答的问题，与前面整理拿破仑大事记中的内容基本是一致的。→生：听、思，按要求完成任务。→师：借助多媒体，再次出示"拿破仑大事记"，为人物评价夯实史实基础。→生：听、思，内化。

（4）小组合作完成头脑风暴，初评拿破仑，升华历史人物形象，鼓励学生积极发言，学会合作与欣赏。

师：借助多媒体呈现学生要讨论的问题，如"拿破仑为什么能够上台？为什么会成功？"是"英雄造时势"还是"时势造英雄"，你同意哪种观点？老师组织学生分组讨论问题5分钟，巡视各个小组，观察学生讨论情况，并注意随机激发和引导学生思考。→每个小组的组长，负责将组内成员的发言进行记录（附表2），并将讨论的初步结果写在学习任务单上相应位置。→生：思、评；听、记，内化。

师：总结学生发言，引导学生分析当时法国的客观形势和拿破仑自身所具备的条件，以说明拿破仑取得政权的必然性和偶然性，借助多媒体出示评价历史人物的"三原则"和具体的内涵。"三原则"为：全面、客观和辩证。具体包括：一是评价历史人物要以历史人物的主要事迹为依据。二是还要结合历史人物所处的历史背景进行评价。三是要针对其行为对人类社会的发展产生的作用进行评价。对历史人物的肯定与否定——取决于他的行为：是否促进社会的发展；指出：杰出的历史人物，一般都有顺应时代发展趋势的作为，能够推动社会的进步和历史发展。

实效简析：学生通过课上小组合作交流展示、独立填写拿破仑大事记、参与小组竞赛等"独合结合"体验学习的过程，对拿破仑主要事迹的了解逐渐增多，对人物的感受和认识也逐渐深入，从而为后面的人物分析和评价做好了比较全面的史实铺垫。各组探索成果的交流展示，使学生制作PPT演示文稿、口头语言和文字表达能力都得到了有效的锻炼和提升。

学生通过合作讨论的方式初评拿破仑,增加了学习体验,对历史人物评价能力得到了初步的锻炼。在思维碰撞中,学生的责任感和团队合作意识也在加强,知道了对历史人物进行评价的"三原则"和具体的内涵,尤其是要做到以唯物史观为指导,要基于史实、历史背景和对社会发展的影响进行全面、客观、辩证地评价。

3. 课尾和课后:初学、初写拿破仑小传体验

这是指组织学生独立撰写拿破仑小传,内化教材和各小组探究、交流的知识,锻炼观点明确、框架构建、史实梳理、归纳总结和简明扼要地加以表达小传撰写的能力。

主要过程如下。

师:借助多媒体,布置学写拿破仑人物小传学习任务,出示撰写要求,包括观点明确、史论结合、史实正确、语句通顺和逻辑清晰;字数为200字左右;完成撰写时间为20分钟,第二天交老师。借助多媒体,出示教师所写范例——《秦始皇小传》,要求每个学生课后根据评价历史人物的"三原则"和撰写要求,参阅教师示范,完成《拿破仑小传》的撰写;组内选出一份优秀作品作为交流的备选。→**生**:独立观、听、思;课后,琢磨要求,回忆史实,先思后写、完善定稿,内化历史人物小传写法。

实效分析:在以往的教学中,学生们虽然评价过历史人物,但撰写人物小传还是第一次尝试。从撰写情况来说,班级的42个同学都完成了自己第一次撰写的历史人物小传,学生们学写的兴趣很大,而且敢于尝试,大胆地写出了自己的"处女作",学习活动有了一个良好的开端。从字数来看,虽然参差不齐,但是有将近一半的学生字数达到要求。从撰写的内容来看,仅仅有几位学生的作品能够全面符合撰写要求,但他们的文字表达能力有所欠缺。从史观有机融入情况来看,还不够理想,多数学生对拿破仑的评价依然是基于自己的爱好,而不是从人物的事迹是否促进历史发展的角度去考虑。有不到10个学生的评价缺少针对性;有的同学的评价史实部分不够充分,评价的语言比较牵强;还有的同学评价的语言出现较多的口语化表述。个别学生的小传,甚至没有一句评价,小传的内容基本是人物事迹的罗列。上述问题的出现,对于首次体验这种学习方式的初二年级学生来说其实是很正常的。这主要是因为大多数学生是第一次学写人物小传,对于撰写要求的理解和操作并不到位,学生普遍感觉无从下手。此外,初二学生的学业压力也比较重,没有安排充足一些的时间来完成这项作业。

(二)第二节课的实践过程——展示首次撰写的小组优秀作品和进行点评反馈

实践过程(片段):

1. 课中:交流、评价拿破仑小传体验

组织学生,对每一组选出的优秀作品进行展示与评价,锻炼学生的成果展示交流和评价能力。

(1)**师**:组织各组选择一份优秀作品→优秀作品的作者,到班级讲台处进行交流展示;其余**生**:听、思;按照评价标准对作品进行评价,在学习任务单上记录下自己遇到的疑惑之处以及可以借鉴学习的地方。

(2)**师**:逐个评价优秀作品,并提出修改建议;板书列出关键词,要求学生在学习任务单上做好记录,明确继续修改的方向。→**生**:记、内化。

2. 课后：独立修改、完善小传

全体生：在课后按照老师对优秀小传作品给出的点评和修改意见，针对自己的作品进行独立对比、反思、判断、修改和组内开展互助修改，教师加以鼓励，以提高学生的撰写水平。

实效简析：经过优秀作品展示和评价后，学生对撰写的要求有了更加明确的认识。经过独立和合作修改，学生撰写的小传有了比较明显的进步，有的学生还加了自己对人物的理解，还有的学生突破了老师提供的格式，有了自己思考的角度和撰写的风格。总体来看，班级中有超过半数的作品能够初步体现学生对历史人物评价"三原则"的运用，能够初步做到以唯物史观为指导，基于人物事迹对人物进行相对全面、客观和辩证的评价。

（三）第三课中"独合结合"再次展评《拿破仑小传》体验

过程概述。

1. "独合结合"评价学写《拿破仑小传》体验式学习情况，内化教材知识、锻炼历史人物评价能力，增加学生对历史学科的学习兴趣

（1）师：请每个小组所有组员到讲台处，参照评价标准，对自己在学写历史人物小传学习过程中的表现，进行个人自评和组内互评。其他组的成员，对该组整个学习活动表现进行评价。教师注意倾听，随机进行激励和引导。

生：相关小组成员到讲台处，按照要求进行自评和组内评价。→其余生：听、思、内化。

（2）师：请其他组的成员对展示小组的作品逐个作评价。→生：其余三组成员参照评价标准进行点评。→师：注意倾听，并及时进行激励与引导。→生：独立听、思、内化。

2. 评优奖励增进兴趣

教师组织全体同学填写选票，评选出"最佳创作奖""最佳个人展示奖""最佳小组展示奖"和"最佳合作小组奖"。对本次学写历史人物小传体验式学习活动中表现突出的个人和小组，予以奖状和奖品的奖励，以激发学生对今后继续运用"独合结合"方式开展历史学习的兴趣。

3. 讨论交流反思改进

在全班学生完成评价后，各小组组长分别总结本次活动中小组同学的表现，分析收获与不足。老师组织全班学生合作讨论本次运用"独合结合"的方式学写历史人物小传体验式学习活动的收获、不足和改进方向。学生们的交流情况如下。

（1）收获：学生们纷纷表示，经过本次学习、体验学写历史人物小传基本实施过程，体会到了历史学习的乐趣和历史思维的魅力。本次活动有效地锻炼了自己文字、口头表达能力和历史学科综合能力；很多同学表示明显地提高了梳理历史核心知识的能力，增强了独立学习的信心。学生还不同程度地体会到个体对团队的影响，以及合作学习给自己带来的帮助。

（2）不足：一些学生感觉到交流展示时，表现得不够熟练；还有的学生提到在PPT制作方面还有一些细节上的问题有待完善。

（3）改进之处：在交流展示时，语言表述上要尽可能接近初中生的水平，要注意运用符合历史学科核心素养的要求来表达，与文学术语区分开来。此外，交流前的准备工作一定要充分，对于交流的内容要烂熟于心。

4. 教师针对上述交流进行预设的激励和引导

（1）充分肯定每个学生在本次历史体验式学习过程中的努力和付出，每个人都有不同程度的收获；对历史人物小传撰写的"三原则"、基本实施过程和评价标准，都有了比较清晰的认识。

（2）活动中，每位学生都能为了小组共同的目标，积极认真准备自己所承担的任务，克服各种困难，保证任务的顺利完成，责任意识都有所增强。

（3）在学写历史人物小传体验式学习过程中，学生的团队合作意识也得到了较好的体现。希望同学们以此次活动为契机，提升历史学习的积极性和主动性，在提高历史解释素养的基础之上，全面提升历史学科综合素养。

实效简析：第三节课的活动体验是本次学生"独合结合"学写《拿破仑小传》体验式学习经历中最精彩的环节。在活动中，学生先后经历了下列体验过程：第一节课"独合结合"搜集、整理史料，自主分组、自选任务和合理分工，展示准备体验；第二节课感受、初评拿破仑体验，初学、初写拿破仑小传体验，交流、评价《拿破仑小传》体验和独立修改、完善小传；第三节课的"独合结合"再次展评《拿破仑小传》体验，本课这最后一个学习体验环节将"独合结合"体验式学习活动推向了高潮。学生们的展示体现了自己小组的特色，所精心制作的PPT、各具特色的展示和精彩的发言引来了阵阵掌声，体现了初二学生的学习能力和水平。学生的总结和反思，教师的点评和鼓励，也为今后再开展类似活动提供了经验。

三、效果

（一）学生方面

1. 提升了学生"独合结合"体验式学写历史人物小传的素养

1）撰写历史人物小传把握"三原则"方面

学生撰写历史人物小传，需要把握历史人物评价的"三原则"。学生在运用"三原则"指导撰写《拿破仑小传》时，需要做到以下三点：第一，观点明确，要求以唯物史观为指导；第二，史论结合，论从史出，史由证来，要求史实（即历史人物的主要事迹）丰富、准确，评价要对应相应的人物事迹，杜绝个人主观喜好；第三，评价要辩证，即能够从特定的历史背景和事迹对社会发展的影响两个方面看待历史人物。本次学写活动中，学生们普遍能够按照评价历史人物的"三原则"为指导，对拿破仑作出恰如其分的评价；初步学会了把历史人物放在特定的历史背景之下，结合人物主要事迹对历史人物作出比较全面、客观、辩证的评价。

2）学写历史人物小传意识方面

全体学生都能意识到学写历史人物小传体验式活动，对促进自己梳理和把握历史核心知识有一定促进作用；认识到明确了对历史人物评价"三原则"，有助于历史解释素养的提升；同时，认识到这一尝试对于类似历史事件及历史现象的评价有借鉴意义。

3）学写历史人物小传知识方面

本次学写历史人物小传体验式学习，紧紧围绕核心要求即历史人物评价的"三原则"展开，课堂上重点实施了事实为基、合作交流展示、评价三个环节，使学生明确历史人物评价的

"三原则"的具体内容、评价的基础和要素。

4）学写历史人物小传能力方面

将近一半的学生初步具备了把握历史核心知识，即梳理、概括历史人物主要事迹的能力；能够将历史人物主要事迹进行分类的能力；在此基础上，有1/3的学生初步具备了以史实为基础，全面、客观和辩证地评价历史人物的能力；能够初步以历史人物评价"三原则"为指导，史论结合完成《拿破仑小传》的撰写。

5）学写历史人物小传行为方面

纵观学生在本次学写历史人物小传体验式学习中的行为，普遍地表现出了比较高涨的学习热情。虽然，对于大多数同学们来说，第一次撰写历史人物小传的体验并不是很成功，但是他们能够认真参与各项体验活动，积极完成各项任务，尤其是在评价活动中"独合结合"踊跃参与的表现，是这次活动中最大的亮点。在活动中，学生还普遍表现出对于以撰写小传的方式学习对历史人物进行评价产生了较大的兴趣，有继续尝试参与类似学习活动的愿望。

2. 有机提升了学生历史解释等核心素养

学生在本次历史体验式学习活动中，以学写历史人物小传为抓手，有效地锻炼了收集和梳理历史人物事迹的能力；以唯物史观为指导，以人物事迹为基础，比较全面、客观、辩证地评价历史人物的能力也得到了锻炼，历史解释核心素养由此也得到了提升。同时，学生的唯物史观、时空观念、史料实证、家国情怀等历史核心素养，也在不同程度上得到了较为全面的培育。

3. 提升了学生综合素养

本次学生学写历史人物小传体验式学习活动，由于融合了历史学科和地理、语文、信息技术、心理的相关知识，提升了相应的综合素养。学生在梳理拿破仑主要历史事迹时，运用到了法国和欧洲的地图，培养了学生的时空观念，地理素养得到锻炼；撰写历史人物小传，需要明确观点、构建框架，采用叙述与议论相结合的写作方法，注意选用合适的历史材料，精炼地撰写成文，锻炼了学生的写作能力；交流展示环节使学生的口头表达能力得到了锻炼和培养；展示中恰到好处的配乐，使得艺术素养得以提升；在全班面前进行的公开交流展示，使学生的心理素质得到了一定的锻炼；写前的网上收集拿破仑事迹和为交流展示环节制作的《拿破仑小传》PPT，也锻炼了学生对信息技术的掌握能力。

所以，综合来看，本次历史人物小传撰写的体验式学习活动显示出在提升学生历史学科核心素养的同时，也有效地锻炼与提升了他们多个学科的综合素养。

（二）教师方面

1. 提高了小课题研究的能力

在本次学写历史人物小传体验式学习过程中，教师首次和学生共同体验了历史与语文等学科相结合的学习形式，使自己全面了解了历史人物小传撰写的相关基本要素，体验了围绕学生"独合结合"进行小传撰写、修改完善、PPT交流展示、自评互评加再展再评以及评优奖励、讨论交流、反思改进和注意预设、随机激励等环节，进行了务实的实践组织；并对指导学生进行体验式学习全过程的研究——即选定主题、教学设计、实践组织、构思撰写主题式案例、实际撰写案例、评价总结及反思改进等，在科研专家的指导下进行了有效的探索。因此,我在此方面的素养也得到了有效提升,为今后开展类似的历史学科体验式学习积累了实践操作经验。

我对这次研究的设计依据、学生素养发展目标、实施形式、基本思路、具体实施过程等方面,都进行了认真细致的思考、设计和改进,对小课题研究的能力也由此得到了一定的提升。

2. 提升了专业素养

本次探索活动的实施得到了浦东教发院科研专家曹明老师的精心指导,比如如何对课题研究课进行前期设计、如何撰写主题式案例等,这对我在学科日常教学中开展教与学方式方面的自主探索具有启示性;并促进了自己注意结合一定的教研主题,进行自我探索。

(三)学校方面

一是丰富了学校区级课题主题式案例类的研究成果。二是丰富了学科培育核心素养的形式与载体:通过本次体验式学习撰写历史人物小传活动的设计与实施,探索了此类学习中学生历史核心素养的培养实施方式以及相关评价举措,初步构建了历史综合体验式学习的操作框架,总结了实施的经验和拓展了学习的途径,对于学校区级课题的研究起到了一定的促进作用。三是所完成的主题式案例类成果,对学校同类成果的撰写具有一定的启示性。

四、反思

本次学习活动的教学对象是初二年级的学生。他们面临上海市中考新改革后的第一届历史中考,课业压力比较重,所以,活动时间非常有限,导致学生前期准备不够充分;在交流展示环节和小传修改环节,学生的表现还不够理想。

再开展类似的学习活动时,要充分考虑可操作性。教师需要加强实践前的显性设计,可以再进一步细化学生的分工任务、简化活动流程、强化组长职责、完善过程监督。相信有了更显性的设计、细致些的准备、更充裕的时间和精力的投入,学生的表现一定会更加出色,对历史体验式学习方式也一定会有更加深刻的认识与理解,对学生历史解释素养的提升也会有更大的帮助。

附:学习任务单

"学写《拿破仑小传》"课堂学习任务单

班级:_____ 姓名:_____ 学号:_____

小组名称:_____;小组成员:_____

一、拿破仑大事记

表1 拿破仑在事记

时间	事件
1793年	( )崭露头角

(续表)

时间	事件
1799 年	(　　)夺权上台
1804 年	(　　)颁布《法典》
1805 年	(　　)辉煌战绩
1812 年	(　　)元气大伤
1814 年	(　　)帝国灭亡
1815 年	(　　)神话难续
	(　　)时代落幕

二、头脑风暴：初评拿破仑

（一）小组讨论发言记录

表 2　小组讨论发言记录单（组长记录）

小组名称	
记录者(组长)	
发言人	
观点与史实	
发言人	
观点与史实	
发言人	
观点与史实	
发言人	
观点与史实	
发言人	
观点与史实	

(二) 我的收获与疑惑(其他同学记录)

三、交流、评价《拿破仑小传》

(一) 我的疑惑

(二) 借鉴之处

(三) 评价历史人物"三原则"

1.
2.
3.

参考文献

[1] 教育部.义务教育历史课程标准(2011年版)[M].北京:北京师范大学出版社,2012.
[2] 上海市教育委员会.上海市中学历史课程标准(试行稿)[M].上海:上海教育出版社,2004:40-43.
[3] 李屏南.人物评价论[M].长沙:岳麓书社,2000.
[4] 王坦.合作学习的理念与实施[M].北京:中国人事出版社,2002.
[5] 俞卫红.体验式教学模式应用于初中历史与社会教学中的价值分析[J].科教导刊,2015(10):131-132.
[6] 黄国雨.美术在线教学把握"十步" 提升初中生表现表达素养——以"抗疫公益广告设计"教学为例[J].浦东教育研究,2020(4):42-44+45.

初三学生体育中考项目理想成绩和健体兴趣：
在"独合结合"多元实践体验式学习中提升

◎ 上海市进才实验中学　周　瑜

一、背景

近几年，我任教的初三学生在参加体育中考项目测试前数月，往往存在以下三个方面的不足：一是三大球项目综合技术动作不够熟练，二是武术连贯套路动作——弓步、马步、蹬踢和弹踢动作不到位，三是学生对耐力跑项目存在一定的畏惧感。

我在参加学校区级课题"基于独立学习与合作学习相结合的教与学方式研究"的探索中，在初三下学期日常教学时针对以上三大问题，组织学生"独合结合"进行对应的多样化的练习实践体验学习，以帮助全体学生纠正不足，掌握中考体育测试项目动作，争取考出理想成绩，并有机提升学生"独合结合"多元体验实践式学习的素养。

下面以中考体育测试项目中涉及的五个实践案例片段为例，简要说明相应的操作举措与实效。

二、途径

1. 篮球项目"独合结合"听讲、观察演示→模仿实践体验式学习中实施

这是指学生先独立听取教师介绍规则和观察教师演示的中考篮球项目测试的整套动作，再由学生独立进行模仿实践练习→小组成员间相互观察、提醒指正，结合学生课外自主练习体验，以帮助全体学生基本掌握测试动作的要求，增加课外自主练习兴趣的实施路径。

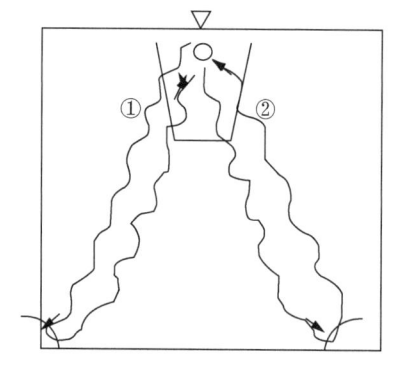

图1　篮球测试项目场地练习走向示意图

片段1：在"篮球半场折返运球上篮"一课中"独合结合"听讲、观察演示→模仿实践体验式学习

（1）师：口头说明体育中考篮球项目测试方法——是由篮球场底线中点出发开始计时，运球至右（左）侧边线中点区域（1米为半径的弧），踩线后返回并运球上篮（未投中者必须补投一次），抢篮板球后运球到左（右）侧边线中点，然后折返并运球上篮（未投中者必须补投一次，补投未进加4秒），投中或抢到篮板球停表并记录成绩。后面每个同学测试

一次按移动黑板上所示的图1进行:

全体生:独立听、思、观,内化。

(2)师:演示整套篮球考试动作→注意进行分解动作方面的停顿与提示→生:独立观、忆、比、思,内化。

(3)师:要求学生独立尝试进行篮球考试动作的练习,小组其他成员注意观察。→生:组内学生逐个按要求独立尝试练习;小组成员注意观察。→师:组织组员间进行交流、讨论,相互指出需要纠正之处。→生:按要求进行交流、讨论与相互指正。→师:注意巡视,并作随机激励与引导→生:独立听、思,内化。

这一过程,增进了学生在课堂和课外自主练习的自觉性,纠正了学生在篮球考试运行动作中的不足之处;逐步帮助全体学生掌握了整套测试动作;也有机提高了学生"独合结合"听讲、观察师生演示→尝试模仿实践体验和相互纠错的实践体验式学习的素养。

2. 足球项目先独立尝试练习、听讲,再"独合结合"模仿实践体验式学习中实施

这是指学生先根据教师提供的文字要求及布置的练习场地等客观条件,独立尝试体验中考足球项目测试的整套动作,再听教师讲解规则和注意事项→学生再次独立进行模仿实践练习,小组成员间相互观察、提醒指正,结合学生课外自主练习体验,以帮助全体学生基本达到测试动作的要求,增进课外自主练习兴趣的实施路径。

片段2:在"足球运球绕杆射门"一课中"独合结合"尝试体验、听讲、模仿实践体验式学习

(1)师:提供文字说明及场地器材布置等条件。体育中考足球项目测试方法,是受测者脚下持一球站在3米宽起点线后,做好测试准备;当听到出发令后,开始用脚运球绕杆,全程要求呈"S"形线路依次绕过5根标志杆。受测者运球绕过第5根标志杆,必须在5米横线上或越过5米横线完成射门(第五根标志杆左右各划5米横线)。球进门、球未进门或未在5米限制线内完成射门者,即为完成全部测试。按场地布置所示的图2进行。

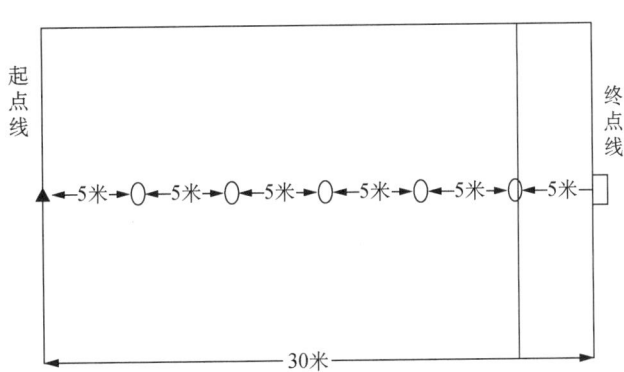

图2 足球测试项目场地练习示意图

全体生:独立看、思、观,内化。

(2)生:尝试体验整套足球考试动作。

(3)师:提出完整动作考试中注意事项和技术要点。→生:独立观察、听讲、思考、内化→师:要求学生再次独立尝试进行足球考试动作的练习,小组其他成员注意观察。组内学生

逐个按要求独立尝试练习;小组成员注意观察。→师:组织组员间进行交流、讨论,相互指出需要纠正之处。→生:按要求进行交流、讨论与相互指正。→师:注意巡视,并作随机激励与引导→生:听、思,内化。

这一过程,培养了学生课堂内"先独后合"自主练习足球考试项目整套动作的能力,增进了学生课堂和课外自主练习的兴趣,在互帮互助中纠正了足球考试动作中的不足之处;逐步帮助全体学生掌握了整套测试动作;也有机提高了学生先独立尝试练习、听老师讲解,再"独合结合"进行模仿练习实践体验和相互纠错实践体验式学习的素养。

3. 排球项目"独合结合"听讲、相互合作→模仿实践体验式学习中实施

这是指学生先独立听取教师介绍规则和观察教师演示中考排球项目测试的整套动作,再由学生独立进行模仿实践练习→小组成员间相互观察、提醒指正,结合学生课外自主练习体验,以帮助全体学生基本达到测试动作的要求,增进课外自主练习兴趣的实施路径。

片段3:在"排球正面双手对墙垫球"一课中"独合结合"听讲、合作演示→模仿实践体验式学习

(1)师:口头说明体育中考排球项目测试方法——站在地上标志线外,自己将球向上抛起(开始计时),连续对墙垫球;将球垫至墙面标志线以上方能计数,反之不予计数;在垫球过程中,球若落地,由考生自行捡球并继续进行垫球,直至时间结束。下面,请同学们参照移动黑板上所示的图3,按序独立进行对墙垫球。

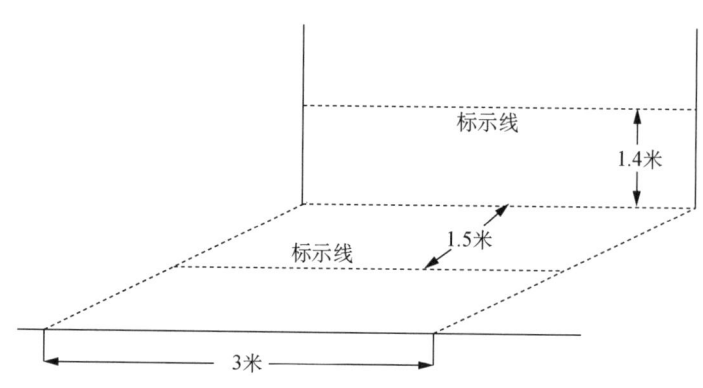

图3 排球测试项目场地练习示意图

全体生:独立看、思、观,内化。

(2)生:尝试体验整套排球考试动作。

(3)师:提出完成动作考试中的注意事项和技术要点。→生:独立观察、听讲、思考、内化→师:要求学生再次独立尝试进行排球考试动作的练习,小组其他成员注意观察。组内学生逐个按要求独立尝试练习;小组成员计时、提醒时间、观察结果。→师:组织组员间进行交流、讨论,相互指出需要纠正之处。→生:按求进行交流、讨论与相互指正。→师:注意巡视,并作随机激励与引导→生:听、思,内化。

这一过程,培养了学生在课堂内"独合结合"听清教师讲解排球考试整套动作要领、合作

尝试进行练习与动作掌握好的组内同学进行演示→其余组员进行观察和练习,纠正了排球考试动作中的相关不足之处,增进了课内外"独合结合"进行练习的兴趣;逐步帮助全体学生掌握了排球整套测试动作;也提高了学生"独合结合"听讲、相互合作、演示互学→模仿实践体验式学习的素养。

4. 武术项目独立观察、听取教师借助多媒体和口头引导、合作模仿实践体验式学习中实施

这是指学生先独立观察、听取教师提供的视频、辅助器材,以及教师口头引导的整套动作要点和测试注意事项,注意把握要领→学生再次独立进行模仿实践练习,小组成员间相互观察、提醒指正、互帮互助,以帮助全体学生基本达到测试动作的要求,增进课外自主练习兴趣的实施路径。

片段4:在"少年连环拳"一课中"学生先独立观、听教师借助多媒体、口头引导的整套动作的要点和测试注意事项,再小组互助模仿进行操练型的实践体验式学习

(1)师:通过多媒体播放中考武术的整套动作和每节课学习的单一动作要点和测试注意事项,提示学生在练习中注意利用好体操房墙面上的镜子、跆拳道练腿脚靶等辅助器材,观察自己的动作是否符合要求。→所有生:快速回忆旧知内容,并根据视频和教师的讲解与提示,独立进行整套动作连贯起来的模仿练习。→师:注意观察,并作随机激励与口头引导,纠正个别学生的动作。→生:听、观;利用镜子,独立尝试体验单个武术动作。→师:针对学生共性问题,指出改进意见与方法。→生:听、思;组内学生再次按要求独立尝试练习。→师:再次利用手机、平板设备,对练习中的小组、学生个体情况拍摄视频并且投射到现场大屏幕上,让学生直观地看到自己完成的动作,向学生提出合理的改进意见。→生:再次观察,根据教师指导,尝试纠正,反复练习,直至基本掌握动作要领。

(2)课外:学生"独合结合"进行自主练习体验。

通过上述过程的实施,学生在课堂中规范了武术考试连贯动作,普遍掌握了单个和整套动作要领,增进了参与课堂和课外"独合结合"自主练习的兴趣,也有机提高了"独合结合"借助多媒体、口头引导进行模仿实践体验式学习的素养。

5. 耐力跑项目学生在"独合结合"练习情境、独立观察、小组合作实践体验式学习中实施

这是指教师利用校园自然地形、男女生混合搭配接力和在定时、定距、变速等特定情境设置条件下,进行"独合结合"耐力跑的实践体验式学习,来化解学生平时不愿练和畏惧感,掌握练习方法,提高耐力素质和耐力跑的素养,并有机提升学生"独合结合"进行实践体验式学习的素养。

片段5:在"中考800米(女)和1 000米(男)耐力跑"一课中,学生在教师创设的特定情境条件下进行练习实践、体验比赛

(1)师:参照某公司"团建"的活动形式,设定教学情境,对学生进行分组,分组时,每一个小组中,既有女生,也有男生;既有耐力素质好的学生,也有一般的学生,让每个小组的整体耐力素养实力相当;并让各小组自主取名。要求学生在跑时,必须按教师指定的校内路线(经过不同的地形)和符合"三要求"(定时、定距和变速)。→全体生:听、思;在组长的带领下,为自己的小组取上队名,如:红色警戒、蓝色巅峰等,穿上统一的分队服。→师:明确获胜要求,组织学生赛前准备。→各小组生:积极讨论本组参赛方案,尤其是耐力差的组员,要坚持跑下去;所有小组成员投入比赛。→师:巡视指导、担任裁判监督工作;注意随机激励与引导。→生:听、思,积极投入比赛。

（2）全体生:最终,都能按路线和"三要求"跑完全程。→师:鼓励全体学生和相关小组及部分耐力弱、但还是能在同组成员的鼓励下,坚持按规定跑完全程的学生——请思考:这说明什么?→被提问学生1:耐力跑没有那么可怕,只要坚持,还是能够在规定时间内跑完全程的;被提问学生2:掌握耐力跑的方法也很重要,跑起来可以轻松一些;被提问学生3:小组合作跑,比一个人跑更有趣,尤其是男女生搭配,干活不累(众笑)——这个有科学道理的,因为男女生都不想在异性面前出洋相(众再笑)。

通过实施上述过程,可以看出创设情境、独立观察、小组合作进行耐力跑实践体验式练习,增强了学生课内外自主开展耐力跑练习的兴趣;掌握了耐力跑的方法;减轻了对于耐力跑练习的畏难心理,基本养成了不怕困难、敢于挑战的体育精神;促进了小组同伴间互相鼓励,更好地激发了学生的参与意识,也增进了对"独合结合"开展练习、对男女生搭配下开展小组合作耐力跑实践体验式学习价值的认识,提高了耐力跑练习的素养。

三、实效

（一）学生方面

1. 中考体育项目技巧掌握方面

一是学生熟练地掌握了三大球项目综合测试技术动作,并能巧妙地运用于日常练习;二是弓马步、蹬踢、弹踢动作达到规定要求,武术精、气、神的姿态得到充分展现;三是掌握了有效的耐力跑技巧,测试时能做到沉着大胆、充满自信。

2. 日常练习兴趣方面

根据教师对学生日常健体行为方面的观察、个别了解和课上练习表现以及与部分家长沟通所得可知:学生在校时的课间,能三五成群地进行相关体育测试项目的非正式比赛;在家,能够针对自己体育中考的薄弱项目坚持进行一定时间的自主锻炼,直至基本过关;碰到技术动作不熟练或没有掌握时,还能主动请教老师、同学和家长。这实实在在地表明:学生普遍增强了课内外(包括在家)进行体育中考测试项目锻炼的主动性——从而也带来了练习效果的高质性。

3. 中考体育项目测试成绩方面

由于围绕中考体育测试项目,全体学生坚持了数月的"独合结合"多元实践体验式学习,不仅纠正了原来三大类测试项目技术动作方面存在的偏差,还激发了学生课内外(包括在家)"独合结合"进行练习的兴趣,注意交流练习中的经验教训,因而整体提升了初三学生的中考体育项目测试成绩。如本校2020届学生体育中考的平均分为27.8分,超过浦东新区区平均分2.5分。

4. "独合结合"多元体验实践式学习素养方面

1) 意识方面

一是价值意识方面。在三大类中考体育项目多元实践体验中,学生通过独立观察教师的讲解、演示,以及独立练习中组员间的帮助观察、练后交流与帮助指正等,普遍感到了合作练习的优势。二是学用意识方面。由于认识上有了提高,因此,学生普遍对于在相关体育测试项目中坚持"独合结合"进行多元体验练习的实践有了自觉性,如日常在校三五成群地在一起进行练习与切磋;孩子在家常会与家长一起讨论练习技巧,并开展亲子练习,努力提高练习的整体水平;可贵的是,学生独立学习与合作学习相结合地学习健体技巧和开展实践体验练习的主动性、坚持性都有所增强。

2) 能力方面

一是学生独立听老师讲解和观察师生演示动作技巧的理解能力普遍得到提升,二是学生独立进行相关中考体育测试项目技术动作练习和自我纠错能力得到提升,三是在动作技巧练习实践中,同学之间同步进行练习和互为观察、讨论和指正纠错的能力得到提升;四是部分学生毕业后来校看望老师时表达了这样的谢意:还好中考体育测试满分了,所以能够进入理想高中(具体略);也有学生说,亏得周老师当初想方设法让我们坚持练习,项目技巧都能够过关,就比较适应在高中学习中体育项目的锻炼要求了。

3) 良好行为习惯方面

一是在课堂练习中,学生能够注意独立思考、加强动作体验、相互观察、适时纠错。二是课间时,学生能够主动、积极地走出教室,参与和他人合作练的体育活动(学生随机、自发组织的),并能互相鼓励、点拨、互学。三是在家里,孩子不仅能够主动坚持锻炼,而且还能用已学的健身知识来指导父母进行居家锻炼,促进了亲子交流。

(二) 教师方面

在经历了参与学校区级课题"基于独立学习与合作学习相结合的教与学方式研究"的主题式案例的实践研究和总结中,提升了我基于独立学习与合作学习相结合的教与学方式之多元实践体验式学习方式研究之主题式案例类成果总结的能力——一是能确定案例主题,构建撰写框架;二是能搜集、挖掘案例片段实例与价值,进行案例撰写,归纳案例实效;三是能总结整体实效;四是能定位案例意义观点,阐释意义所在;五是能搜集到有针对性的参考文献进行阅读。案例文稿经历11次修改,使本成果的总结实现了变虚为实,变各部分游离为互为匹配,变平平叙述为有血有肉有厚度。正是因为这"三变",又带来了成果质量的显著提升。

这"三变"启示了我:在今后的体育教学实践与成果总结中,需要注意"五个加强":一是需要与时俱进,加强理论和操作实践方面成果的学习与内化(尤其需要真正消化浦东教育发展研究院资深科研员曹明老师关于区级课题之主题式案例撰写模板、所提供指导的实例和个别辅导中提出的问题及具体实化、细化撰写方面的提示与说明);二是需要先确立研究主题,加强事先设计,细化为好;三是需要加强有针对性的实践,注意多积累一些过程性探索资料;四是需要及时梳理,总结局部的实践经验;五是成果总结,需要注意上述"三变",以促进研究成果质量的不断提高。

(三)学校方面

一是拓展了学校多元体验式学习方式的具体实施类型——初三体育中考测试项目类的实践(含五个小类);二是丰富了学校区级课题研究的主题式案例类成果;三是启发了本校体育项目教学的实践探索,有助于主题式案例类成果的总结。

四、反思

一是需要加强实践研究前显性的实化、细化设计,二是需要加强对学生分类了解和"独合结合"实践体验式练习的对应指导,三是需要加强显性的过程性激励。

五、意义

本主题式案例的研究能够在较短的时间(3个月余)取得明显的实效,彰显了"独合结合"多元实践体验式学习在提升学生中考体育项目训练素养方面的独特"五性"价值。

(一)加强落实课内外多元实践体验练习时的主体性

案例片段四的实施过程表明,学生是学习的主体,符合测试要求的动作要点和注意事项是在学生"独合结合"坚持练习中获得的。

可见,教师避免灌输式的枯燥教学方式,引发学生自觉投入观察、听讲和"独合结合"地坚持进行课内外操作性练习,其实效也得到了保证。

(二)注意提高学生参与多元实践体验练习时的趣味性

如,案例片段五,学生对教师创设的耐力跑形式感兴趣;再加定时、定距、变速等特定条件的设置,对学生来说具有一定的挑战性。因此,整个过程男女学生能够互相激励,克服畏难情绪,注意掌握耐力跑的要领。最后,全体学生都在规定时间内坚持跑完了全程;再加有课外自主练习的配合,教师对学生加强随机激励,最终耐力跑的测试成绩普遍得到提高。

可见,耐力跑的形式变化和一定的挑战性条件,必要时的男女生小组混编练习结合随机互相激励,可以激发学生参与练习、努力达到目标的兴趣和勇气,从而实现独练难以达到的效果。

(三)关注促进学生参与多元实践体验练习时的体悟性

上述五个案例片段的过程告诉我们:学生不论是独立听教师(有时包括同学)讲解技术动作、参试注意事项、观察演示,还是"独合结合"进行相关测试项目技术规范动作的练习以及互相讨论、指正、注意纠错,最终都是学生或独或合地吸收、内化的结果。

从中我们可以感受到:学生"独合结合"地进行听、观、练、思、再练、总结中得到自己的经验——即体悟所得价值的不可取代性。

（四）保持学生"独合结合"练习实践过程中的及时反馈性

在实施过程的五个案例片段的学生"独合结合"练习实践中，教师注意加强观察，对出现的问题及时作随机的集体和个别辅导：学生独立练习时注意与技术动作规范、测试注意事项等进行对比和优化；组内成员练习时，能够相互观察、讨论交流，指出动作的不足或错误之处，帮助同学自主纠错。

可见，教师（有时包括学生和家长）关注学生/同学/孩子测试项目在日常练习中技术动作规范化的情况，及时予以提示，也是全体学生体育测试项目最后能够全部通过和优秀率达成度高的重要保证。

（五）保证学生参加过程性和结果性多元实践练习的实效性

从上述五个案例片段的实效可知：课上，学生分项目练习体验实践的参与性是普遍的，兴趣是高的，练习技能是逐步得到提高、巩固的；课间，"独合结合"地进行自发练习的行为是经常可以看到和受到师生激励的；在家，独立或在家长的配合下，能够坚持进行一定时间和量的练习，是有日常时间落实的——这些，都保证了过程性练习的高效性。学生经过3个多月的坚持练习，从中考体育测试项目的结果可知：他们"独合结合"在课堂、在课间与在家坚持进行多元实践体验式练习所取得的效果，是明显的。

总之，针对问题与背后的原因，结合学校区级课题的要求，寻找合适的"独合结合"教与学方式，主动加以思考、设想、行动、评估与调整→坚持行动，就能够有效地化解体育中考测试项目中学生的现实问题，取得令多方满意的实效。

参考文献

［1］上海市教育委员会.关于印发《上海市初中毕业升学体育考试工作实施方案》的通知.沪教委规〔2019〕4号.
［2］桂海荣.体育体验式学习模式的探索［J］.广州体育学院学报,2006,26(5):124-126.
［3］周修明.体育体验式教学探讨［J］.湖南工业职业技术学院学报,2012(5):111-112.
［4］周颖花.实施"四策" 提高高中女生体育课练习密度和强度［J］.浦东教育研究,2018(4):59-61＋62.

"独合结合"劳技实作式学习实施"三程·十七步"提升学生木艺制作素养

——以"木艺笔筒制作"单元教学实践与分析为例

◎ 上海市进才实验中学 黄黎黎

一、问题提出

（一）概念界定

基于独立学习与合作学习相结合（简称"独合结合"）的劳技实作式实施"三程·十七步"提升学生木艺制作素养的探索，指的是在劳技教学中，采用独立学习与合作学习相结合的教与学方式，按照实作前、实作中和实作后"三程"共计十七步的操作步骤完成相应的教学任务、学生制成相关作品过程的探索，从而有效提升学生对木艺制作的相关意识、知识、能力和良好行为习惯的养成。

正值学校开展区级课题"基于独立学习与合作学习相结合的教与学方式研究"的实践推进之际，我选择了其中以"实作式"为教与学方式的主题，在木艺笔筒的制作单元教学中进行实践研究，重点探索实施"三程·十七步"，来提升学生"独合结合"学习木艺制作的意识、知识、能力和良好行为习惯等"四素养"，并增进劳动光荣观，进而提升学生的整体劳动技术素养。

（二）研究依据

1. 落实中国学生发展核心素养精神的需要

2016年9月，教育部发布了中国学生发展核心素养研究相关成果。中国学生发展核心素养以培养"全面发展的人"为核心，综合表现为人文底蕴、科学精神、学会学习、健康生活、责任担当、实践创新等六大素养。其中"实践创新"素养与劳动技术息息相关，主要是学生在日常活动、问题解决、适应挑战等方面形成的实践能力、创新意识和行为表现，包括劳动意识、问题解决、技术应用等基本要点。

根据中国学生发展核心素养的精神，学生应该尊重劳动，具有积极的劳动态度和良好的劳动习惯；具有动手操作能力，掌握一定的劳动技能；善于发现和提出问题，有解决问题的兴趣和热情；能依据特定情境和具体条件，选择制订合理的解决方案；具有学习掌握技术的兴趣和意愿；具有工程思维，能将创意和方案转化为有形物品或对已有物品进行改进与优化等。

2. 落实劳动技术课程标准相关精神的需要

《上海市中小学劳动技术课程标准(试行稿)》(2004)指出,劳动技术课程的基本理念:以提高技术素养为目标,关注学生终身发展;以掌握基本知识、技能为基点,促进学生对技术的理解与应用;以激发学生学习的兴趣为引导,开发学生的创造潜能;以解决实际技术问题为途径,培养学生的综合实践能力;以实施多元评价为手段,促进学生的个性发展。

3. 提升学生"独合结合"木艺制作素养的需要

劳技课作为实作式学习为主的综合实践课程,学生不仅需要独立完成一部分学习实践任务,也需要和其他同学合作学习。特别是木艺制作,更需要学生之间的配合、交流。同学们在"独合结合"学习木艺制作品的过程中,学会思考、学会设计、学会制作和装饰,逐步形成正确的劳动光荣观和价值观,不断提升木艺制作素养。

木艺制作意识素养,最基础的是学习意识和运用意识;知识素养,主要指能认识各种工具、材料,能知道设计与制作的方法和要求等;能力素养,包括基本程序性能力和具体方法性能力素养两方面;良好行为习惯素养,主要包括遵守基本程序性行为和实作的准备,实作中的合理排料以节约材料、安全操作,实作后的工具归位、桌面与地面整理、清洁等。

在我任教的七年级学生中,发现他们在木艺制作"四素养"方面都有一定的欠缺。学生并不清楚开展劳技课的价值和意义,缺乏学习的兴趣和动力;对于相关的基础知识也知之甚少,比如不知道布料、木材等常见材料的种类、用途;不会正确使用一些常用工具,如美工刀、针线等。特别是能力素养当中程序性能力的缺乏尤为突出。老师布置任务后,有些同学虽然知道需要按照既定的步骤去做,但不知道完整的步骤,也做不到每次都能按照步骤去操作;另外,有部分学生根本不知道需要按照一定的流程去操作,对于布置的任务束手无策。这就需要在每次制作前、制作中、制作后渗透相关"四素养"的培养,尤其是"三程"基本制作步骤的程序性能力培养。

鉴于以上现象,通过开展相关"独合结合"实作式学习的研究来提升学生木艺制作素养,显得尤为迫切。

4. 推进学校区级课题研究的需要

学校的劳技学科任课教师比较少,相关的实践研究也比较少,正值学校开展区级课题"基于独立学习与合作学习相结合的教与学方式研究"的实践探索之际,我选择了其中的"实作式"为探索主题来提升学生"独合结合"的木艺制作"四素养",并增进劳动光荣观,进而提升学生的整体劳动素养。

二、实践探索

本课题主要探索通过"独合结合"劳技实作式实施"三程·十七步"(图1)来提升学生木艺制作相关"四素养"。现以我于2020年9—10月执教的七年级木艺笔筒的制作单元为例,概述实践探索的举措与结果。

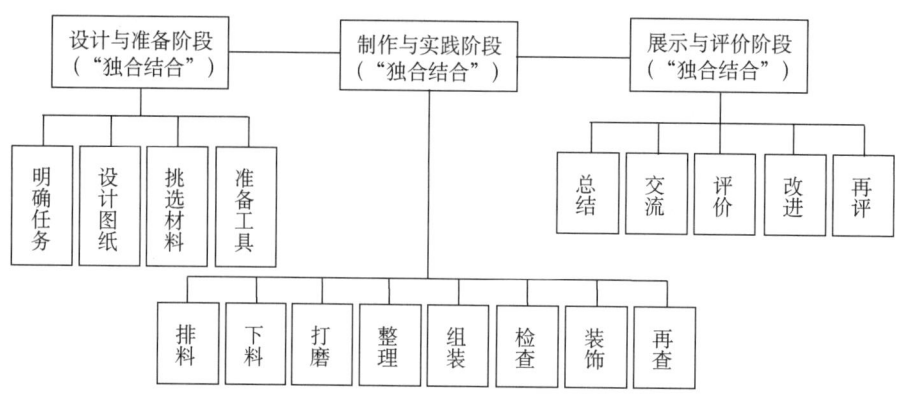

图1 "独合结合"劳技实作式"三程·十七步"实施木艺笔筒制作学习结构图

（一）设计与准备阶段

1. 明确任务

教师首先明确实践任务和基本要求,包括作品名称、基本功能、制作材料等。以木艺笔筒为例,作品名称:木艺笔筒;基本功能:至少可以作为笔筒使用;主要材料:桐木板,辅助性材料可自选。

2. 设计图纸

对于初一的学生来说,图纸绘制比较重要且有一定的难度。故教师先举例讲解,学生再独立尝试绘制设计图。

在木艺笔筒的制作中,教师以简易长方体笔筒(外尺寸为:长50厘米,宽50厘米,高100厘米)的设计为例,详细讲解立体图、分解图和尺寸图的绘制方法。

学生模仿独立设计一个自己中意的个性化木艺笔筒。

1) 学生独立绘制木艺笔筒的设计图

教师提示学生,可以在长方体笔筒的基础上做适当改变。教师提醒学生绘图要求:要用铅笔、直尺、橡皮等文具绘制,直线要直,曲线要光滑;设计图上要注明尺寸及所需材料及数量;大小与结构布局要注意合理。

2) 小组检查

教师要求学生合作小组成员间互查设计图的绘制是否为按照要求操作、笔筒的大小是否适中、结构是否合理?对不符合要求的,需要进行修改。

3) 小组推荐并作全班展示,参与合作评价,明确修改和完善设计图的方向

4) 独立修改,完善设计图

学生根据优化意见,独立完善设计图的绘制,图2是部分小组的成员完善后的木艺笔筒设计图。

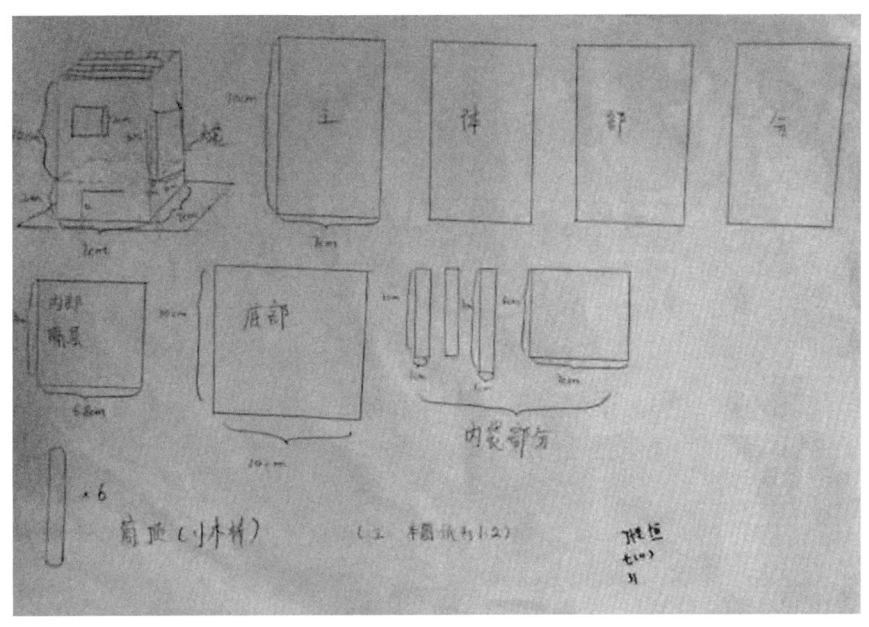

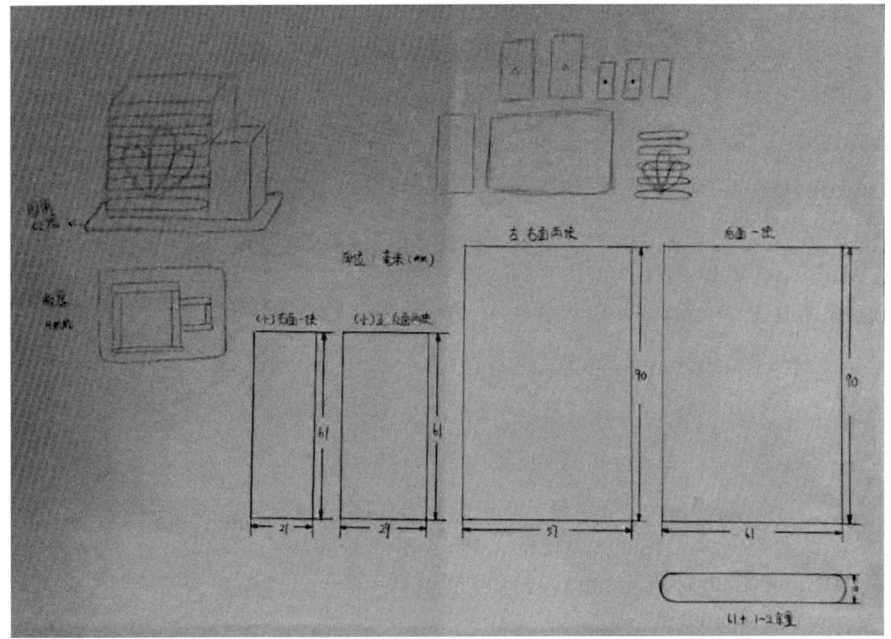

图 2 学生木艺笔筒设计图

3. 挑选材料

学生按照自己的设计图,从老师那里挑选所需的桐木板。挑选时要按照两个原则:一是木板的质量,提醒学生注意观察木板是否有裂痕等损坏情况;二是要按需领取,节约材料。教师提示学生:要按照尺寸图上的数量和尺寸,挑选合适的主料木板,杜绝浪费;辅助性材料可由大家自行准备。

4. 准备工具

在木艺制作中，手工锯子、锯条、砂纸、锥子、百得胶等主要工具和用材，由教师准备。瞬干胶、美工刀、剪刀等辅助性工具和用材，由学生按需准备。

在这一阶段中，学生以独立学习为主、合作学习为辅完成了作品的设计图。大多数学生的设计图，除了符合最基本的要求——即能作为笔筒使用外，还融入了学生喜欢的个性化元素。从笔筒的外形来说，除了设计成方形的，还有部分同学设计成了三角形、五边形、六边形和不规则形状的；从功能上来看，有的同学设计了带抽屉的，有的设计成可以夹便签的，还有的是带相框的等。学生还能够按照需求挑选合适的材料和工具等，为后面的实践操作打好基础。经过这一阶段，学生对木艺笔筒的设计思考与想象能力、笔筒大小与结构布局、用材和装饰等的合理设计能力得到了提升，对于制作有个性有特色的笔筒充满了信心和动力，很好地激发了他们对开展实际木艺笔筒制作的兴趣。

（二）制作与监控阶段

1. 排料

学生根据设计图的外形和尺寸，使用直尺、铅笔等工具，独立在木板上进行排料；排料时，注意合理分布，既要节约材料，又能节约工序；锯割线之间，要预留损耗距。

2. 下料

学生用手工小锯子对木材进行锯割。

学生除了独立锯割外，组员间还需要互相监督和合作互助完成拟用材料的锯割。组员间特别注意相互提示：锯条的安装方向是否正确、螺丝是否拧紧、锯割方法有没有错误、锯割面是否平整等。

特殊情况下，组员间还需要协同操作。比如在相关木料一次锯割结束前，需要其他同学帮忙扶好木材另一侧，以免出现断角等损坏木板的现象；另外，曲线锯割、镂空锯割时，也需要其他同学协助操作，以起到事半功倍的效果。

3. 打磨

木材切下后，在有需要的地方，学生独立用砂纸打磨光滑平整，组员间要互相监督，保证质量过关。

4. 整理

下料、打磨后的垃圾和灰尘，每次操作完成后，学生要将垃圾处理掉，收拾好工具、材料。组员间要互相检查和监督，保持环境整齐干净。

5. 组装

组装的方法有很多，我们采用百得胶粘贴。虽然百得胶牢固度比较好且安全，但黏合时间长，刚粘上去容易打滑、移动，需要同学们协助操作，从而大大提高了木板的连接效率和质量。

6. 检查

笔筒基本完成，学生需要仔细检查作品是否牢固、是否需要改进和修补。学生自查和互相检查时，如发现问题，就及时进行修改。

7. 装饰

学生可以用任何材料对笔筒进行修饰，这是体现学生个性与创意的过程之一。常用的优质装饰材料有彩笔、颜料、彩纸、布料、毛线、玩偶、彩陶等。教师注意提醒学生，装饰是点睛之笔，目的是让作品更有个性，更完美；装饰也要有一定的主题和思想，而不是简单的、随意的、杂乱的堆砌；学生可以独立完成，也可以在征询与吸收组员的意见后完成。

8. 再次检查

作品完成后，同学们再一次自查和互查有无需要修补和改进的地方。如果是合理的建议，相关组的学生须抓紧时间作修改。

在第二阶段中，学生经历了木艺笔筒制作实施阶段的八个步骤，通过"独合结合"的实践操作完成木艺笔筒的制作。学生看到自己的设计变成了实物，成就感油然而生，自然而然地感受到了劳动的乐趣，有利于培养学生积极的生活和学习态度、勇于创新的能力及良好的劳动、实作行为习惯。图 3 是学生的几个木艺笔筒作品。

图 3　学生木艺笔筒作品

(三) 展示与评价阶段

1. 总结

分为小组内部总结和全班交流。组内学生自由讨论，谈谈自己在木艺笔筒制作中的感受。同学们踊跃发言，有的发现设计时的一些设想无法实现，再如何变通和修改原方案；有的讲述了组装的心得体会；还有的重点描述了自己在装饰方面的一些奇思妙想……组长将自己小组的发言做好记录并归纳，在全班作总结交流，教师及时给予肯定和补充。

2. 展示

每个小组推荐1~2个比较好的作品在全班作展示。学生先是利用课余时间做好展示所需的照片、视频和其它素材的收集及说明文字的撰写和PPT制作等前期准备工作，然后，组内成员互相协作，完成展示工作。

展示时，学生可以从设计思路到制作过程和制成品的特色，以及需改进的地方作说明，并接受其他同学的提问及建议。教师也注意及时总结，多做肯定性的评价，并提出切实可行的建议，让学生感受分享的乐趣。图4所示是学生在按小组进行展示的场景。

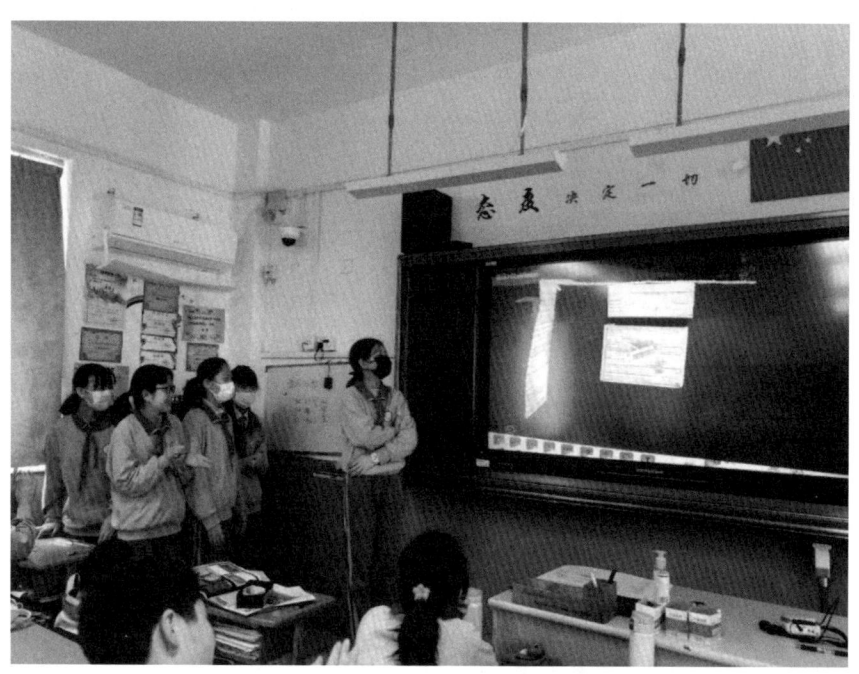

图4 小组交流展示木艺作品

3. 评价

在木艺作品的评价中，主要是参照评价标准，采用自评、互评、师评相结合的方式进行评价。

评价标准见表1。

表1 "独合结合"实作式"三程·十七步"制作木艺笔筒评价标准

评价项目Ⅰ(分)	评价项目Ⅱ(分)	评价要求(分)	自评(分)	互评(分)	师评(分)	均分(分)	项目小计(分)
独立表现(20)	独立思考	明显(10~9)					
		较明显(8)					
		一般(7~6)					
		较少或无(5~0)					
	积极主动	明显(10~9)					
		较明显(8)					
		一般(7~6)					
		较少或无(5~0)					
合作表现(20)	合作有效	明显(10~9)					
		较明显(8)					
		一般(7~6)					
		较少或无(5~0)					
	合作友好	明显(10~9)					
		较明显(8)					
		一般(7~6)					
		较少或无(5~0)					
作品质量(40)	作品与设计图是否相符	符合(10~9)					
		较符合(8)					
		一般(7~6)					
		较少或不符合(5~0)					
	作品是否稳固	稳固(10~9)					
		较稳固(8)					
		一般(7~6)					
		较少或不稳固(5~0)					
	作品美观度	美观(10~9)					
		较美观(8)					
		一般(7~6)					
		较少或不美观(5~0)					
	作品展示交流的效果	好(10~9)					
		较好(8)					
		一般(7~6)					
		较少或不好(5~0)					

(续表)

评价项目 Ⅰ(分)	评价项目 Ⅱ(分)	评价要求(分)	自评(分)	互评(分)	师评(分)	均分(分)	项目小计(分)
行为习惯(30)	桌面、地面整洁程度	整洁(10~9)					
		较整洁(8)					
		一般(7~6)					
		较少或不整洁(5~0)					
	工具是否及时归位	总是能(10~9)					
		大多能(8)					
		一般(7~6)					
		较少或不能(5~0)					
	材料遗失、损坏现象	从未有(10~9)					
		较少有(8)					
		一般(7~6)					
		较多或总是有(5~0)					
特色加分(10)	加分理由	明显(10~9)					
		较明显(8)					
		一般(7~6)					
		较少或无(5~0)					
总分(分)				等第			

评价要求:(1)满分:作品评价满分为120分;(2)特色加分处理:特色加分计入总分,计入后的总分不能超过满分;(3)权重:各评价主体权重一致;(4)分数与等第的转换:120~108分,为优;107~90分,为良;89~72分,为合格;71~0分,为须努力。

4. 先"合"再"独"进行改进

通过展示及评价,学生找到自己作品的不足之处。针对这些不足,同学们听取组员和到家后征求长辈的意见,独立制订改进方案,对作品加以改进和完善。比如,有同学设计了带抽屉的笔筒,但是抽屉很容易掉落,在总结组员的意见后,最终找到了简便而有效的方法。

5. 再次交流评价

组内推荐出改进成功的作品,教师再次在课堂上组织交流评价。对于改进后确实有成效的,可以修改原评价表上的分数以资鼓励。

在作品展评阶段中,通过总结、展示、评价、改进、再次交流与评价五个步骤,学生学会了对自己的实践过程和成品作总结,能通过多元化的方式和手段展示自己的作品,能基本公平公正地开展自评与互评。特别在改进阶段,有三分之一的学生针对自己作品中的不足之处,合理听取了他人意见,独立判断并选择合适的改进方案,对作品进行了完善。通过这一阶段的学习,学生"独合结合"学习木艺笔筒制作的能力有了进一步加强,木艺制作整体素养得到了明显的提升,学生的实作兴趣和热情再次被有效地带动起来。

三、主要成效

(一) 学生方面

1. 学生木艺制作"四素养"方面

通过"独合结合"实作式实施"三程·十七步"木艺笔筒的设计、制作与发表、评价,学生的木艺制作"四素养"得到了明显的提升。

1) 意识方面

通过本次木艺笔筒制作的单元学习实践,学生对学习木艺制作的兴趣有了大幅度的增强,也逐步认识到了木艺制作的价值和意义。这不仅仅是一种实践体验,也是一种情感上的体验。学生在"独合结合"的木艺笔筒实作式探索中,经历了从设计、制作准备到完成作品和展评与改进的过程,充分感受到实践创造带来的乐趣,逐步增强了学习意识和运用意识,为后续发展打好了基础。

2) 知识方面

学生在木艺知识方面有了一定的积累和进步。一是木材知识。通过这次"独合结合"的实作式学习,学生知道了更多品种的木材,比如桐木、香樟木、红木、松木等,也了解了这些木材的特点和用途。二是设计方面的知识。基本掌握了木艺设计图的合理布局、用料、绘制方法和要求,知道了要绘制立体图、尺寸图和分解图。三是制作方面的知识。掌握了木艺制作中通常使用的操作方法,尤其是各类工具的使用方法,和程序化地进行木艺制作的基本流程。四是拓展方面,比如通过展示交流,学生学会了怎样更好地用语言、文字、图片相结合去展示自己的作品。

3) 能力方面

通过"独合结合"实作式实施"三程·十七步"木艺笔筒的设计与制作、展示、评价和改进的过程,学生对木艺制作的实践技能,包括设计、锯割、组装等基本操作技能和按照一定流程进行操作的过程性能力,得到了大幅的提升。一是学生学会了如何绘制设计图。二是巩固了锯割、打磨、组装等操作技能。三是学生的程序性操作能力有了普遍加强。在后续木艺相框的设计制作中,学生很好地沿用了木艺笔筒"独合结合"实作式"三程·十七步"的流程进行实践活动,取得了很好的效果。四是学生的展评交流能力也有了加强。通过不断实践,学生的木艺制作能力逐步从不会到会,到进一步掌握,直至熟练。

4) 良好行为习惯方面

在实践中,学生通过学习和反思,进一步培养了他们在木艺制作中的良好行为习惯,如,专用教室管理员以前经常抱怨木艺制作后教室比较脏乱的现象,目前已经基本没有了。这对学生逐步形成正确的劳动光荣观也起到了一定作用。

2. 学生劳技整体素养方面

1) 兴趣方面

学生普遍增强了学习劳动技术的兴趣。当看到自己经辛勤劳动换来的成果,很多同学转变了想法,对于劳技制作充满了热情和期盼,经常能听到同学们谈论在劳技制作中的心得。

2) 知识、能力方面

学生的相关知识得到了巩固和拓展。一是巩固了劳技学科的基础知识。比如学生普遍掌握了金属易拉罐制作的类型和处理方法、长寿花如何养护和繁殖、鱼类的知识及清蒸的烹饪方法等。二是实践操作能力得到了提升。如学生的养花、烧菜、纸艺康乃馨、衍纸贴画等能力得到了有效的锻炼。三是原先比较薄弱的基本程序性能力素养方面有了很好的改善。比如,在"立体牙签模型的设计制作"的教学活动中,学生已经能够自觉按照实作的基本程序(设计、准备、制作实践和展示评价)进行"独合结合"实作式学习,有效地完成了任务。

3) 良好行为习惯方面

促进了良好劳技行为习惯的养成。学生不仅在木艺制作方面逐步养成了良好的行为习惯,并且移植到了劳动技术整体素养方面。在整个制作过程中,学生能及时整理工具材料,和同学间友好合作、互帮互助。并且,学生普遍增强了劳动光荣观,班级卫生工作认真主动,注重个人卫生,着装整洁等。还有家长反映,有些孩子在家里也能主动做一些力所能及的家务活。如图5至图7所示是学生在进行一些劳作活动及制作的一些实物。

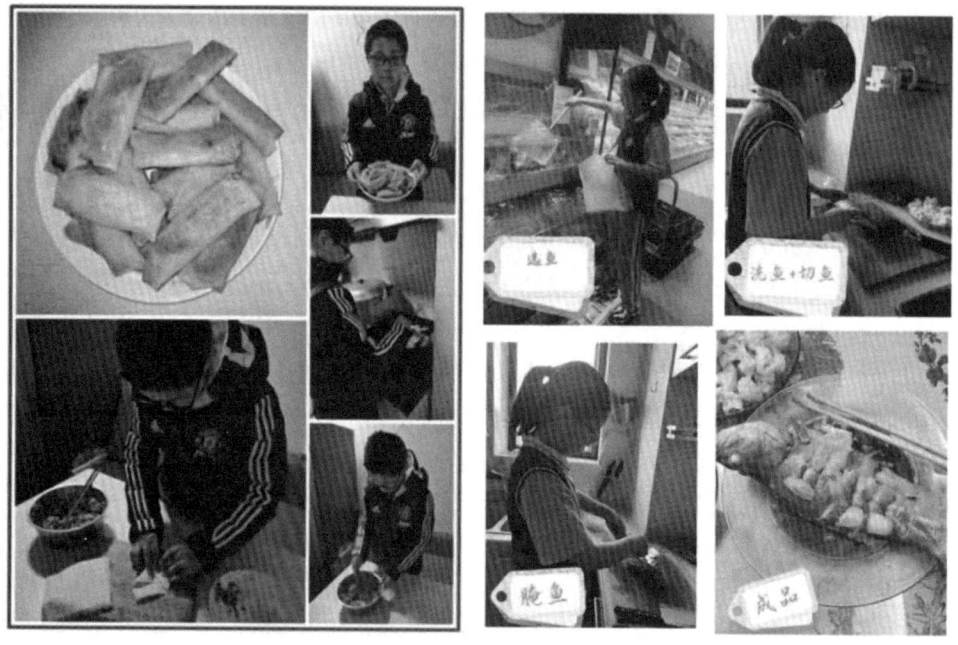

图5 学生在家做菜

图 6　学生土培郁金香

图 7　学生劳技作品

(二) 教师方面

1. 课题研究素养方面

通过这次基于"独合结合"劳技实作式实施"三程·十七步"提升学生木艺制作素养的实践探索,从课题设计、实践、总结反思到改进完善,我在课题研究方面的能力有所提升,尤其是程序性能力得到了加强。对于如何开展课题研究的基本流程有了比较清晰的认识。

2. 其他专业素养方面

本单元教学(8课时)的实践,对这种实施"三程·十七步"木艺教学程序性的教学步骤,有了更深的体会,并注意迁移引用到其他的劳技教学中,比如金属片剪贴教学。

教研能力也有所提升。日常教学中,当我看见一些与劳动教育有关的现象,能积极地去思考,主动地去做一些研究。比如,牙签立体模型制作中,有的同学从安全角度考虑使用白胶;有的同学觉得白胶黏合时间太长,使用瞬干胶;还有的同学使用热熔枪等。研究这些黏合剂的优缺点是非常有意义的事情,可以使教学更有效,而且能开拓学生思路,带动学生多思考。

另外,通过这次比较规范的整理和总结,学会了主题式案例总结的方法,习得了一项新技能。在以后类似的实践探索中,能更好地加以运用,。这对于今后的劳动教学与主题探索是很好的经验和体会。

(三) 学校方面

一是促进了学校课题在小学科中的研究;二是丰富了学校区级课题的实作式主题式案例类成果;三是对于其他学校的实作式劳技教学起到一定的促进作用。

四、若干反思

通过本次课题研究,对基于"独合结合"劳技实作式实施"三程·十七步"木艺教学来提升学生木艺制作素养的教与学方式有了更深的体会,也取得了一些进步与成效,但还有许多值得反思的地方。

(一) 研究主题必须明确

就学生层面而言:在学生制作活动实施前,必须明确任务。比如木艺笔筒,首先确定主材料是木板,制作任务是笔筒,主要工具是手工小锯子和百得胶。在基本要求达到的情况下,可以开展创新设计。就教师层面而言,就是需早日明确探索的前提是基于独立学习和合作学习相结合的实作式,主要举措是"三程·十七步",指向是提升学生木艺制作素养,载体是木艺笔筒制作。

(二) 设计要求必须加强

在设计前,教师要有更明确的设计要求。图纸上需要体现作品的外形、尺寸、材料数量等信息,绘制工具应该是铅笔和直尺,线条要准确清晰,设计的作品应该是学生能够实现的。

(三) 实践过程必须细化

实践之前,学生应该清晰整个制作流程,以及每个流程应该注意的细节。如锯割前的准备,需要关注锯条安装的方向、木板上的合理排料、割据的方法等。

(四) 收集实证性材料必须及时

实施过程中,会有很多突发状况和不如人意的地方。特别是学生的状态是最不可控的因素,比如组内学生发生矛盾,实践半途而废;还会发生各种意外,比如保管材料的同学生病了,整个小组就没有材料可用。这些都需要及时记录,并且想办法改进教学方式、方法和手段。

总之,我们的实践时间还比较短,需要更长周期的思考与探索。通过周期更长的研究和反复论证,才能取得更为明显的实效,最终才能提高教与学的有效性,为学生的终身发展提供有利条件。

参考文献

[1] 上海市教育委员会.上海市中小学劳动技术课程标准(试行稿)[M].上海:上海教育出版社,2004:25-32.
[2] 教育部.中国学生发展核心素养[EB/OL].人民网,2016-9-13:滚动新闻.
[3] 新时代学习工作室.习近平谈劳动:最光荣、最崇高、最伟大、最美丽[EB/OL].人民网,2019-5-1:独家稿件.
[4] 褚宏启.核心素养的概念与本质[J].华东师范大学学报(教育科学版),2016(1):1-3.
[5] 林崇德.学生发展核心素养:面向未来应该培养怎样的人?[J].中国教育学刊,2016(6):1-2.
[6] 潘贞.劳技教学"创中学"的实践与感悟[J].科学大众(科学教育),2019(1):24-24.
[7] 李华娟.劳技课中提高学生动手操作技能之我见[J].中学教学参考,2020(9):63-64.
[8] 檀传宝.劳动教育论要:现实畸变与起点回归[M]北京:北京师范大学出版社,2020.
[9] 黄国雨.美术在线教学把握"十步" 提升初中生表现表达素养——以"抗疫公益广告设计"教学为例[J].浦东教育研究,2020(4):42-44+45.

沪滇合作共探讨　服务·研究素养同提升
——以"德育服务式"课题研究、课程建设和联合教研为例

◎ 云南省大理州剑川县金华一中　寸双凤

在沪滇结对帮扶活动中,云南省大理州剑川县金华镇第一初级中学(以下简称金华一中)与上海市进才实验中学(以下简称进才实验中学)形成了教育帮扶关系。2018年11月27日,以上海市进才实验中学的杨龙校长到剑川县金华一中与张三齐校长签订《学校结对合作协议》为标志,拉开了两校合作教研和教育帮扶的序幕。其间,我作为学校课题研究工作的主要负责人,在项目实施过程中,目睹了许多发生在身边的故事,被上海的专家和老师们在工作过程中所表现出的认真、严谨、专注、敬业的品行和专业的指导深受感动。每一次阶段性的活动都让我们获益良多。

一、课题帮扶心细腻,专家学者用情深

(一)愿望强烈

科研、课改是我们学校的短板,也严重制约着学校的发展。所以,我们学校特想借助这次与上海市进才实验中学结对帮扶的机会,尝试开展课题研究来弥补这一短板。两校在2018年12月,经过多次沟通与交流之后,确定参与上海市进才实验中学区级课题"基于独立学习与合作学习相结合的教与学方式研究"的合作研究。

(二)网上互动

为了扎实有效地开展好课题研究工作,杨龙校长专门安排上海市浦东教育发展研究院(简称浦东教发院)资深科研员曹明老师、进才实验中学学校发展中心负责学校教育科研工作的陈伟老师进行指导。先是经过电话、微信等多渠道多次沟通之后,结合金华一中的实际情况,把"基于独立学习与合作学习相结合的德育服务式学习实践研究"确定为学校的研究子课题。目的是通过学科渗透服务式学习指导和学校专门组织学生开展"五服务"——即服务学校、服务班级、服务家庭、服务社区、服务社会的专项实践活动,全方位开展学校德育服务式学习的实践研究,增强学生"独合结合"的服务式学习意识,提高服务能力,促进良好服务行为习惯的养成,进而促进学生德性健康发展和综合素养的提升。

(三)现场研讨

2019年1月14—19日,曹明老师、陈伟老师二人专程来到我们学校,开展为期五天的支

教工作(图1)。两位老师与我校第一次面对面互动交流,在此前三次微信互动设计开题报告的基础上,明确了第四稿的修改要求。

图 1 课题研究专家来校
(左一:陈伟老师;左二:曹明老师)

之后,两位老师就开题报告的设计与我们开展了第二、第三、第四次面对面的互动研讨、指导,对开题报告设计提出了更为具体的修改方案,直至最后定稿,标志着学校课题研究的正式启动。

(四) 组织开题

在开题报告会上,陈伟老师就进才实验中学的区级课题"基于独立学习与合作学习相结合的教与学方式研究",从课题提出、主要工作、研究进展、主要成效与成果、问题与设想五个方面进行了解读,使我们清晰地了解这是一个怎样的课题,开展的情况和取得的成果;学校领导作了"基于独立学习与合作学习相结合的德育服务式学习实践研究"的开题报告(图2);浦东教发院的曹明老师就开题报告作了点评,并就开题后的研究工作提出了具体的建议(图3);剑川县教研所的相关领导和教研员与会并提出了配合研究的相关要求;剑川县分管教育的县领导作了讲话,鼓励学校领导和教师,抓住机遇,立足课题研究,推进学校教与学方式的改进,提升学生服务式学习素养和学校整体教育质量。

(五) 集体培训

在帮扶活动的最后一天,二位专家现场对我们学校全体教师就如何进行课题研究进行集体辅导(图4)。曹明老师围绕教育类实践研究类课题研究的基本流程、课题的选题与开题报告设计、举例说明区级课题研究课的教学设计与"一体式"课例的撰写三个方面内容,展开现场讲解;还就我们学校第一批参与研究的学科老师的小课题,从研究主题(题目)、课题界定、研究依据、研究目标、研究内容、研究方法、研究过程及预期成果等方面,进行现场答疑和具体辅导(图5)。这让教师对课题的认识从懵懂变得清晰,也深深体会了他们对学术的钻研与执着,对工作的认真负责的态度及精神。

图2　2019年1月16日下午金华一中开题报告研讨会现场掠影

图3　浦东教发院曹明老师作开题点评

图 4　剑川县教体局高副书记、教研所成员、金华一中全体教师听曹明、陈伟两位专家讲座

图 5　曹明专家指导课题组成员如何选择小课题和设计研究内容

(六) 感慨良多

作为整个过程的参与者,我的感受更深。在他们来到剑川之前,我与曹老师、陈老师通电话、微信交流的时候,就已经被他们认真负责的态度深深感动。自己午夜发出的稿子,第二天六点左右他们就详细地回复给我。他们办事的速度与态度,让我惊叹不已!在后来与曹老师、陈老师相处的五天里,更令我感慨良多!他们对课题研究的深度、广度,对学术的严谨超乎我想象——从字号、格式的要求,到内容的斟酌,再到形式的思考,一遍一遍认真推敲,仔细修改,一丝不苟,甚至到了饭点都舍不得去吃饭,宁愿就吃个盒饭也要珍惜分秒时间

去完成工作的态度和做法让我深感敬佩,也促使我积极投入,配合做好开题报告的设计。从他们身上,我不仅学到了课题研究的知识,也学到了做人的道理。

(七) 推进实践

1. 有机融入学科课堂教学

我们学校注意把课题融入到教师的课堂日常教学中,有效地把服务式教育渗透到学科教学中。

2. 专项组织"五服务"活动

课题研究启动后的三年间,学校在 2019 年的 7 月 17 日、8 月 26—27 日、9 月 30 日,2020 年 9 月 1—3 日、10 月 1 日,2021 年 4 月 2 日、6 月 22 日、6 月 24 日,按照课题研究计划,分八次组织全体师生集中进行"五服务"实践活动(图 6)。

图 6　学校组织"五服务"社会实践活动

(八) 初显成效

1. 学生方面

通过近三年的实践研究,一是学生普遍增强了"独合结合"服务式学习的意识,提高了"五服务"的相应能力,促进了日常服务学校、班级、家庭、社区、社会相应良好行为习惯的养成(图7);二是学生道德品行得到了更为健康的发展;三是学生学科学习素养、与"五服务"相关的动手操作等实践能力、与人合作交流等素养,都得到了一定的锻炼与提升;四是提升了学生独立学习的主动性,参与小组合作学习的责任感,提升了互助合作精神。

2. 教师方面

一是教师程度不一地增强了课题研究意识;二是初步锻炼了教师"独合结合"地进行课题选择、设计、实施和成果总结的能力;三是初步感受了课题研究课的设计与课例撰写的基本要求,部分教师尝试进行了一定的实践探索和课例成果的总结;四是促进了以德为先教育理念的树立,增强了教师"五服务"意识、能力和促进了相应良好行为习惯的养成;五是促进了教师教与学方式、德育教育方式与方法的改进;六是提升了教师的敬业精神。

图7 学生家庭劳动实践进行时

3. 学校方面

一是开启了学校规范地进行课题研究历程;二是初步经历了课题研究的主要过程,提高了学校开展课题研究的组织素养;三是开展了基于独立学习与合作学习相结合的德育服务式学科渗透教育和专项组织学生开展"五服务"实践活动的初步尝试;四是进一步积累了组织"五服务"专项服务式实践的经验,提高了组织专项服务式实践的规范性、系统性和科学性;五是促进了学校整体教育质量的提升;六是初步总结了课题研究的若干成果;七是在县、州内产生了一定的辐射影响(如课题研究的开题活动、公开研究课活动、执教的经验分享等)。

(九) 研究反思

主要包括以下"四个需要":

一是需要全面完成预设实践研究任务;二是需要开展评价的探索;三是需要推进不同层面的成果总结;四是加强课题研究的制度建设和组织机制建设,以逐步提高课题研究的质量。

二、课程建设相牵手,有机融入课题研究

(一)推进基于核心素养的学科教学与课程建设

为深化沪滇对口帮扶工作的推进,实现优质教育的共建共享,上海市进才实验中学始终以务实高效的态度对待两校的教育合作。2019年5月14—18日,由浦东教发院资深课程建设专家高建中老师和上海市进才实验中学的语文学科骨干教师施轶、英语学科骨干教师徐萌、课程教学处副主任、物理教师陶莉组成的支教团队,一行四人来到我校,开展了为期六天的支教工作。

为了促我校的课程建设,两校的领导多次通过电话和微信进行联系和沟通,对此次交流活动的时间、内容等进行精心设计和安排——双方围绕交流主题,做了细致周密的策划,制订了详细的活动内容,相关老师也认真做好了准备;两校主讲教师精心准备公开课;教研组认真组织观摩;剑川县教研所的教研员全程参与活动;周边兄弟学校的老师也赶来参加交流学习。

现场活动中,首先,由我们学校语文、英语和物理三门学科的教研组长介绍了各自教研组的基本情况、取得的成绩和困惑——对此,进才实验中学三位支教老师,就课堂活动形式、教案的规范书写等提出了中肯的意见。随后,三位老师针对相应学科的课程建设实践与教学经验,分别开展专题分享报告的课程培训。

图8　施轶老师来校作语文专题讲座

施轶老师报告的主题为"围绕核心素养,提升语文课程意识",内容包括:培养学生核心素养的内容与意义、语文学科核心素养培养推进现状、语文写作教学中渗透核心素养培育的思考与实践等(图8);徐萌老师报告的主题为"以核心素养为中心的英语学科教学教研与课程建设",主要内容有:教育发展的最新动态、英语学科教研与课程建设、英语学科学生核心素养的培养等;陶莉老师报告的主题为"基于核心素养下的物理课程建设",内容有:学校课程建设的发展、教研组在推进课程建设中具体的做法、学生物理学科核心素养培养在基础型课程和跨学科课程中的实施建议等。

最后,由浦东教发院课程建设专家高建中老师就学校如何开发校本课程、地方课程作指导,并对课堂教学进行评价。四位专家老师对课堂教学的精彩点评、对课程建设经验的真诚分享以及敬业的工作作风,展示了上海教育开放、多元的理念以及上海市进才实验中学教师追求卓越的精神风范,这些都给本校老师留下了深刻的印象。这次交流活动,不仅是一次教学交流,也实现了一次有思维深度的课程建设与教学对话。通过以研促思,课程建设和教研

工作的不断发展,沪滇教育交流又结出硕果!

(二) 开展两次两地四学科同课异构的大型教研活动

2019年10月,上海市进才实验中学和剑川县教育体育局、金华一中认真地进行了沟通和对接,确定了开展两地四学科同课异构的大型教研活动和学科专题讲座,同时结合剑川县教研所国培第二期培训任务实施帮扶。2019年10月26—29日,由上海市进才实验中学课程处主任丛研老师和语文学科区级骨干教师严璐、数学教研组长梁茹冰、英语教研组长徐琳、物理学科区级骨干教师张贵、到金华一中支教三个月的英语教师陈重生一行六人,来到金华一中,与本校四门学科教师组织开展同课异构教研活动,并举行四学科专题讲座,对全县四学科骨干教师进行培训。同时,针对四学科教学薄弱环节,由上海市进才实验中学的严璐老师作了"语文有效开展阅读教学的方法和建议"、徐琳老师作了"如何在英语写作教学中实施沉浸式教学"(图9)、丛研老师作了"加强备课组内教学研讨,提升课堂教学质量"、梁茹冰老师作了"培养学生学习数学自主性的方法与建议"、张贵老师作了"学科核心素养下的物理概念的建构"的专题讲座,真正体现了资源共享,优势互补。同时,也为教师们提供了面对面探讨教学热点、难点问题和教学艺术的交流互动平台,共享教育教学研究成果。

图9 徐琳老师来校作英语专题激情演讲

2019年5月起,退而难休的专家陈重生老师来到本校支教两年,他身上所表现出的爱岗敬业精神感动着全校师生。两年来,他认真履职,不辞辛劳深入到各乡镇的中小学校精心指导教研工作;同时,还注意深层次挖掘和研究校园民族文化和各地的风土人情。其亲历亲为、和蔼可亲的生活和工作状态给各校师生留下了深刻的印象,也使广大师生深受教育。

2020年9月,在新冠肺炎病毒疫情暴发的情况下,上海市进才实验中学和剑川县教育体育局、金华一中认真地进行沟通和对接,确定了开展两地四学科同课异构的大型教研活动和学科专题讲座,并进行家校共育做法经验传授(图10);同时,结合剑川县"2020年沪滇扶贫结对帮扶人才培养项目中小学教师能力素质提升工程"培训任务,实施帮扶。2020年10月14—18日,由进才实验中学副校长张文慧老师和综合理科组组长陈伶俐老师(化学)、综合文科组组长唐晓峰老师(地理)、历史备课组长师伟老师、生命科学与科学备课组长陶翔云老师(图11)、学生处主任王婷老师一行六人来到金华一中,与金华一中四门学科教师开展同课异构探讨,举行四学科专题讲座,培训全县四学科的骨干教师。同时,针对四学科教学薄弱环节,进行探讨、分析,提出切实可行的解决方法。此外,由进才实验中学学生处主任王婷老师作了"家校共育护航成长"专题讲座,从学校如何与家长沟通合作、具体做法、取得成效、获得经验等方面作了详尽介绍;由金华一中寸双凤校长作了"新时代教师如何进行德性修养"专题讲座,重点说明了学校加强师德师风建设,培植教师乐业敬业精神的相关做法。

图10 浦东新区杭迎伟区长、教育(体育)局党委诸惠华书记来金华一中视察支教成效(左二、三)

图11 陶翔云老师幽默地作自我介绍

通过两次开展两地四学科同课异构的大型教研活动(图12、图13),不仅使本校教师、全县骨干教师看到了上海市进才实验中学教师对教学教研的严谨态度,而且从他们身上充分感受到了对教育事业的辛勤付出,并且乐此不疲。这给全县骨干教师和本校课题组教师触动极大,促进了积极反思自己,查找自身不足,表达了今后需要尝试积极参与课题研究,力求以教促研,以研促教,拓宽自己教学的长度、深度和厚度。

图12 上海援滇任职的副县长富庆云来看望张文慧等支教教师

图 13 剑川县富庆云副县长、教体局副局长袁春芹和上海市进才实验中学专家、全县骨干培训教师合影

三、实践学习在进才,联合教研促改进

2019年3月25—29日,受上海市进才实验中学的邀请,金华一中由我带领学校语文、数学、英语、理化生、音体美教研组长及剑川县教体局两位教研员等八人,参加了上海市进才实验中学组织的"课题引领教育教学,科研助力师生发展"首届学术节暨上海市初中强校工程、沪苏浙皖滇五地联合教研活动(图14)。在学术节期间,为了让本校教师能够感受到上海市

图 14 剑川县教育体育局、剑川县金华一中到上海市进才实验中学参加学术节教师合影

进才实验中学的高效课堂、高效教研，享受优质资源，上海市进才实验中学的专家把课题研究、课堂教学、教研组建设、学生特长培养、家校共育、班主任管理等课题研究的原则要求和具体的实施细则作了详细介绍。这有力地促进了金华一中学校管理建设、课题研究和课改培训工作的提质，学生特长培养也有了突破——学校现开设了音乐、美术、书法、足球兴趣班（图15）。

图15　剑川县副县长富庆云、上海市进才实验中学副校长张文慧、金华一中校长寸双凤参观金华一中书画展掠影

学校创新和发展永远在路上！他山之石，可以攻玉。获得外援固然很重要，但是特色学校的创建，更需要我们强化自身的造血功能，练就自己的内功，更需要我们保持明知任重道远，也绝不轻言放弃的不断进取的创新精神。我们将立足学校的实际，扬长避短，以课题研究为重要抓手，以沪滇帮扶活动为契机，师生同奋进，奔向学校更加美好的明天！

参考文献

[1] 杨龙,曹明.基于独立学习与合作学习相结合的教与学方式研究开题报告[C].上海市进才实验中学小剧场,2018-1-22.

[2] 曹明.例说课题研究的基本流程和课题的选题、开题报告的设计和课题研究课的设计与课例的撰写[C].云南省大理州剑川县金华镇第一初级中学会议室,2019-11-15.

[3] 寸双凤."基于独立学习与合作学习相结合的德育服务式学习的实践研究"开题报告[C].云南省大理州剑川县金华镇第一初级中学化学实验室,2019-11-17.

第三部分

研究体会案例

英语沉浸式学习探索：让"不可能"成为"可能"

◎ 上海市进才实验中学　李廷婕

一、"不可能"

我从事英语教师职业六年有余，每天兜兜转转于课堂、作业、试卷和家校互动间。每每听到优秀的同仁们参加了区级课题研究，取得了成果和荣誉，我都由衷地感到敬佩和向往。但那时，"课题"二字在我心里还是遥不可及的。

2019年9月22日，当学校发展中心主任陈伟老师正式邀请我参加本学期课例研究公开展示课时，我的第一感觉是："不可能！"因为课题研究任务重、时间紧，刚刚从产假回归工作岗位的我，还没有准备好立马进入"战时状态"。第二次觉得"不可能"是2019年9月30日。浦东教发院资深科研员、在本校蹲点指导杨龙校长"基于独立学习与合作学习相结合的教与学方式研究"区级课题研究的曹明老师来校，第一次现场指导我的课例研究。陈伟老师给了我几份厚厚的本校教师的课例供我参考；曹老师提及研究课涉及设计依据中，首先要关注"三情加X"的分析，课题研究中相关学生素养培养的内容，落实举措的"几程几式"及"拟做加指向"和教学过程设计中的"课题研究"撰写要求——这些我从未听过的术语，让我再一次陷入了畏难情绪之中。

然而，转身看到身边的同事们在区级课题的课例研究中显现出高效又高质，充满信心与干劲的模样时，我暗暗告诉自己："不如就借着这一次机会，逼一逼自己，给自己'充充电'吧！"我知道焦虑的源头是拖延，所以不如就从我最擅长、最有信心的事开始做起吧。

就这样，我迈出了参与区级课题的课例研究之路的第一步……

二、把"不可能"变为"可能"

（一）学习

在这次的课例研究中，我参与的是"独合结合"沉浸式实践研究的子课题之课例研究。在这个研究领域，自己近乎一张白纸。因此，我首先要做的就是独立学习，吸取校内外已有相关研究成果的经验。学习的过程分为以下几步。

一是学习了本校徐萌老师负责的"独合结合"沉浸式英语实践研究子课题的开题报告，初步搞清楚了"独合结合"英语沉浸式学习的背景、含义、研究目标、内容、方法、过程安排、预期成果和子课题与总课题的关系等。

二是研读本校已参与过区级课题之实践研究的丛研、杨冬梅和吴迪等英语老师的研究课设计或课例。同时,还仔细阅读了他们研究课设计与课例所遵循的共同模板——浦东教发院曹明老师开发的本校区级课题研究课设计与课后课例撰写(模板)。通过对照曹老师研制的模板和本校三位英语老师已经开展的研究课实践实例,尝试建构起自己的研究课主题和教学设计框架。随着学习的深入,自己对课例研究的"不可能"预计逐步消退,变为"可能"的希望在逐步增进。

三是大量阅读纸质期刊和网络文献。我了解到:语言环境是人类获得语言能力的决定性因素。其中,通过沉浸式为学生创造真实的语言学习环境,是良好的学习方式之一。美国社会语言学家海姆斯在20世纪60年代提出的一个观点给我启发至深:一个人的语言能力,不仅仅指他能否造出合乎语法规则的句子,还包括在一定的语言环境中恰当地使用语言的能力,也就是在不同的场合、地点对不同的人进行成功交际的能力。我立刻意识到:这正与我们这些年一直提倡的在英语课堂上培养学生核心素养的做法不谋而合。

通过内化、整合、思考和筛选,我选择了"Preparing for Ben's Birthday Party"作为本次课题研究课的教学内容;并确定了在研究课中,将"独合结合"沉浸"六式"作为实践尝试的主要举措。这时,内心对研究课题成为"可能"的希望,在进一步增长。

(二)实践

一是观看丛研老师的课题研究课展示并参与课后研讨。由此,我了解到课题研究课与常规课堂的明显不同之处:将课堂还给学生。我学习到教师的首要任务是为学生创建真实的语言学习环境;其次,是引导学生在英语课堂上进行实践并启发学生进行评价。

二是着手分析学情、课标和教材"三情"。根据"三情"和课题研究,定位实化、细化和与课题研究之学生"独合结合"沉浸式素养发展目标相匹配的教学目标。研究课主题的教学目标的确定,不同于传统课堂偏重知识和技能目标的达成,而是更关注学生"独合结合"英语沉浸式课前、课堂与课后"三程"相应素养发展的"三维"目标。我将课本上"Reading"和"Ask and answer"两部分整合成了一节关于派对策划与邀请的听说课。在派对的情境中,引导学生全面运用听说读写的技能,复习和拓展拨打电话用语,学习派对策划和邀请的包含要素和主要句型。同时,将学生引领到Ben的生日派对中,进一步为本单元的后续课时学习创造了情境。

三是设计研究课教案。围绕着"独合结合""三程"沉浸派对策划和邀请素养培养这一研究目标,我给学生设计了四次独立学习活动和四次合作学习活动,希望引导学生在有梯度的活动中,学习语言、练习语言、优化语言、运用语言;帮助学生真正解决在用语言交流派对策划和邀请时所遇到的问题。此外,为了实践"沉浸式",我在本课创设两个主要情境:日常生活情境和派对情境。在日常生活情境中,学生将在我播放来电铃声后进行电话问候,在较真实的情境中较自由地练习电话用语。我还创设了辨认一张模糊了的电话便签的生活情境,希望引导学生通过"独合结合"参与猜→听→说→归纳的过程,以形成性思维归纳出派对需要包含的主要元素,为后期派对策划活动服务。整节课都在派对的情境中展开。我分别设计了真实邀请函来辅助对话练习活动、真实邀请信来帮助学生提炼礼貌用语、安排学生以小组为单位策划派对和邀请活动,并现场对相关老师发出邀请。

四是试讲和修改。设计完成后,我进行一次试讲。其后,我根据后续实践班级的学情,优化了不够合理的课堂活动,删减了难度过大的补充阅读内容。

五是进行课堂实施展示。2019年12月5日,我在上海市进才实验中学初一(2)班教室,与本班学生一起进行了研究课的展示。专家曹明老师、本校英语教研组成员和学校区级课题研究组主要成员悉数到场观课。

六是参与说课评课。观课老师一致认为,这节展示课在学生派对策划与邀请素养培养方面及独立学习与合作学习相结合的沉浸式学习素养培养方面,都具有较高的实效性。预设任务完成和学生素养发展的相关教学预设目标达成度、学生学习过程的愉悦度都很高;通过"三程""独合结合"派对策划与邀请沉浸式系列学习活动,在落实研究主题方面的结果也令人满意。

(三) 研讨

一是与专家曹明老师的互动研讨。其中,既有学校安排预设的面对面交流,也有随机的在微信上请教。从定课题到写初稿,再到课堂实践和课后修改,曹老师给我留下了最深的印象就是他的学者风范和悉心指导。不同的学科有不同的课堂,不同的选题又有多重的方向,没有我担心的一刀切或是公式化,曹老师就我个人的课堂设计,给出了多方面个性化的建议和修改。在定研究课教学内容时,我选择了《牛津英语》(上海版)七年级上册第十单元"准备一次生日派对"这一主题。但是就这堂课学生需要发展的"独合结合"沉浸式学习意识与习惯方面的素养培养内容,我迟迟得不出清晰的定位。曹老师耐心倾听了我不成熟的课堂设计后,用他的红笔在笔记本上写下了四个字"尊重、愉悦"。而这,正是我心中所想却又难以概括的。另外,为了在课堂上体现沉浸式氛围,尽可能营造真实的语言环境——我在课堂上设计了很多新颖的环节,从电话便签、铃声运用、邀请函的选择、用iPad转播小组发言模拟facetime等。曹老师不但秒懂我的设计思路和意图,还就如何落到设计和实施的实处,体现妙思给出了很多精确又明朗的指导。线上请教更是不胜枚举,无论是双休日还是工作日的凌晨,都曾有幸得到过曹老师耐心、专业的传授与点拨。曹明老师可说是在我课题研究上一路保驾的护航者。

二是一次次参加课题研究组活动。通过本次课例研究,我渐渐明白,有些事光靠自己单打独斗、冥思苦想确实不行。若真心想要学点东西,有了团队力量的支援,人的潜力可以被更好地激发出来。这个团队一要有像陈伟老师这样的组织者。他先是为我们上展示课的三位老师建群,将需要限时完成的任务适时提醒大家,把一个大目标拆分成了一个个小目标,从而督促着我带着危机感前行。二要有我的同事们——这些我最信赖的队友。虽然,我们的学科不尽相同,但我们的研究方向是相似的。我们互相启发,一次次碰撞出了智慧的火花。三为学校外部,要有像曹明老师那样富有耐心、能够有针对性地进行专业有效指导的专家。

(四) 提炼

一是对研究时初步学习中记录、梳理和随机概括的内容作提炼,这包括我对沉浸式英语课堂的初步认识和初步熟悉对如何培养学生核心素养的众多举措。我也认识到,英语课堂是没有固定模式的,教师完全可以通过精妙的设计打破常规,把课堂的时间交给学生,把教学的舞台向学生开放。

二是对多元实践中通过听课、磨课所产生的思考进行提炼。我深刻认识到了"独合结合"沉浸式学习活动的开展,在英语课堂中对于学生学习的引领性作用及其增进学生参与学习的愉悦性和专注度方面的价值。此外,我通过尝试,确定了如何将课文文本作为学生练习语言的载体,并根据学情补充情境体验活动,增强学生语言学习的有效性与实用性。

三是对与众人反复研讨课题后体会的提炼。相比于知识灌输,教师应该更注重学生素养的培养与情感的体验。

四是通过撰写本案例时对所思所想的提炼。如俗语所言:"关关难过,关关过。"课例研究并非一蹴而就。而是要通过学习观摩、参考模仿、独立思考、实践修改和研讨内化而来。撰写研究体会亦是如此,要先明确总结的主题,然后搭建框架,再后细化提纲,随后才是使它有血有肉。唯有用心完成好每一个环节,才能有所收获有所成长。

很欣慰的是,2020年1月,我被课题组推荐在期末的课题研究总结会上作参与研究体会的交流;2020年末,我的第一篇区级课题研究论文"'独合结合'实施英语沉浸'六式'培养学生派对策划与邀请素养——Preparing for Ben's Birthday Party"被选入课例类成果选,这篇文稿又被列入课题成果丛书出版。这无疑为我今后的课题研究之路,奠定了坚实的信心。

原来的"不可能",因为在任务驱动下,逐渐积极主动地参与"独合结合"英语沉浸式学习的实践探索。就这样,它逐步变为了"可能"——而且,还是很有成就感的"可能"。

三、内化

霍姆林斯基曾说:"如果你想让教师的劳动能够给教师带来一些乐趣,使天天上课不至于变成一种单调而乏味的义务,那你就应当引导每一位教师走上从事一些研究的这条幸福的道路上来。"这一种幸福,我体会到了。从"一节课"到"一学段",我对英语教学课堂进行了反复思考,内化出了可持续的思维灵感与具体举措。

从前,别人说我擅长上公开课。我知道那是因为我总能设计出新颖有创意的教学活动,并用我自己的激情去点燃课堂的气氛。但我也知道,自己所擅长的课堂类型是有限的(低年级的听说课堂),且活动之间缺少连贯的逻辑。但在这一次课例研究的学习过程中,我时不时会反思和修正自己的课堂设计。如果说,从前我更关注哪个游戏会保证学生的热情高涨,那现在,我会更关注每堂课整体设计思路的清晰定位,并实化和细化教学目标;然后关注如何使每一个学生有机沉浸到"独合结合"的学习活动中,细化、"干货化"地设计活动的安排,并设想该如何给予预设或随机激励与引导,使全体学生更好地提高听说读写用英语的素养。这正是曹明老师为研究课设计与课例撰写模板,尤其是一直强调落实举措、教学环节、师生活动需要清晰化地表述"拟做加指向"等要求所带给我新的思考。

随着我对于"独合结合"沉浸式学习和学生核心素养培养的深入了解,越发体会到英语学科在学生学习发展过程中担当着独一无二的重要角色。英语课程是大部分学生可以打开视野,更好地了解世界、融入世界,为将来成为国际型人才打下基础的一扇窗户。因此,我更频繁地注意在平日的英语课中,为学生创造真实情境、提供地道语料,让学生在学习语言的同时,感受并尊重文化的多样性。

我开始思考改变一些特定的课堂教学模式。在自主学习、探索的过程中,我深切认同美籍匈牙利数学家波莉亚曾提出的观点——学习任何知识的最佳途径是由自己去发现,因为这种发现理解最深、也最容易掌握其中的规律、性质和联系。我也非常欣赏著名天使投资人李笑来曾说的:"学习一门语言的方式就是用它来做事。"所以,我把八九年级"满堂灌"的词汇课,变成了谚语解读课;而作业与试卷讲评课的形式,是我接下来要着重思考与改进的领域。

这不仅由"不可能"变成了"可能",而且正在试图主动超越原来意义上的"可能"——这姑且称之为"更可能"。

四、启示

从选题到最后课例定稿,历经整整一年的磨砺,带给了我全方位的成长与蜕变。知识与能力的素养,在一次次的阅读与讨论中得到了积累。更显著的是,自己的日常时间分配管理能力与心理素养的提升。我深刻地体会到:干着急与沮丧是无济于事的。我也不再惧怕未曾探索过的领域,我体会到每一次进步都是从"不熟悉""不可能"开始的。起初有些畏难情绪是必然的,但这终将被克服。在这一路上,我会被一双双善意而专业的手所托举,再加自己的努力拼搏,终会将最初所遇的"不可能"变成"可能"——甚至是"更可能"。

课题研究素养：在个人区级规划课题与学校区级课题结合实施中快速提升

◎ 上海市进才实验中学　王伟红

一、与专家深度互动完善课题开题报告设计

自2006年，我在上海师范大学教育硕士课程中接触到思维导图，并一直在教学中实践应用思维导图，且积累了一定的思维导图作图训练方法，梳理了在不同课型中应用思维导图的教学流程。我在教学实践中发现，学生在整理知识点时，更加倾向于采用思维导图表述的形式——从而使学生增强了知识点之间的联系，促进了建构系统化的知识结构；在习题教学时，教师以画思维导图的形式讲解解题思路，使思维可视化，学生更容易体会到为什么这么思考；学生以思维导图形式表达解题思路，能够帮助分析题意并更快地扫除解题时遇到的思维障碍。总之，在教学实践中，我发现思维导图是知识建构的利器，是思维可视化、促进学生分析理解的有效工具。

为了争取更大程度地挖掘各类思维导图在初中物理教学中的应用价值，我希望通过申报浦东新区区级规划课题，进行规范、深入的研究，总结出一定的成果与规律，以在初中物理教学中推广应用思维导图。作为一线教师，自己具有较多的实践操作经验，但是缺少在科研和教学理论支撑下规范、系统的实践；我认同应用思维导图的价值，但是不太清楚从哪些方面去研究其应用，总结提炼出可推广的更有价值的成果。在浦东教发院资深科研员曹明老师的多次个别指导下，构建了较为完整的、有一定高度的总体研究框架，完成了课题申报申请书。2017年9月，我申报的课题被立项为2017年浦东新区区级规划课题。在高兴之余，曹老师又对我提出了更高的要求，对开题工作进行了更为专业全面的指导。曹老师通过提出问题，引导我设计更优化的课题实施方案，指导我不断实化、细化开题报告的研究内容和实施计划，从而使开题报告的质量不断得到提升，也为后续课题的顺利实施和成果总结奠定了基础。

（一）明确多维清晰的研究目标

经曹明老师指导，我把研究目标按实践目标和理论目标加以分类、规范表述。其中，把实践目标的深度，由单纯的兴趣提升为素养；把实践目标的广度，由单纯的物理学习拓展为应用思维导图的素养和学习物理的素养；由培养学生的单一目标，拓宽到提升师生素养和落实学校的办学理念、促进学校内涵发展的更为全面的目标。对理论目标的定位，由把握国内外文献研究现状，了解实验班学生物理学习兴趣、对思维导图了解和应用的现状，拓展为厘

清思维导图在初中物理教学中应用的实践研究之学生素养(应用思维导图的兴趣、知识、能力和良好行为习惯"四素养"及学习物理的整体兴趣、知识、能力和良好行为习惯"四素养")的发展目标和教师素养(指导意识、能力和良好行为习惯"三素养"及其他专业素养)的发展目标,探索思维导图在初中物理教学中应用的实施途径(新授课、复习课和习题课中实施)、教学模式和评价标准与方法,从而构建本课题的操作框架,总结实施的经验,丰富在初中物理教学中应用思维导图来提高学生学习有效性的相关理论。

(二) 充实实化与细化的研究内容

最初,我设想的研究内容非常宽泛。我主动向曹老师寻求帮助来聚焦研究内容,经曹老师梳理,最终确定对6项内容(文献研究、现状调查、培养目标、实施途径、教学模式和评价探索)进行较为规范和深入的研究,构建起较为完整的总体研究框架。本课题确定拟解决的关键问题为三个:思维导图在初中物理教学中应用的实践研究之学生素养发展目标分解和教师素养发展目标分解;分类梳理适合 Mind map 和 Thinking map 思维导图结构的物理教学内容和教学模式;加强对思维导图运用的相关评价(对图的评价和对构图活动的评价;对应用思维导图发展师生素养的评价)之规范量规的研究。总结研究经验,丰富思维导图在初中物理教学中应用的目标、实施与评价的理论。

(三) 界定课题完整概念

在确定了研究目标和研究内容基础上,结合对一定的文献研读,界定了课题的完整概念:所谓"思维导图在初中物理教学中应用的实践研究",是指通过研究所定的6项内容,尤其是以实践操作为主的探索过程,以增强学生在学习物理过程中应用思维导图进行学习的"四素养",进而提升物理学习的整体素养;提升教师指导学生应用思维导图学习物理的素养和其他专业素养;落实学校"为每个学生的卓越发展服务"的办学理念,促进内涵发展。

(四) 开发评价量表

围绕思维导图在初中物理教学中应用的实践研究,结合师生素养发展目标,曹明老师指导我开发了3项评价量表(学生素养发展评价标准、教师素养发展评价标准和思维导图习作评价量规),进行相应的评价。学生素养发展评价标准和教师素养发展评价标准,分别从意识、能力和行为习惯层面进行细化分解,分解列出了46项学生素养发展目标和26项教师素养发展目标;列出了4个由高到低不同层次的评价要求,及如何使用评价标准的评价说明。思维导图习作评价量规,从准确性、完整性、结构性、布局与美化及特色创新的要素,对学生的思维导图作品进行评价;从反思性、主动性、合作性"三要素",对构图过程进行过程性评价。

在开题论证会上,浦东教发院科研员曹明老师和俞莉丹老师,针对一线教师在教科研实施中比较欠缺的关于评价的实施加以指导。在结题阶段,俞莉丹老师指导我撰写结题报告,提示如何描述实施过程、梳理课题研究成果和归纳结论。感谢二位专家为我铺设好课题研究的道路,又帮助扫除路上的障碍,确保课题顺利实施并通过区级课题结题审核。

二、加强独立学习

(一) 理论研究

课题实践研究需要理论的支撑。为此,我查阅、学习了思维导图的基本理论、脑科学理论和学习理论。主要涉及 Mind map 和 Thinking map 两种思维导图的产生背景、概念发展等的基本理论,脑神经、右脑的功能开发等脑科学理论,有意义学习、建构主义、最近发展区等学习理论。为了把个人的区级规划课题与学校区级课题"基于独立学习与合作学习相结合的教与学方式研究"结合起来加以研究,我特意学习了合作学习理论、区级课题的要求,以便在规划课题的实施中,在思维导图这一教与学模式应用的实践研究中,有机融入"独合结合"相关要求。

我搜集了思维导图应用的相关文献资料,分析研究现状,了解国内外已有研究成果的优势和不足。目前,国内学者研究思维导图在教育领域的应用方面,存在以下四个不足之处:①学科教学中应用思维导图对学生素养和教师素养的培养目标缺少明确定位。②在教学中应用思维导图的实施途径(课型视角)不清晰。③缺少基于实践总结的新授课、习题课和复习课等课型中应用思维导图的清晰模式。④缺少对应用思维导图规范、系统、操作性强的相关评价(对学生习作图的评价和对构图活动过程的评价;应用思维导图对提高师生素养的评价)之量规(标准)的研究。

根据国内外研究情况和曹明老师的明确点拨,本课题确定了拟解决的三个关键问题:思维导图在初中物理教学中应用的实践研究之学生素养发展目标分解和教师素养发展目标分解,分类梳理适合 Mind map 和 Thinking map 思维导图结构的物理教学内容和教学模式,加强对思维导图相关的评价(对图的评价和对构图活动的评价;应用思维导图对提高师生素养的评价)之规范量规的研究。确定了以下特色创新之处:基于对相关文献研究、现状调查的分析和梳理,通过联合多种科研方法,在一所地处联洋国际化社区的优质公办初级中学,在初中物理学科对 6 项内容进行较为系统的研究,注意有机融入学校区级课题之"独合结合"教与学方式的相关要求,构建较为完整的总体研究框架,总结一定的研究经验,丰富思维导图在初中物理教学中应用的目标、实施途径、模式与评价的理论。

这使自己明确了规划课题的研究重心和新意所在,并为后续的行动研究、实验研究和成果总结把准了方向,保证了研究的速度和质量;也使自己初步明白了课题的研究内容重心、创新之处该如何寻找和确立,明确了怎样简明扼要地加以表述。

(二) 师生素养发展定位

结合初中学段物理学科教学内容特点和学生身心发展特点,在调查物理教和学现状的基础上,参考学校区级课题师生"独合结合"教与学方式素养发展目标的分解思路和表格中各自三级要素的分解,曹明老师提出的结合物理思维导图应用的"本课题化"分解提示,自己较快地制定了课题研究中师生素养需要发展的目标。学生素养发展目标:一级要素,包括应用思维导图素养和学习物理整体素养的发展目标;二级要素,包括应用思维导图的兴趣、知识、能力、良好行为习惯和学习物理的兴趣、知识、能力和良好行为习惯;三级要素,包括认知兴趣、应用兴趣、构图的知识、物理基础知识、物理操作知识、程序性能力、方法性能力、改进的行为、思考实践行为习惯和归纳交流行为习惯等,并注意有机融入"独合结合"应用的相关要求。教师素养发展目标:一级要素,包括教师指导学生应用思维导图素养和教师研究素养;二级要素,包括指导学生应用思维导图的意识、能力、良好行为习惯和课题研究的意识、能力和良好行为习惯。师生素养发展目标的具体表述,用表格分类、分级加以列出。

可见,前期与课题研究有关的多元化的理论学习为这一梳理奠定了理论基础;参考师生素养现状调查的结果和关注初中学生的身心特点,提高了师生素养目标发展定位的针对性;学校区级课题的师生素养分解成果和曹老师强调的"本课题化"定位,提高了自己研制师生发展目标之各自三级要素分解的速度和质量;学生素养培养目标设计中,注意融入"独合结合"应用的一定要求,提高了与学校区级课题实施相结合的整合性和自己区级规划课题研究的实效性。

(三) 在设计实验研究方案中有机融入"独合结合"要求

1. 实验研究的目的

分析在初中物理教学中应用思维导图教学,对学生学习兴趣及学习态度的影响;能否提高学生在课堂教学中的主动参与性和交流协作能力;能否促进学生学会学习、进行反思,完善物理知识结构,提高学生"独合结合"分析问题、解决问题的能力,进而提高学生的学业成绩;能否提高学生"独合结合"应用思维导图素养、物理学习整体素养和教师指导学生应用思维导图素养以及教师的研究素养和其他专业素养。

2. 实验研究的内容

思维导图在初中物理教学中应用的实验研究,主要实践"小步走"递进法制图训练模式、新授课"以旧促新"教学模式、复习课"五次构图"教学模式和习题课"思维外显"教学模式——均包含了"独合结合"的相关要求。为此,先开展相关问卷调查,了解学生对应用思维导图学习的认识;从画思维导图入手,探索运用思维导图四种模式进行教学对培养学生的物理学习兴趣、促进学生学会学习和反思改进、提高学生学习效果和提高师生素养的影响。

问卷调查及访谈内容,包括物理学习兴趣水平(前测和后测)、初中生物理学习现状(前测)、教师应用思维导图情况调查问卷(前测)。

3. 实验方法与步骤

我在任教的2015级(7)班进行实验,选取任教的2015级(8)班为对照班,其中(7)班共有27名学生;(8)班共有28名学生。从学业成绩前测分析,两个班的物理学习总体水平无明显差异。考虑到物理和数学学科的相关性,这两个班级的数学老师相同。

实验应用教材为上海教育出版社出版的九年义务教育课本《物理》(八年级、九年级)。

实验启动时间:2017年10月至2019年6月。

4. 实验过程

在开展课题研究前期和后期进行了多项问卷调查,包括《学生物理学习兴趣水平问卷调查》《初中生物理学习情况问卷调查》《对思维导图的了解情况教师问卷调查》《对思维导图的了解情况学生问卷调查》和《中学生关于思维导图对物理学习促进作用的认识问卷调查》；对比分析2017学年第一学期初二年级物理期中质量检测成绩、2018学年第二学期初三年级物理期中质量检测成绩，对比分析应用思维导图教学对物理学业成绩的影响。

在中期进行教学案例研究，开设思维导图在新授课、复习课和习题课中应用的研究课，撰写教学设计、教后反思、提炼教学模式和进行学生访谈。

5. 实验研究的结果与分析

应用教育统计学，分析应用思维导图教学对物理学习兴趣、学业成绩及师生素养的影响。

三、师生主动开展合作实验

在课题的实施阶段，进行教学案例研究，坚持在日常教学中应用思维导图，开设思维导图在新授课、复习课和习题课中应用的研究课。结果，学生不但能够在物理学科学习中应用思维导图，还能够主动尝试将其应用到其他学科。

（一）在新授课中"独合结合"应用思维导图，建立新旧知识之间的联系

在新授课中应用Mind map和Thinking map中的圆圈图、气泡图和双气泡图等类型的思维导图，以帮助学生建立新旧知识之间的联系，使学的知识不会七零八落孤立地存放在脑中，从而建立起良好的知识结构体系。

在新授课中应用思维导图，教师一是在新授课前布置预习作业，将预习内容的主题告诉学生，根据学习内容特点，要求学生画出某种图式的思维导图；二是教师在课前批阅学生的预习作业思维导图，了解学情；三是一方面注意调整上课教学内容，另一方面对学生的预习性思维导图完成情况组织交流、自评与互评；四是在课上结合学习内容，随机提示如何完善思维导图；五是学生在听课时或者课后，对原有思维导图进行修改完善，并"独合结合"加以对比，找出新旧思维导图的变化和相关变化的价值。根据Mind map和Thinking map八种子图式的特点，如上所述，我在新授课中常指导学生应用Mind map和Thinking map中的圆圈图、气泡图和双气泡图。图1撷取的是部分学生在光学部分新授课中对应的3张较为优秀的习作。

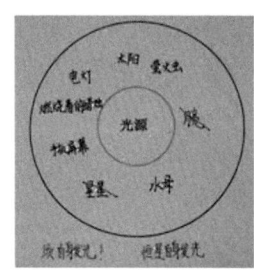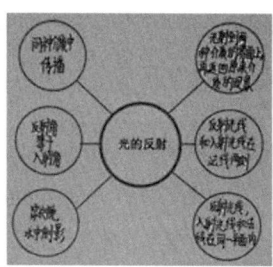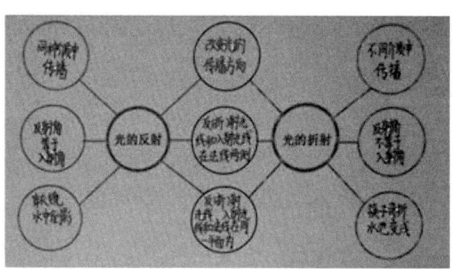

图1 光学部分新授课中学生圆圈图、气泡图和双气泡图应用习作

这一实施途径的落实,既促进了学生借助思维导图独立进行预习良好行为习惯的养成,又初步建立起新旧知识之间的联系,结合课上反馈、自评互评、听取教师点拨和课中与课后自主完善思维导图等,促进了对知识之间的系统化、结构化、简洁化和形象化地加以表述的把握;提高了新课学习兴趣、效率和质量;促进了学生阅读与收集信息、逻辑化地梳理知识框架和加强不同课程知识间的勾连,最后合理地加以归纳思维的发展。

(二)在复习课中"独合结合"应用思维导图,自主构建知识体系

在复习课中应用思维导图是指根据 Mind map 的发散性特点,我在单元复习课中应用 Mind map 以既促进学生"独合结合"强化所学知识,锻炼了学生独立为主、合作为辅将知识点进行梳理,将单元所涉各节主题内容的主要知识借助相关思维导图技术,有机地加以连接在一起并进行必要的重新整合后合理加以呈现的能力,促进学生知识建构、迁移和实际运用能力的发展,提高复习兴趣和实效实施路径。实施的基本过程如下:

其一,复习课前一天,布置学生进行单元复习,回顾本单元学习的内容,找出该单元的主要概念和规律→根据自己的理解,整合新授课学习时绘制的各小节的思维导图,绘制单元思维导图。其二,学生个人根据课堂复习,修正完善个人课前所做的思维导图。其三,分组绘制单元知识结构思维导图——针对每个分支的导图,提供给学生在小组内展示交流的机会,并且由个人说出复习后所做的单元思维导图对原各小节思维导图的修改之处,重点说明自己认为创新的地方和制作过程中的疑惑,大家互相讨论,同学之间再相互提出修改建议。这促进了学生完善各自的原作。其四,根据小组成员讨论交流的结果,整合个人思维导图的创新之处,组员发挥各自所长,完成小组思维导图——这汇集了小组成员智慧的结晶。其五,把小组的思维导图张贴到班内学习园地,教师引导各个小组之间进行评论,按照思维导图的评价量规,给思维导图打分。最后,根据评论结果,汲取各组之长,个人课后再修正完善自己的思维导图,再次巩固单元复习内容体系。图 2 撷取的是在光学现象和应用、运动和力的单元复习课中部分学生较为优秀的思维导图习作。

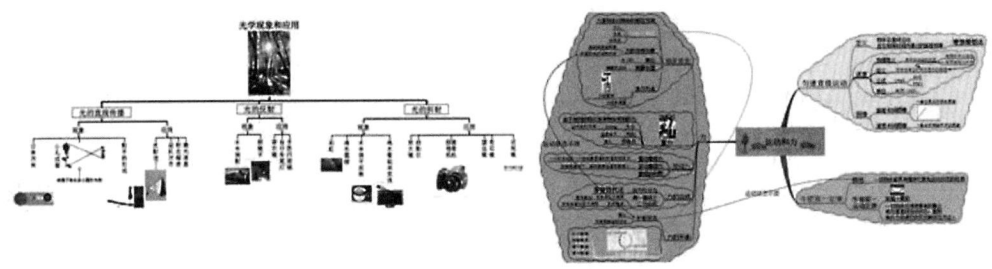

图 2　光学现象和应用、运动和力内容复习中学生思维导图习作

从对学生独立完成的 Mind map 单元复习思维导图批阅、课中合作交流评议各自完善的思维导图和小组整合成员之长完成的单元 Mind map 的观察,以及收集与上述展示的部分单元复习中的部分学生 Mind map 习作可知:在单元复习课中应用 Mind map,既促进了学生独立合理梳理单元知识能力发展,又锻炼了学生课上"独合结合"将单元主要知识有机地连接在

一起并进行重新整合,使各节的知识能够系统化、结构化、简洁化和形象地进行建构的能力,并完善了个人和小组单元复习思维导图的习作;还提高了全体学生复习的兴趣和实效。

(三)在习题课中"独合结合"应用思维导图,外显思维

在习题课中应用思维导图,主要探索了三种实施小路径:一是从已知入手,由因导果,使学生建立已知和所求之间的关系,有效分析解题思路;二是从问题入手,执果索因,培养学生"独合结合"分析和解决问题的能力;三是从归纳总结解题类型和方法入手,对比同类习题解题思路图。图3展示的是在机械功率习题课中,学生用思维导图呈现解题思路的思维导图习作。

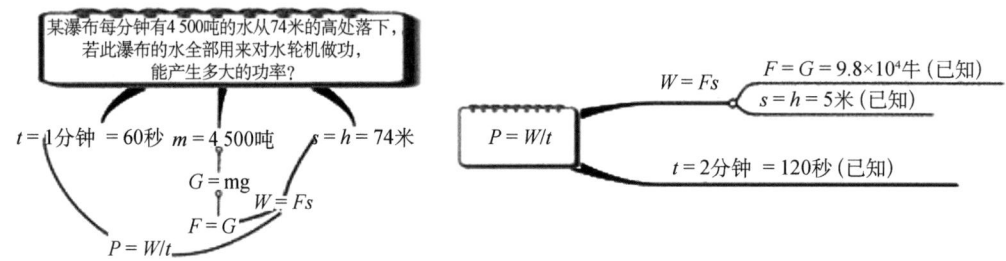

图3 机械功率习题课中学生解题思路思维导图习作

从中,我们可以感受到学生解题思路与方法的清晰性、简洁性,从而保证了解题过程的高速性和高质性。

在例题教学中,教师用思维导图外显教学指导思维;学生独立思考、绘制思维导图,使知识加以内化;在小组同伴互助学习中,学生用思维导图外显自己学习与理解的思维;在交流中,学会读懂理解别人的思维导图,最终求同存异。比如,在"电路——$R_{滑}$引起的串联电路动态变化"一节习题课中,要求学生"独合结合"通过在三道题中应用Thinking map流程图式的思维导图,对程序性知识进行概括性的建构,归纳总结为一种解题思路(图4)。

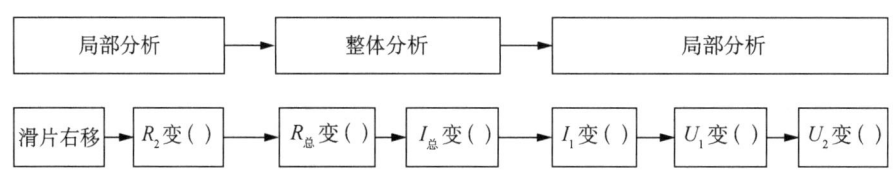

图4 $R_{滑}$引起的串联电路动态变化习题课中学生解题思维导图习作

从中可见,正是学生在"独合结合"的思维碰撞中,形成了解题需要遵守的基本程序(共识):先从局部入手→继而进行整体分析→最后再作局部分析——解题步骤清晰明了,也使解题的效率和正确性有了保证。

四、探索与学校区级课题结合实施的显性方式——"三式"

我的规划课题与学校区级课题"基于独立学习与合作学习相结合的教与学方式研究"是

同年被批准立项的。在学校区级课题开题报告设计阶段,我参加了浦东教发院曹明老师所作的开题报告培训;期间,围绕自己规划课题的开题,多次听取了曹老师对我的个别指导,尤其是希望我能够将杨龙校长的区级课题"独合结合"相关教与学的方式探索的相关要求,结合到我的规划课题开题稿设计中,并在实施中注意有机落实。因此,我参加了学校区级课题的开题会议,主动学习学校总课题开题报告,注意在我个人的区级规划课题之学生素养发展目标、三类课型的实施途径和三类实施模式的实验研究中,结合"独合结合"的教与学方式进行研究。基于教学实践,根据思维导图工具与新授课、复习课和习题课教学过程环节,提炼出结合学校区级课题"独合结合"方式的教学模式,分别为"以旧促新"新授课教学模式、"五次构图"复习课教学模式和"思维外显"习题课教学模式。具体流程如图 5 所示。

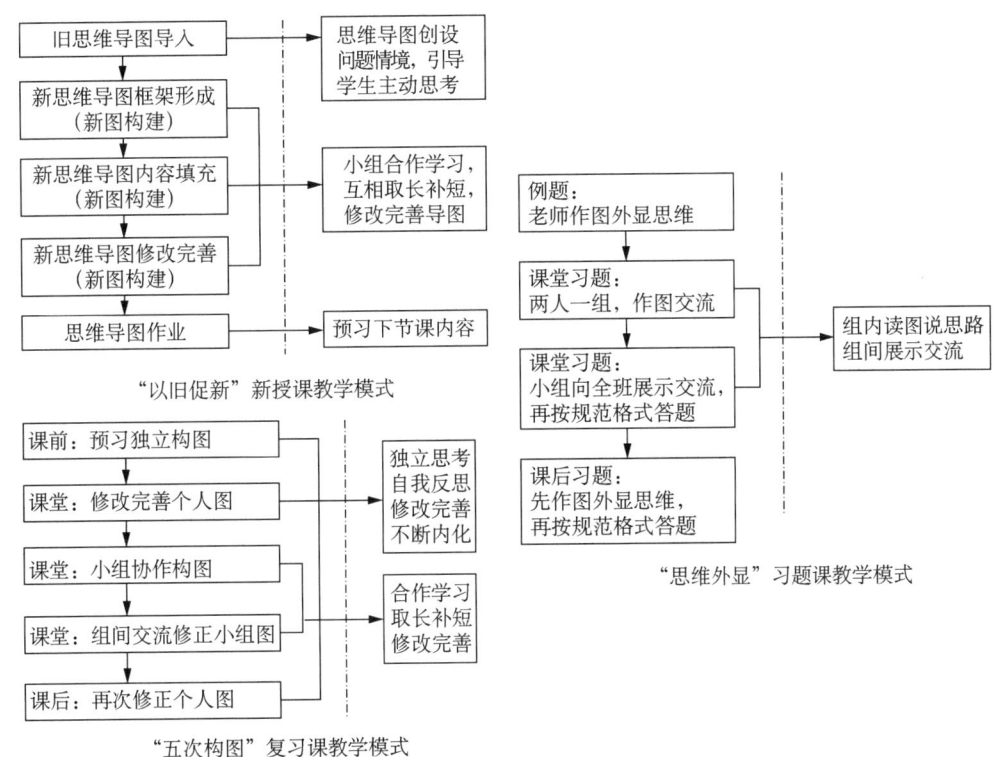

图 5　规划课题与学校区级课题研究结合的"'独合结合'思维导图应用式学习"之"三式"实施基本流程之思维导图

在与学校课题结合实施长达一年半的时间里,开发并应用《学生素养发展评价标准》进行相应的评价,我发现学生应用思维导图素养和学习物理整体素养均有所提升,尤其是结合了学校区级课题"独合结合"要求的三种教与学形式,使得以下一些具体素养的提升尤为突出。在应用思维导图素养方面,学生全员能够主动应用思维导图;具有自主学习思维导图相关资料、积极参与小组活动和讨论、主动和老师交流、参与构图活动、参与评价活动、深刻反思不足、不断改进完善的良好行为习惯。在学习物理素养方面,学生普遍知道建构知识网络化,具有总结反思能力,具有自主预习课本、复习并梳理知识间联系、分享交流合作等良好行为习惯。

通过自评是否自觉反思并改进自己的思维导图和构图过程,互评是否主动参与构图学习的各项活动并进行自我提问;互评是否积极参与小组活动和构图讨论,以自评和互评形式完成对构图活动过程性的评价(图6),结合落实学校区级课题的"独合结合"的教与学方式探索的相关要求,使学生应用思维导图构图过程中的自主性和合作性有进一步提高。

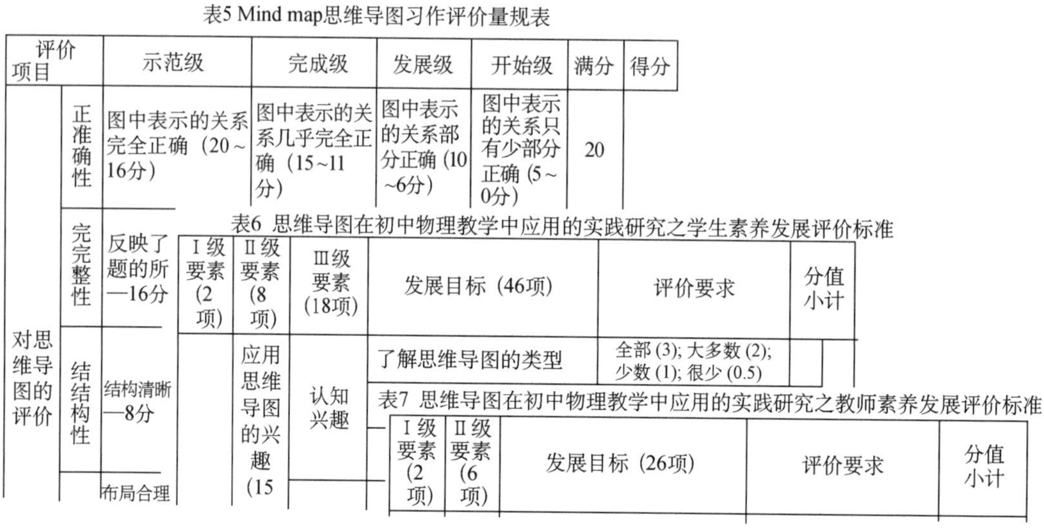

表5 Mind map思维导图习作评价量规表

评价项目		示范级	完成级	发展级	开始级	满分	得分
对思维导图的评价	正准确性	图中表示的关系完全正确(20~16分)	图中表示的关系几乎完全正确(15~11分)	图中表示的关系部分正确(10~6分)	图中表示的关系只有少部分正确(5~0分)	20	
	完整性	反映了题的所有—16分					
	结构性	结构清晰—8分					
		布局合理					

表6 思维导图在初中物理教学中应用的实践研究之学生素养发展评价标准

Ⅰ级要素(2项)	Ⅱ级要素(8项)	Ⅲ级要素(18项)	发展目标(46项)	评价要求	分值小计
应用思维导图的兴趣(15	认知兴趣		了解思维导图的类型	全部(3);大多数(2);少数(1);很少(0.5)	

表7 思维导图在初中物理教学中应用的实践研究之教师素养发展评价标准

Ⅰ级要素(2项)	Ⅱ级要素(6项)	发展目标(26项)	评价要求	分值小计

图6 学生物理思维导图习作和师生素养发展三项评价标准(局部)

五、注意同行探讨

在与学校区级课题结合实施的过程中,离不开科研专家的指导和引领,也离不开优秀同伴的帮助。

(一)课堂教学中把握学科本质

在开设教学研究课的磨课、评课活动中,和学校物理学科同伴探讨教学内容的取舍、教学思路、课题研究、落实举措的设计,尤其是涉及具体教学模式运用的设计。比如,在2019年"进才实验中学首届学术节"暨浦东新区"初中强校工程建设实验校"(支援校工作展示)、沪苏浙皖滇五地联合教研活动中,我开设了"电路——$R_滑$引起的串联电路动态变化"习题教学研究课。经过和学校物理学科组同事们磨课,最后精选题型分别是填空题、作图题和计算题三道题,作为例题和习题出现在课堂上(带有相关"独合结合"完成任务的要求)。

把貌似三种不同的问题,归纳总结为一种解题思路,通过在三道题中应用 Thinking map 流程图式的思维导图,对程序性知识进行概括性的建构。与传统的题海战术不同的是,这里的练习是围绕概括出来的程序性知识进行的,而不是围绕大量的物理知识让学生进行重复性训练;重在学生外显思维的过程,而不是展示解题步骤的过程。参加了学校区级课题相关方式课例研究的同事,建议我采用"独合结合"的思维导图应用式的学习方式开展习题教学,可以增强师生和生生之间的交流和思维碰撞。

用流程图式思维导图外显思维,有效地提高了学生归纳解题思路的速度,培养了逻辑思维能力和推理能力,锻炼了"独合结合"分析问题、解决问题的能力——这让观摩的教师有耳目一新之感。

(二) 课题交流中探寻研究价值

在2019年"进才实验中学首届学术节"课题研究成果交流研讨论坛的活动中,我向同学科的同行们介绍了课题研究方案和初步研究成果,并展示了学生思维导图优秀作品。与会的同行们对应用思维导图帮助学生建构知识的作用非常认可,并提出了可以精选一批优秀思维导图作品,在一定范围的教研活动中分享。观摩老师们普遍说到:在习题教学中应用思维导图外显学生思维是解题方法的创新,突出了对学生思维能力的培养。正是老师们肯定了研究价值,我作为区骨干教师在送教到校公开研究课"柱形容器中的液体对容器底部压强的计算"中,再一次借助流程图,让学生"独合结合"表述解题思路,外显思维,得到了与会的育民中学初三物理教师和学生的一致好评,也得到了浦东教发院物理教研员吴耀忠老师的认可。

在学校区级课题优秀论文交流活动中,一个个"独合结合"的教学案例分享,促使我思考在自己的课题教学实践研究中如何突出"独合结合"的学习方式。从不同学科的课例中,我领悟到"独合结合"是教与学的总体方式,其中包含有N种具体的方式,其实质是突出以学生为主体,进行多样化的自主学习,提升可持续发展素养,促进卓越发展。因此,在专家引导、同行研讨、自主学习和实践探索下,我提炼出"独合结合"方式的应用思维导图的三种教学模式——"以旧促新"新授课教学模式、"五次构图"复习课教学模式和"思维外显"习题课教学模式。思维导图应用式的总结概述被吸收到学校区级课题总报告中,从而,使学校区级课题的教与学方式拓展到了"十四式",这令我十分欣慰。

(三) 培训与同伴研讨中思想碰撞促进提高研究质量

在课题实施过程中,学校多次举办课例撰写指导、主题式案例撰写指导和专题总结撰写指导等培训研讨活动。曹明老师详细讲解了其研发的各类模板,并分享了我校和上海市育民中学、上海市进才中学北校等几位老师的优秀案例作为示范并加以印证说明。虽然,几篇示例的研究主题不同、学科不同,但是撰写的思路是相通的。我和学校老师之间互相讨论、点评,并结合自己承担的研究主题,在课例研究中加以借鉴,由此也启迪了对其他类型相关成果的总结。

另外,在结题阶段分析课题研究实验数据过程中,我向本校几名硕士研究生同伴请教,我们共同学习王孝玲的《教育统计学》一书,学会了分析计算显著性检验,此为课题研究得出科学性的结论提供了保障。

六、课题研究素养得到快速提升

经过个人区级规划课题研究与落实学校区级课题的要求结合实施,在自主学习的基础上,外加专家的指导和同行的研讨,进一步推动了个人的研究,我的研究意识不断加强,研究能力明显提高,基本养成了研究的习惯,个人的课题研究总体素养有了快速的提升。

(一) 研究意识明显增强

在经历了规范的课题研究过程后,自己的规范研究意识加强了。在课题研究中,不只是主观体验到思维导图的价值,而且认识到价值背后的理论支撑,以及如何归纳研究成果。结合物理学科的三类课型实施途径之对应的三种实施具体形式,加以推广和探索,创意地进行应用。对教学中遇到的相关疑难现象,更加关注→常能在不经意间,敏锐地发现现象背后的探索价值,明晰拟探索的问题→并把问题转化为课题,自主进行研究。

1. 日常教学中问题敏锐意识和研究推广意识明显增强

比如,滑动变阻器阻值变化引起电路动态变化是初中物理的重点问题之一,也是中考中的热点问题之一。对此,部分学生做题过程中,往往会出现逻辑混乱、顾此失彼等情况。我就一直思考如何借助思维导图,帮助学生克服此处的学习困难。我尝试借助流程图形式的思维导图,帮助学生梳理和强化此类动态变化习题的分析思路,引导学生概括出解决这类问题的程序性知识,有效地培养了学生的逻辑思路、推理能力,提高了分析问题和解决问题的能力;增进了化解物理学习难点的自信。

2. 成功申报到新的区级规划课题引领直面中考物理改革的研究意识明显增强

物理是一门以实验为基础的学科,我在教学中也一直重视实验教学。在2021年中考改革后,物理中考增加了考察实验操作项目,分值占10分。我敏锐地意识到:学生实验动手能力亟待加强培养,实验教学特有的价值需要挖掘。于是,结合平时应用科学小实验的实践经验,我又成功申报了2021年区级规划课题"生活化微实验在初中物理教学中的应用研究"。有几位志同道合的同事也积极加入了本课题组,并且联合浦东新区"初中强校工程建设实验校"的结对学校的物理教师,共同进行研究。希望在课题引领下,全面深入地开发生活化微实验的价值,提升学生的实验动手能力和物理中考实验操作考的成绩,也助力初中强校工程建设。

本校和"初中强校工程建设实验校"的结对学校物理学科同行的加入,说明我的研究方向引起了大家的共鸣;我也暗暗窃喜自己的课题研究素养得到了校内外物理学科同行的信任。

3. 课题研究设计领先的意识增进明显

1) 研究方案分项内容细化设计意识明显增强

完成课题研究与撰写一篇论文相比,经历的理论研究、相关现状调查研究、实践研究和成果总结,反反复复的过程更加复杂,因而,也更加能提高自身的研究能力。如在2021年申报新的区级规划课题过程中,撰写申报申请书时间变短;自觉搜集并综述文献的路径与方法变得熟门熟路,契合性更强;对了解学生相关素养和参与研究老师的研究素养现状的前测调查设计,也减少了畏难情绪;对学生实验操作素养培养内容分解的设计把握度高了;对实践应用操作的实化、细化设计要求把握更清晰了。

2) 完善多维研究目标设计意识明显增强

作为一线教师,我原先的研究目标比较狭隘,只是希望通过研究促进学生对物理的学习,提高学生的学习能力。而经过专家辅导后,我站得高望得远,认识到做课题研究的目标不只是为了学科学习,也不仅仅是对学生有价值。经完善的研究目标,由单一的物理学习应用思维导图的能力目标,拓宽为应用思维导图的素养和学习物理的素养;由单一的培养学生的目标,拓宽到提升教师研究素养和促进学校发展的更为全面的目标。厘清思维导图在初中物理教学中应用的实践研究之学生素养(应用思维导图的"四素养"及学习物理"四素养")发展目标和教师素养(指导学生应用"三素养"及其他专业素养)发展目标;由单一的实践类研究目标,拓展增加了理论目标,也提高了此课题研究的价值。此课题研究师生层面的实践目标和各自"四素养"的分解,奠定了研发学生和教师素养发展评价标准的评价内容(即评价指标)基础,丰富了思维导图在初中物理教学中应用的目标、实施与评价方面的理论。

由此,也让我切实感受到了在课题研究中,多维实践研究目标设计、理论目标的清晰定位的重要性,从而增进了课题之多维研究目标设计的意识——这也促进了自己对2021年区级规划课题之研究目标设计的重视。

3) 学习教育统计学,科学进行调查研究设计意识明显增强

之前,我对学生学习兴趣的提高与否,只是通过问卷调查定性地加以说明;对学科成绩的提高与否,也只是定量分析平均分而已。在本次规划课题研究中,我学习了王孝玲的《教育统计学》,提高了课题研究的数据分析能力,以此得出了更加科学的结论。这也促进了自己在课题研究中,规范做调查研究意识的大为增强。

为分析学生的物理学习兴趣调查结果,对在初中物理教学中应用思维导图前、后学生学习物理的兴趣进行了前测、后测的显著性检验。根据自由度 $df=n-1=27-1=26$,查 t 值表 $P(2)$,$t_{(26)0.05}=2.056$,$t_{(26)0.02}=2.479$,由于 $t_{(26)0.05}=2.056^* < |t|=2.33 < 2.479 = t_{(26)0.02}$,则 $0.02 < P < 0.05$;根据 t 检验统计决断规则,在0.05显著性水平上拒绝 H_0,接受 H_1。结论为:在初中物理教学中应用思维导图,可以提高学生学习物理的兴趣,并达到了显著水平。

为分析应用思维导图教学是否能提高了物理整体教学效果,对实验班与对照班的物理学业成绩后测差异显著性进行比较分析。先对两个样本的方差齐性检验,根据分子的自由度 $df_1=n_1-1=27-1=26$,和分母的自由度 $df_2=n_2-1=28-1=27$,查 F 值表(2)寻得:$F_{(26,27)0.05}=1.91$。由于实际计算出的 $F=1.1 < 1.91 = F_{(26,27)0.05}$,则 $P > 0.05$;根据 F 检验统计决断规则,保留 H_0,拒绝 H_1,结论为:在初中物理教学中应用思维导图教学与传统教学分数的总体方差为齐性。接下来,以原始数据检验实验组和对照组物理学业成绩平均分数差异显著性进行检验,根据自由度 $df=n_1+n_2-2=27+28-2=53$,查 t 值表 $P(1)$,$t_{(50)0.05}=1.676$,$t_{(50)0.025}=2.009$,由于实际计算出 $|t|=1.9$,$t_{(50)0.05}=1.676 < 1.9^* < 2.009 = t_{(50)0.025}$,则 $0.025 < P < 0.05$;根据 t 检验统计决断规则,在0.05显著性水平上拒绝 H_0,接受 H_1,结论为:在初中物理教学中应用思维导图,可以提高学生物理学业成绩,并达到了显著水平。实验班与对照班的前测物理成绩无明显差异,实验一年半之后的后测物理成绩有明显差异,充分说明了应用思维导图于物理教学能明显提高教学效果。

三个方差检验的结果令我很是激动——这就是用数据说话!这个检验大大提高了课题成果之实效性总结的科学性,从而,在令我很受鼓舞的同时也认识到:课题研究必须重视相关调查研究的意识;做调查研究必须提高规范性、科学性的意识。

(二)养成了坚持研究的良好行为习惯

一是在准备阶段:我注意有效搜索理论和实践类文献,从每一篇文献资料里汲取先进的理念或可行的做法,站在前人研究的基础上,规范设计研究方案。在区科研员曹明老师指导下,我注意对开题报告进行规范设计,尤其是注意合理、实化、细化设计研究内容。

二是在实施阶段:从对作图素材的搜集、制作到精选;从对每一堂课题研究课的酝酿、设计、实施、反思到改进;从教学探索到对教学模式的提炼,我经历了教育教学理念和科研理论的学习、实践成果的推敲、教学过程细节化表述的反复完善和教学经验的不断挖掘梳理提炼的洗礼——促进了在这些方面行为的落实。

三是在总结阶段:区科研员俞莉丹老师指导我如何对课题的研究过程及资料进行系统整理,分析研究结果,进行结题成果阐释和听取论证意见——促进了自己重新审视了课题研究整个过程,总结经验和不足,不断加以挖掘、完善。

四是在本课题结题后的反思与新课题申请阶段:具体见后相应处。

(三)科研成果丰富多彩

近四年来在经历了上述过程种种磨炼后,自己获得了形式丰富、内容充实的课题研究成果并得到了大家的认可。具体见表1。

表1 个人课题研究关联成果(2017年4月—2021年10月)

分类	阶段成果名称	成果形式
阶段成果	"思维导图在初中物理教学中应用的实践研究"课题申请书	课题申请书
	"思维导图在初中物理教学中应用的实践研究"开题报告	课题开题报告
		参考文献电子版汇编
	"思维导图在初中物理教学中应用的实践研究"情报综述	文献综述论文
	初中生物理学习的兴趣水平调查问卷(前测、后测)	调查问卷
	学生对思维导图的了解情况调查问卷(前测)	
	教师对思维导图的了解情况调查问卷(前测)	
	关于思维导图对学生物理学习促进作用的认识调查问卷(后测)	
	思维导图在初中物理教学中应用的实践研究(前、后测)	前、后测调查报告
	思维导图在初中物理教学中应用的实践研究之学生素养发展评价标准	评价标准
	思维导图在初中物理教学中应用的实践研究之教师素养发展评价标准	
	学生思维导图习作评价量规	
	光的折射(新授课)课例	研究课课例
	运动和力(复习课)课例	
	$R_{滑}$引起的串联电路动态变化(习题课)课例	

（续表）

分类	阶段成果名称	成果形式
阶段成果	《基于核心素养的思维导图在物理教学中的应用》获区教育国际化实践成果评比二等奖，并发表于《新课程》(2017年)	论文
	《Thinking Maps在初中物理习题教学中的应用》发表于《浦东教育研究》(2020年第10期，49～51页)	
	学生优秀物理思维导图作品60幅	思维导图作品集
	教师物理教学思维导图作品37幅	
	每个学生的物理思维导图册	个人思维导图册
	初中生物理思维导图优秀习作展示板	展板
最终成果	思维导图在初中物理教学中应用的实践研究	课题结题报告
新的起点	生活化微实验在初中物理教学中的应用研究	2021年区级规划课题申请书和开题报告

一个课题的结题并不代表课题研究已结束，我依然坚持在日常教学中应用思维导图，继续挖掘思维导图的应用价值。一个课题的结题意味着又一个新的课题可以开始。2021年9月，我申报的区级规划课题"生活化微实验在初中物理教学中的应用研究"顺利立项，并且作为上海市师资培训中心主办的上海市大中小学教师学科研修基地教师专业发展实践研究项目，成为物理学科立项的20个一般课题之一。我已习惯以课题引领研究，以课题统领个人的日常教学、课例研究、撰写成果、教学研讨等工作——蓦然回首，课题研究已悄然成了我日常教学工作的灵魂所在。

我的研究行为习惯基本养成：能立足实践、研究真问题；注重以文献、现状调查研究为基础，准确定位研究目标和评价标准；坚持理论与实践相结合开展课题研究；在实施过程中，根据实际情况及时调整、优化研究方案；注重汇总过程性材料，及时总结多样化的成果。在经历本次课题研究工作后，我充分意识到教科研的重要性和规范性，更深刻体会到了教学和科研的孪生关系，督促着自己向研究型教师发展。

七、小结与启示

上述经历说明，与专家深度互动→加强"独学"实化细化设计（静态研究）→师生主动开展合作实验设计（动态实践）→与学校区级课题结合实施（有机融入、结合实施）→注意加强与同行探讨（更好地把握学科本质）→持续地开展课题研究（个人坚持性行为），既有效地增进了学生在初中物理学习中"独合结合"运用思维导图的兴趣、拓展了相应知识、提高了分类运用能力和形成了经常化地加以运用的良好行为"四素养"；又快速提升了自己课题研究的申报和开题设计、实化与细化主要研究内容的静态设计能力、动态实验操作实施能力、成果总结能力和继续参与课题研究的兴趣，还丰富了初中物理思维导图研究的实验模式；并丰富了学校区级课题研究内容的实施形式和成果类型——是很有价值的,是可持续的;可以给教师带来在课题研究素养上的快速提升,成长为独立研究者。非常庆幸有专家的引领,也希望在专家的指导下,继续进行个人区级、市级课题的研究,并继续把个人课题研究和学校后续区级课题研究相结合,促进学生、自身和学校的共同可持续发展。

参考文献

[1] 刘益.思维导图在初中物理实践性教学中的应用[J].科技信息,2010(3):456-457.

[2] 董博清.基于思维导图的中学物理教学实证研究[D].长春:东北师范大学,2013.

[3] 林文东,宋芹芹.我国思维导图十年研究概述[J].中国教育技术装备,2015(6):109-110.

[4] 梅尹,蔡铁权.思维地图及其在中学物理教学中的应用[J].物理教学,2015(9):2-10.

[5] 钱奇兰.思维地图在优化物理教学中的应用[J].物理通报,2014(12):6-9.

[6] 王孝玲.教育统计学[M].上海:华东师范大学出版社,2006.

[7] 上海市高行中学唐宛漪老师的网站:http://www.gardener.sh.cn/.

[8] 思维可视化教学体系创建人刘濯源的博客 http://blog.sina.com.cn/u/2174286791.

[9] 陆智瑾.借助微课"四化"优势,培养学生化学学科核心素养——以"化学第一课"微课为例[M]//柴建荣,曹明.自主学习 主动发展——微课支持下的校本探索.上海:上海科学普及出版社,2021:272-281.

[10] 黄素英."烘云托月"家庭教育方法的尝试[M]//金卫东,曹明."独二代"家庭教育新方略:案例选.上海:上海教育出版社,2017:259-262.